LEE STROBEL
MARK MITTELBERG

AVENTURA
INESPERADA

LEE STROBEL
MARK MITTELBERG

AVENTURA
INESPERADA

CÓMO ARRIESGARSE TODOS LOS DÍAS
PARA HABLARLES DE CRISTO
A LAS PERSONAS

La misión de Editorial Vida es ser la compañía líder en comunicación cristiana que satisfaga las necesidades de las personas, con recursos cuyo contenido glorifique a Jesucristo y promueva principios bíblicos.

AVENTURA INESPERADA

Edición en español publicada por

Editorial Vida – 2009

Miami, Florida

©**2009 por** Lee Strobel and Mark Mittelberg

Originally published in the USA under the title:

The Unexpected Adventure

Copyright © 2009 by Lee Strobel and Mark Mittelberg

Published by permission of Zondervan, Grand Rapids, Michigan

Traducción: *Dr. Miguel Mesías*

Edición: *Madeline Díaz*

Diseño interior: *Cathy Spee*

Diseño de cubierta: *Cathy Spee*

ISBN: 978-0-8297- 3758-5

CATEGORÍA: Vida cristiana / General

IMPRESO EN ESTADOS UNIDOS DE AMÉRICA
PRINTED IN THE UNITED STATES OF AMERICA

09 10 11 12 13 ❖7 6 5 4 3 2

Para Marie Little
Nuestra buena amiga. Ella es la
viuda del evangelista Paul E. Little.
Marie ha pasado toda su vida
corriendo riesgos grandes y
pequeños para proclamar la gracia
de Dios a las personas alrededor
del globo.

CONTENIDO ··

CUANDO LA ETERNIDAD CONTIENE LA RESPIRACIÓN

LEE STROBEL

Era un día ajetreado en el periódico donde trabajaba como editor. Varios reportajes importantes surgieron poco antes de la fecha límite. Los reporteros corrían de un lado para otro tratando con frenesí de terminar sus artículos. Con las emociones a flor de piel, casi todos perdían los estribos.

En muchas ocasiones el estrés del periodismo me hacía perder la compostura a mí también, pero siendo un creyente relativamente nuevo, le pedía a Dios su ayuda tan pronto me parecía que el día iba a salirse de control. Gracias a él, me las arreglaba para mantener una calma nada característica en medio del caos.

Después que se corrigió la última crónica, alcé la vista y me sorprendí al ver a uno de mis jefes parado ante mi escritorio. ¡Ay de mí! Esa no era buena señal. Sin embargo, resultó que él no estaba allí para reprenderme por alguna equivocación u olvido. Más bien, me tomó por sorpresa al preguntarme con una curiosidad genuina: «Strobel, ¿cómo logras pasar el día sin estallar?»

Entonces, al parecer sospechando una conexión entre mi conducta y el hecho de que iba a la iglesia los domingos, añadió las palabras que hicieron que un escalofrío me recorriera la espalda: «¿Qué es para ti eso del cristianismo?»

¡Vaya! Por un momento me quedé helado. Nadie jamás me había preguntado algo así antes. Es más, jamás le había hablado de mi fe a ninguna persona. Mi jefe solo se enteró de que yo asistía a la iglesia porque una vez le dije que no podía acompañarlo en un paseo campestre un domingo por la mañana. Ahora, cundo menos me lo esperaba, me encontraba en el banquillo.

No supe qué decir ni cómo decirlo. Tuve miedo de balbucear las palabras equivocadas. No quería abochornarme ni dar lugar a que se divirtiera a mi costa. Me preocupé mucho por lo que sucedería con mi carrera si elogiaba mi fe o llegaba a ser conocido en el salón de noticias como el «santurrón religioso». Había mucho en juego.

Mi mente trabajaba febrilmente. Tal vez podía descartar todo el asunto con una broma: *¿Cristianismo? Vamos, lo que pasa en la iglesia se queda en la iglesia.* Quizás tan solo podía hacer como si no lo hubiera oído en el bullicio del salón de noticias: *Así es, fue un día alocado. ¡Vamos, mira qué hora es! ¡Tengo que irme a casa o si no Leslie me va a matar!*

Fue en ese momento cuando las palabras del apóstol Pablo recorrieron mi mente sin que la hubiera invitado: «No me avergüenzo del evangelio» (Romanos 1:16). *Grandioso,* pensé. *¡Justo lo que necesitaba... un versículo bíblico que me haga sentir mal!*

Tomé una decisión aterradora en un instante: resolví correr un riesgo espiritual.

Aunque parecía que los minutos estaban pasando, todo esto ocurrió en un abrir y cerrar de ojos. Al fin, mientras abría mi boca para responder, tomé una decisión aterradora en un instante: resolví correr un riesgo espiritual.

Miré con fijeza a mi jefe. «¿En realidad quieres saberlo?», le pregunté. «Vamos a tu oficina».

A puertas cerradas hablamos durante cuarenta y cinco minutos. Bueno, para ser sincero, yo fui el que más habló. ¡En realidad estaba nervioso! Sin haber recibido jamás ninguna preparación sobre cómo hablarles a los demás de mi fe, tropecé por todos lados y no fui ni remotamente tan claro como pude haber sido. Con todo, a mi propia manera, sincera pero por cierto inepta, traté de describir cómo conocí a Jesús y lo determinante que él fue en mi vida.

Ocurrió algo asombroso: él no se rió. No se divirtió a costa mía. No trató nerviosamente de cambiar el tema o buscar una excusa para salir de la oficina. Más bien, me escuchó con atención. Hacia el final de la conversación, estaba pendiente de cada palabra.

Al mismo tiempo yo me sentía como si fuera a reventar por dentro. Al instante se me hizo claro que nada era tan urgente o emocionante como lo que estaba haciendo a través de lo que parecía ser una conversación casual. Sentí como si el tiempo se hubiera detenido, como si la eternidad estuviera conteniendo la respiración.

No estoy seguro de cómo Dios usó esa conversación en la vida de mi jefe, pero una cosa sí sé: la usó de una manera innegable en la mía. Cuando salí de esa oficina, me encontraba vigorizado por completo. ¡Sentía como si el aire estuviera carbonatado! No hay palabras para describir de manera adecuada el entusiasmo que experimenté por el hecho de que Dios me hubiera usado para comunicarle su mensaje de esperanza a alguien que estaba lejos de él. Fue como si toda mi vida hasta ese punto hubiera sido una película filmada en una cinta muy borrosa en blanco y negro de dieciséis milímetros, con un sonido pésimo... ¡pero esos cuarenta y cinco minutos fueron en un vívido technicolor con un rico sonido estéreo Dolby!

¡Quise más de esa acción! En ese momento sabía que no podía volver a mi experiencia cristiana rutinaria, dejándome llevar por la corriente a través de mi vida espiritual en un tranquilo velero sobre unas aguas que ni el viento ni las olas perturbaran. Por primera vez entendí que estas aventuras improvisadas en la alta mar de la evangelización personal son lo que brindan emoción, satisfacción y un supremo propósito a una vida de fe. Después de todo, ¿qué es más importante que ser un mensajero del Creador del universo para alguien cuya eternidad cuelga en la balanza?

Me había tropezado con la aventura inesperada de hablarles de Jesús a otros, y aprendí con rapidez que vivir según este espíritu evangelizador amplifica todo detalle de la vida cristiana:

- Nuestro estudio bíblico se torna mucho más intenso, porque no estamos meramente leyendo las Escrituras como un ejercicio devocional o académico, más bien estamos buscando nociones frescas y sabiduría para usar a fin de alcanzar a nuestros prójimos confundidos espiritualmente.
- Nuestra vida de oración se vuelve más enfocada, porque estamos rogándole a Dios por su ayuda y dirección para dar a conocer el evangelio a los parientes que no conocen a Cristo.
- Nuestra adoración llega a ser cada vez más sincera, porque estamos alabando al Dios de la segunda oportunidad, que en su inaudita gracia ama a nuestros amigos descarriados más de lo que nosotros los queremos.
- Nuestra dependencia de Dios alcanza nuevas alturas, porque sabemos que sin el Espíritu Santo no hay manera de que podamos llevar a nadie al punto en que ponga su fe en Cristo.

¡Este es el ingrediente faltante en la vida de muchos creyentes! Nunca he oído a nadie quejarse diciendo: «Mi vida espiritual está tan seca a estas alturas, que es como vivir en un desierto», y luego añadir: «Ah, dicho sea de paso, estoy tratando de alcanzar de una manera activa a un amigo para Cristo».

Al viajar por el mundo he hallado de continuo que son los cristianos que viven la realidad de una aventura inesperada los que disfrutan de unas relaciones personales más satisfactorias con Dios. Para ellos, un día puede empezar de una manera normal y rutinaria, pero siempre tiene el potencial de florecer y darle paso a un encuentro que cambie la vida y altere la eternidad.

He visto esto suceder incontables veces. Por ejemplo, una vez invité a mi colega del ministerio, Mark Mittelberg, y a otro dirigente de nuestra iglesia a visitar el lugar donde había cubierto algunos de los juicios más notorios de la ciudad mientras era editor legal del *Chicago Tribune*.

Cuando se abrieron las puertas del ascensor en el vigésimo primer piso del edificio de la corte federal, de inmediato reconocí a un personaje que estaba en el corredor: había sido un competidor mío que trabajaba para otra agencia noticiosa durante los días en que yo era un ateo de vida desenfrenada y borracheras en grande. Era uno de esos reporteros feroces de Chicago, con un enorme tabaco sin encender en la boca que simplemente mordisqueaba todo el día.

—¡Strobel! —ladró cuando me vio—. ¿Cómo [palabrota] estás? ¡No te he visto en años! ¿Todavía escribes para ese [palabrotas y más palabrotas] *Chicago Tribune,* ese [palabrotas y más palabrotas] pedazo de [palabrotas y más palabrotas y más palabrotas]?

—En realidad, ha tenido lugar un gran cambio en mi vida —le dije—. Me he convertido en cristiano. ¡Ahora soy pastor!

¡El tabaco por poco se le cae de la boca!

—¡Ah, que me condenen! —fue todo lo que pudo decir entre dientes en medio de su sorpresa.

—Pues bien— repliqué—, ¡no tienes por qué ser condenado!

Y con eso Dios me dio la oportunidad de hablarle un poco de Cristo.

¡Jamás podía haber previsto que tal cosa sucedería! El día había empezado de una forma rutinaria y habitual, pero de repente se me presentó la oportunidad de hablar sobre asuntos de importancia crítica y eterna con alguien a quien no había visto en más de una década. *¡Esta es la aventura inesperada!*

Mire a Jesús: él vivió en la práctica la aventura inesperada durante todo su ministerio. Las personas constantemente se le acercaban de la nada y le planteaban de modo abrupto preguntas espirituales, como por ejemplo el joven rico que se le apareció de súbito y le preguntó: «¿Qué debo hacer para ser salvo?» Confieso que eso fue algo más refinado que «¡Ah, que me condenen!», pero igual de inesperado (¡por lo menos para los discípulos!).

¿Y cómo actuó Jesús ante este supertriunfador? Con entusiasmo se adentró en la aventura, desafiándole con amor a dejar todo lo que le impedía llegar a Dios, de modo que él también pudiera participar en la aventura.

Pablo hizo lo mismo. Al viajar de un lugar a otro promovía la acción —y a menudo la controversia— por dondequiera que iba. Alguien resumió el impacto de Pablo diciendo que desataba avivamientos o motines en cualquier lugar que hablaba. En otras palabras, su vida era una gran aventura entusiasta.

En realidad, Pablo resumió la clase de vida que todos podemos vivir diciendo que debemos estar listos para comunicar el mensaje de Dios «sea o no sea oportuno» (2 Timoteo 4:2). Él estaba diciendo en efecto: «¡Mantente siempre listo para la aventura de hablar de tu fe cuando se espera o cuando no se espera!» Eugene Peterson lo dice de esta manera en *Traveling Light* [Luz viajera] (IVP):

> La palabra «cristiano» significa cosas diferentes para las distintas personas. Para unas quiere decir una manera rígida, severa e inflexible de vivir, incolora y rigurosa. Para otras significa una aventura arriesgada, llena de sorpresas, viviendo de puntillas al borde de la expectación ... Si obtenemos nuestra información del material bíblico, no hay dudas de que la vida cristiana es una vida que danza, brinca y se atreve.

Al borde de la expectativa... ¡así es como se supone que debemos vivir la vida! Cuando le decimos a Dios: «Por favor, sorpréndeme con oportunidades para hablarles de ti a otros», podemos tener la confianza de que él nos conducirá hacia aventuras inesperadas que producirán un impacto eterno en los demás, mientras que al mismo tiempo nos proporcionarán la aventura de toda una vida. Esta es la diferencia entre una vida paralizada en lo predecible y una serie emocionante de «coincidencias» divinas.

¿Qué clase de coincidencias? Pues bien, un día rutinario y como muchos me encontraba organizando mi maletín y preparándome para salir del periódico cuando sentí el gentil acicate del Espíritu Santo. Percibí que Dios quería que fuera a la oficina de finanzas e invitara a mi amigo, que era ateo, a asistir al servicio del Domingo de Resurrección en mi iglesia. Puesto que la impresión me pareció tan fuerte, me imaginé que iba a suceder algo dramático. Y así fue... pero no como yo lo había esperado.

Entré a la oficina de finanzas y miré por todos lados. El lugar parecía vacío excepto por mi amigo, que estaba sentado detrás de su escritorio. *¡Perfecto!* Le recordé que se avecinaba la Pascua de Resurrección y le pregunté si querría asistir a nuestra iglesia con Leslie y conmigo. Se negó de plano. Indagué si le interesaban en algo las cosas espirituales, y de manera enfática me dijo que no. Averigüé si tenía alguna pregunta en cuanto a Dios, y de nuevo indicó que no. Le hablé de por qué la resurrección era tan importante, pero a todas luces a él no le interesaba.

Con todos mis esfuerzos evangelizadores siendo descartados al instante, empecé a sentirme un poco abochornado. ¿Por qué se mostraba tan desinteresado en hablar de cosas espirituales si Dios en efecto estaba animándome para que hablara con él? Por último le espeté: «Pues bien, si alguna vez tienes alguna pregunta, pienso que sabes dónde está mi escritorio», y salí.

¿De qué se trató todo esto? No podía entender por qué él mostraba una resistencia tan firme. Al final concluí que tal vez yo iba a ser un eslabón en una cadena muy larga de personas y experiencias que a la larga le conducirían a Cristo. Con todo, hasta donde sé, él sigue siendo un escéptico todavía hoy.

Adelantémonos ahora unos cuantos años. Durante esa época determinada era pastor de enseñanza en la iglesia Willow Creek Community, en un suburbio de Chicago. Después de mi plática un domingo por la mañana, un hombre de edad mediana se acercó, me estrechó la mano y dijo:

—Simplemente quiero agradecerle por la influencia espiritual que usted ejerció en mi vida.

—Muy amable —le dije—. Pero, ¿quién es usted?

—Permítame contarle mi historia —respondió—. Hace unos pocos años perdí mi trabajo. No me quedaba nada de dinero, y temía que fuera a perder mi casa. Llamé a un amigo que es gerente de un periódico y le pregunté: "¿Puedes darme algún trabajo?" Me preguntó: "¿Puedes instalar baldosas en el piso?" Pues bien, en una ocasión yo había instalado baldosas en mi baño, así que le dije: "Por supuesto". Él me contestó: "Necesitamos instalar algunas baldosas en el periódico; si puedes hacerlo, podemos pagarte".

»Así que un día, poco antes de la Pascua de Resurrección, me encontraba a gatas detrás de un escritorio en la oficina de finanzas del periódico, instalando algunas baldosas, cuando usted entró a esa oficina. Pienso que ni siquiera me vio. Usted empezó a hablarle de Dios, Jesús, la resurrección y la iglesia a un individuo, pero él no mostró el menor interés. Sin embargo, yo estaba agazapado allí escuchando, con mi corazón latiendo rápido, y empecé a pensar: *"¡Necesito a Dios!* ¡Tengo que ir a la iglesia!"

»Tan pronto como usted salió, llamé a mi esposa y le dije: "Tenemos que ir a la iglesia este Domingo de Resurrección". Ella dijo: "¡Estás bromeando!" Le contesté: "No, este domingo vamos". Acabamos asistiendo a esta iglesia ese Domingo de Resurrección, y mi esposa, mi hijo adolescente y yo pusimos ese día nuestra fe en Cristo. ¡Simplemente quería agradecerle!»

¡Quedé aturdido! ¿Quién podía haber previsto eso, excepto la asombrosa gracia de Dios?

Cualquiera que alguna vez ha leído la Biblia sabe que Dios quiere que participemos en la proclamación de sus buenas nuevas a todo lo ancho y largo de la tierra. Lo que es un misterio es por qué escoge incluirnos *a nosotros* en su visión redentora. ¿Podría deberse a la manera en que él usa las aventuras inesperadas para enriquecer nuestras vidas?

Nuestra fe se profundiza de un modo inevitable cuando percibimos que Dios nos dirige a encuentros evangelizadores, cuando le vemos responder a las oraciones por nuestros amigos confundidos espiritualmente, y cuando presenciamos cómo el evangelio continúa revolucionando a las personas que ponen su fe en Cristo.

La verdad es que me he vuelto un fanático cuando se trata de un cambio de vida radical. Nada es más satisfactorio que ver a las personas comunes convertidas en seguidores extraordinarios de Dios, llenos de su Espíritu y capacitados por el poder divino para ser determinantes en las vidas de otros.

Ateos que se convierten en misioneros. Hijos en un tiempo descarriados que ahora son líderes de adoración inspirados. Presos endurecidos que se transforman en pastores compasivos. Papás ausentes que llegan a ser entusiastas cabecillas de familias entregadas a Cristo. Narcisistas que se convierten en siervos desprendidos de los demás. Antiguos drogadictos que rescatan las vidas —y las almas— de otros adictos. Personas del montón que pensaban que lo tenían todo hasta que descubrieron que nada es más importante que Cristo. *¿Hay algo mejor?*

Esto es lo que hace que me levante por la mañana: el pensamiento de que de alguna manera, de algún modo, Dios puede tomar este día al parecer rutinario y sorprenderme con una oportunidad de hablarle a alguien de las buenas nuevas que tienen el poder de transformar su vida desde adentro hacia afuera.

¿Quiere usted más de esta realidad en su vida? Supongo que tiene viejos amigos de sus años de estudios, colegas de su trabajo, vecinos, e incluso miembros de su propia familia que teme que contemplarán un abismo sin Cristo después que cierren sus ojos por última vez en este mundo. Usted sabe que Dios tiene la capacidad de redimirlos, restaurarlos y redirigirlos, dándoles nuevos valores, un propósito fresco y prioridades renovadas. Después de todo, Dios tiene un historial de hacer esto con las personas más improbables... incluyendo gente como usted y yo.

Mark Mittelberg y yo escribimos este libro para ayudarle a empezar a intervenir en sus propios episodios evangelizadores. Durante más de veinte años Mark y yo hemos sido amigos y compañeros en el ministerio. De manera individual y también juntos nos hemos hallado en repetidas ocasiones interviniendo en aventuras inesperadas. A veces hemos estado asustados hasta los huesos; otras veces nos hemos desternillado de la risa. Y en cada ocasión hemos sacudido nuestras cabezas asombrados y llenos de gratitud al ver que Dios supera todas nuestras expectativas.

No obstante, tal vez deba confesar algo desde el comienzo: también hemos cometido toda equivocación imaginable en nuestros esfuerzos de alcance y muchas más. Sin embargo, a pesar de nuestra ineptitud ocasional, incluso con nuestros titubeos y fracasos, hemos visto a Dios multiplicar nuestros esfuerzos y llevar a muchos amigos y extraños a avanzar varios pasos en sus jornadas

> Nuestro papel es este:
> Estar listos y dispuestos,
> porque Dios siempre puede.

espirituales... a veces incluso hasta el punto del arrepentimiento y la fe.

Como puede imaginarse, hemos aprendido muchas lecciones en el camino, y se las compartimos en las páginas que siguen mientras relatamos nuestras propias aventuras. Nuestro firme objetivo es pintar un cuadro real de la evangelización personal que sea tan contundente, deseable, irresistible y factible que usted tendrá ganas de dar el próximo paso, cualquiera que sea, para intervenir en sus propias aventuras. Tal vez ese paso sea meramente conocer a un nuevo amigo, quizás sea entablar una conversación espiritual, o pudiera ser explicar el evangelio y orar con alguien para que reciba a Cristo.

No necesita tener todas las respuestas a toda pregunta teológica. No tiene que dominar una presentación pulida del evangelio para recitarla mecánicamente ya sea que la gente quiera oírla o no. No tiene que pretender que va a ser el próximo Billy Graham. Todo lo que tiene que hacer es seguir de manera auténtica a Cristo en su propia vida y pedirle que le sorprenda con oportunidades, y luego confiar en que él va a usarlo a pesar (y a veces incluso *debido* a) sus debilidades, rarezas y manías.

Dicho en forma sencilla, nuestro papel es este: *Estar listos y dispuestos, porque Dios siempre puede.* Después de todo, *él* es el gran evangelista; nosotros somos meramente los instrumentos que él usa para cumplir su misión de redimir al mundo, un individuo a la vez.

Así que adelante, lea un episodio por día durante las próximas seis semanas. Pídale a Dios que encienda o intensifique su fuego para alcanzar a las personas con su mensaje de perdón y vida eterna. Y no se olvide de tener a la mano papel y lápiz: usted va a querer empezar a compilar su propia lista de relatos conforme Dios le conduce de modo inevitable hacia una seria de aventuras inolvidables e inesperadas.

INSCRIBIÉNDOSE PARA LA AVENTURA

MARK MITTELBERG

«Así que, Mark, ¿eres cristiano?»

La pregunta de Terry, al parecer sencilla, resultó en realidad muy intimidante en esa etapa de mi vida. Habíamos sido amigos desde que asistíamos a la secundaria básica. Siempre aprecié su personalidad directa... por lo menos hasta ese momento en particular, en el que él me presentó un reto en cuanto a las inconsistencias de mi vida.

«Por supuesto, soy cristiano, Terry. ¿Qué hay con eso?», respondí algo a la defensiva, procurando no levantar demasiado mi voz. No quería que mis compañeros de trabajo oyeran nuestra conversación, temiendo que eso arruinara mi reputación y estropeara de algún modo los momentos de diversión que pasábamos juntos.

Tenía diecinueve años y vivía a lo grande... o por lo menos eso pensaba. Trabajaba en un almacén de artículos electrónicos que vendían equipos estéreos costosos, así como también unos objetos redondos de vinilo llamados «discos», los cuales parecían discos compactos gigantescos y se colocaban en unos artefactos llamados «tocadiscos» para escuchar la música. (Si usted tiene menos de treinta años tal vez tendrá que averiguar en la Internet sobre estas cosas o en un libro de historia, en donde hallará detalles y quizás unas cuantas fotografías que le ayudarán a entender de qué estoy hablando.)

Baste decir que vendíamos en realidad buenos equipos de sonido y tocábamos en ellos una música grandiosa... *¡a todo vo-*

lumen! Para un joven como yo, ese era un lugar emocionante en donde trabajar. Me gustaba el medio ambiente, el dinero, los amigos y la libertad que esa temporada de mi vida me proporcionaba. Los pensamientos en cuanto a Dios, la iglesia y la religión se encontraban muy abajo en mi lista de preocupaciones.

Entonces, ese fatídico día, Terry entró en el almacén listo para recalcar el punto. Por cualquiera razón que hubiera sido él se sintió obligado a cuestionar mi complacencia espiritual.

A la manera de Columbo, Terry respondió a mi afirmación de fe con otra pregunta:

—¿Cómo puedes llamarte cristiano y sin embargo hacer tantas cosas que los cristianos no hacen?

—Pues bien —dije a la ligera—, ¡pienso que soy un cristiano que está *en la onda*!

Difícilmente alguien pudo haber dicho palabras más necias, pero fue lo mejor que se me ocurrió en ese momento.

Mi comentario no le cayó bien a Terry.

—Ah, ¿de verdad? ¿Sabes que hay una palabra para los "cristianos que están en la onda"? —replicó sin pestañear.

Sacudí mi cabeza, pensando que él en realidad no esperaba una respuesta.

—¡Se llaman *hipócritas*! —espetó.

¡Ay!

Sin saber cómo manejar este proyectil verbal, hice lo que surgió de forma natural: devolví el fuego.

—¿Ah, sí? ¿Y qué hay de *tu* vida, Terry? ¿Me estás diciendo que lo tienes todo resuelto?

—No —respondió él con un poco más de gentileza—. Pero por lo menos soy sincero al respeto.

Incluso después que Terry se fue sus palabras permanecieron. Me sentía furioso. *¿Quién se cree que es, viniendo y hablándome de esa manera?* No fue sino hasta uno o dos días después, una vez que me calmé, que al final me di cuenta de por qué su reclamo me había fastidiado tanto: *¡Sabía que él tenía razón!*

Al continuar repasando mentalmente esa conversación, poco a poco sentí que mi actitud se suavizaba. La reflexión reemplazó a mi cólera inicial... y a los pocos días esa reflexión se convirtió en arrepentimiento.

Por último, después de una combinación de influencias orquestadas divinamente durante las pocas semanas previas —incluyendo las oraciones de mi abuela Effa que nos visitaba, el estímulo de mi mamá, algunas conversaciones aleccionadoras con mi papá, el ejemplo consagrado de mis hermanos, el reto de varios sermones de un par de maestros talentosos, la influencia de algunos nuevos amigos en un estudio bíblico que había visitado, y ahora la represión de Terry— finalmente decidí en la noche del 8 de noviembre de 1976 dejar la pelea y entregarle mi vida a Cristo. Le pedí que me diera su perdón completo y gratuito, y le dije que quería seguirle desde ese día en adelante, hasta la misma eternidad.

Nunca más fui el mismo desde ese día. De inmediato me di cuenta de la presencia de Dios y su liderazgo en mi vida, y experimenté un nuevo sentido de misión. Me di cuenta de que fui puesto en este planeta no solo para conocer a Dios de una forma personal, sino también para extender su amor y verdad a los que me rodean.

No renuncié a mi trabajo y corrí al seminario, ni me uní a algún ministerio en alguna parte. Más bien busqué maneras para que Dios me usara justo donde estaba. Dios abrió las puertas y empezó a guiarme a tener conversaciones espirituales con los amigos, los compañeros de trabajo, y en ocasiones incluso con varios clientes... algunos de los cuales acabaron confiando en Cristo.

Dios también me dio oportunidades de impactar otras vidas mediante la enseñanza a los jóvenes de secundaria en mi iglesia, ayudando a dirigir el estudio bíblico al que había empezado a asistir, y a través de los esfuerzos con algunos amigos para invitar a grupos de música cristiana contemporánea a nuestra ciudad con el fin de realizar conciertos orientados al alcance evangelizador.

Dos palabras describen todo lo que empecé a experimentar. La primera es *inesperada*. Si usted me hubiera dicho apenas una semana o dos antes de esa conversación con Terry que pronto me apasionaría por hablarles de la fe a otros, me hubiera reído de buena gana. Eso se debía a que no estaba andando con Dios ni conocía la emoción de que el Señor lo use a uno para tocar las vidas de los demás.

Tal vez usted pueda adivinar la otra palabra: *aventura.* No había esperado que conocer a Cristo, procurar seguir su voluntad todos los días, arriesgarse a traer a colación temas espirituales durante una conversación, responder a las preguntas de las personas, explicar con claridad el mensaje del evangelio, y ver las vidas cambiadas por el Espíritu de Dios obrando a través de mí sería tan emocionante. Esto superó por un gran margen toda emoción que hubiera sentido antes. Como dice Lee, tal cosa ofrece «emociones que satisfacen».

La clase de emociones, debo añadir, que todos nosotros fuimos creados para experimentar y disfrutar.

>Principio de acción

Tal vez no se haya dado cuenta de esto antes, pero como cristiano usted también es llamado a la aventura inesperada de divulgar a otros la fe. ¿Cómo lo sé? Porque un «cristiano», por definición, es un seguidor de Jesucristo, aquel que «vino a buscar y a salvar lo que se había perdido» (Lucas 19:10) y que luego nos comisionó a seguir su ejemplo: «Vayan y hagan discípulos de todas las naciones» (Mateo 28:19). Fuimos redimidos, en parte, con el propósito de alcanzar a otros para Cristo. Por consiguiente, nunca alcanzaremos la plenitud en nuestra experiencia con Dios hasta que le permitamos usarnos para extender a otros su mensaje.

>Adentrándonos en la aventura

Desde la niñez sabía que debía seguir a Cristo, y en varias ocasiones me había propuesto hacerlo... sin embargo, en los últimos años me había resistido. ¿Por qué? En parte, de modo irónico, porque temía que Dios fuera a quitarme la diversión y el sentido de aventura. Me había convencido de que el cristianismo, aunque correcto en sus enseñanzas, era un estilo de vida para los que no pueden hacer nada más. Por cierto, el mismo no evocaba en mí pensamientos relacionados con correr riesgos o sentir emoción.

¿Puede usted identificarse con esto? Parte del problema, según me parece, es que constituye una respuesta a algunos de los religiosos que nos rodean. Ellos son buenas personas, pero el riesgo y la aventura parecen haber abandonado sus vidas en algún punto durante el milenio pasado... si alguna vez formaron parte de ellas para empezar. No es sorpresa que reaccionemos a su ejemplo con un bostezo. ¡Las iglesias son lugares bastante aletargados y necesitamos cambiar eso!

Usted puede empezar a transformar la cultura de su iglesia buscando primero el avivamiento de Dios en su propia alma, reinstalando en su propio corazón la visión de Dios para alcanzar a este mundo perdido y moribundo. Cultive la pasión y la emoción por la aventura inesperada y se sorprenderá al ver cómo, independientemente de su edad, sexo, trasfondo o experiencia, puede entusiasmar a su iglesia para que se convierta en un lugar más dinámico y contagioso en lo espiritual.

> Usted puede empezar a transformar la cultura de su iglesia buscando primero el avivamiento de Dios en su propia alma

Otra razón por la que tal vez tengamos conceptos errados de la vida cristiana es que subestimamos el carácter de Dios y entendemos mal su deseo para nosotros. Pensamos, de modo extraño, que su propósito es coartar nuestra libertad y sofocar nuestros espíritus para de alguna manera poder contenernos y controlarnos mejor. No obstante, esta es una percepción errada y lastimera del Dios todopoderoso y omnisciente, que creó la belleza, la naturaleza, el color, la emoción, el arte y la vida misma... eso para no mencionar que instiló en nosotros el deseo de la aventura y el entusiasmo.

No, nuestro Dios es el Dios de la creatividad y la imaginación. Es un ser impredecible lleno tanto de perfección como de espontaneidad. Se interesa con un amor fuerte e inmutable por las personas que creó, y quiere usarnos a cada uno de nosotros de maneras sorprendentes a fin de alcanzar a otros con su evangelio que cambia la vida como parte de su asombroso plan redentor para todo el mundo.

¡Ahora bien, *eso es* aventura, y lo incluye a *usted!*

>Inspiración para la jornada

Él los mantendrá firmes hasta el fin, para que sean irreprochables en el día de nuestro Señor Jesucristo. Fiel es Dios, quien los ha llamado a tener comunión con su Hijo Jesucristo, nuestro Señor.

—1 Corintios 1:8-9

CUANDO SIMPLEMENTE NO SABEMOS

LEE STROBEL

«Ah, ¿no es eso encantador?», le dije a Leslie al colgar el teléfono. «¡Esto va a ser divertido!»

En ese entonces yo era un cristiano relativamente nuevo sirviendo en un equipo de voluntarios que contactaba a los visitantes después que ellos entregaban algunas tarjetas con sus preguntas durante nuestros servicios del fin de semana. Un domingo, una encantadora y precoz niña de doce años formuló una cuestión sencilla y sincera: «Quiero saber más de Jesús». Cuando la llamé por teléfono, nos invitó a Leslie y a mí a su departamento para que le habláramos de Cristo a ella y su padre.

¡Vaya, esta es una gran oportunidad!, pensé. *¿Qué pudiera ser mejor que esto?*

Leslie y yo teníamos grandes esperanzas mientras conducíamos hacia su casa el siguiente viernes por la noche. Cuando su padre abrió la puerta y entramos, le eché un vistazo a la mesita de café en la sala y vi montones de libros voluminosos. Resultó ser que su papá era un científico que había pasado años estudiando artículos académicos y pesados volúmenes que atacaban los cimientos del cristianismo.

Nos sentamos alrededor de la mesa del comedor para disfrutar de una pizza y refrescos. Pronto él estaba bombardeándome con serias objeciones a la confiabilidad del Nuevo Testamento, la divinidad de Jesús y la credibilidad del Antiguo Testamento. Cuestionaba la resurrección y la Trinidad. Presentó un montón de argumentos contra la fe, los cuales había aprendido al estudiar los escritos de algunos ateos y otros críticos.

Aunque pude contestar algunas de sus preguntas, él seguía levantando cuestiones que yo nunca había considerado. ¡Al poco rato mi cabeza empezó a darme vueltas! Sentí lo que yo llamo «vértigo espiritual», ese incómodo sentimiento de aturdimiento y desorientación que experimentamos cuando alguien cuestiona la esencia de nuestra fe de una manera que uno no puede contestar. ¡Mi *propia* fe estaba empezando a temblar!

¿Alguna vez ha sentido el vértigo espiritual? Si no es así, probablemente pronto lo sentirá, pues los cuestionamientos a la comprensión bíblica de Cristo surgen veloces y furiosos en libros que son éxitos de librería, las revistas populares, las aulas universitarias, los documentales televisivos y la Internet. Si usted se muestra serio en cuanto a embarcarse en la aventura inesperada al aprovechar las oportunidades para entablar conversaciones espirituales con amigos y vecinos, antes de que pase mucho tiempo alguien va a presentarle un reto que no tendrá ni idea de cómo contestar.

Seguí comiendo mi pizza y bebiendo mi refresco, esperando y orando que brotaran en mi mente algunas nociones profundas. Sin embargo, mi pensamiento estaba en blanco. No iba a poder embaucarlo para salir del apuro. Fue en ese momento que dejé mi vaso a un lado, lo mire a los ojos, y le dije las palabras que ejercieron un instantáneo efecto liberador en mí.

«Francamente», admití, «no sé cómo responder a esas cuestiones».

En lugar de sentirme derrotado, de repente sentí calma. En ese instante me di cuenta de que está bien no tener en la punta de la lengua la respuesta a toda pregunta concebible. Pocos en el mundo pudieran haber respondido de improviso a la amplia variedad de retos que él me presentaba.

Empecé a ver el lado positivo del asunto: allí se encontraba un individuo que tenía objeciones legítimas y estaba dispuesto a entablar un diálogo sobre las cuestiones más importantes de la vida. Además, e igual de importante, allí también se hallaba sentada a su lado su influenciable hija, preguntándose si Jesús merecía que se creyera en él. ¡Esta *era* una oportunidad!

En circunstancias como estas, tal vez la mejor respuesta que podemos dar es: «No sé». Uno de mis amigos, Cliffe Knechtle, autor de *Give Me An Answer* [Dame una respuesta] (IVP), es un experto a la hora de tratar con preguntas difíciles acerca de la fe. Parte de su ministerio consiste en viajar de una universidad a otra, en donde de forma espontánea entabla un diálogo con estudiantes y catedráticos escépticos que tienen objeciones contra el cristianismo. Más de una vez lo he visto retroceder ante un ataque en particular embarazoso y dar la única respuesta apropiada: «Yo... no... sé», dice, enfatizando cada palabra.

> En circunstancias como estas, tal vez la mejor respuesta que podemos dar es: «No sé».

Hay ocasiones en que la Biblia guarda silencio sobre una cuestión, y es mejor no atreverse a dar una respuesta que tal vez no tenga una base bíblica. En otras ocasiones puede existir una brecha en nuestro conocimiento y no tener ni idea de cómo responder. No queremos que alguien piense que somos tontos o estamos mal informados, sin embargo, la pura verdad es que es mejor confesar nuestra ignorancia antes que tratar de fabricar una explicación de la nada.

Adelante, dígalo en voz alta: *«Yo... no... sé»*. Ahora mire a su alrededor. ¡El cielo no se va a caer!

No obstante, es importante notar que yo no me detuve allí con el científico y su hija. «Usted ha planteado un buen número de buenas cuestiones», dije al concluir esa noche. «Pero sospecho que después de dos mil años no ha concebido la objeción que al final va a derrumbar al cristianismo. Así que permítame investigar lo más honestamente que pueda y volveremos a hablar».

Y pude estar seguro de que verifiqué cada uno de los retos que me presentó, hallando respuestas que dejaron satisfechos mi corazón y mi mente... sin excepción. Cuando miré el otro lado de esas cuestiones, descubrí hechos, una lógica y una evidencia que de nuevo reforzaron mi propia fe y me proporcionaron un material que más tarde comenté con el científico.

Con el paso de los años, les perdí la pista a la niña y su padre, y no sé si alguno de los dos depositó su fe en Cristo. Sin embargo, gracias a nuestra conversación tarde en la noche de ese viernes difícil, me preparé mejor para atender algunas objeciones similares al cristianismo. La próxima vez, en lugar de sentirme atrapado en el vértigo espiritual, estaría listo.

Con todo, hay ocasiones en que tengo que confesar: «Yo... no... sé». Y eso está bien. He aprendido a no tenerle miedo a esas palabras. He descubierto que en realidad pueden conducir a una interacción espiritual incluso más emocionante, siempre y cuando las acompañemos de un: «Pero permítame ayudarle a descubrirlo».

>Principio de acción

Cuando alguien levanta una objeción al cristianismo que usted no puede contestar, la mejor respuesta no es tartamudear, enfurruñarse, sonrojarse, enfurecerse o inventar una explicación solo por decir algo. Dígale a la persona con sinceridad que simplemente no lo sabe, y luego invítela a buscar junto con usted las respuestas.

>Adentrándonos en la aventura

Cuando enseñaba la ley de la Primera Enmienda a la Constitución de los Estados Unidos en la Universidad Roosevelt, les recalcaba a los periodistas en ciernes que era de vital importancia que ellos entendieran con exactitud dónde estaban trazadas las líneas en las leyes contra la difamación y la invasión de la privacidad. Esto no era solo para que pudieran evitar que los arrastraran a los tribunales. Si un reportero no está seguro de lo que no es arriesgado imprimir, de modo natural tiende a censurarse a sí mismo, cohibiéndose de escribir lo que se debería publicar porque tiene miedo de enfrentarse a la ley.

De manera similar, los cristianos a menudo se pierden la aventura de las conversaciones espirituales porque tienen miedo de que les hagan alguna pregunta que no puedan contestar. No se consideran unos expertos en cuanto a por qué creen lo que creen, y como consecuencia ser censuran a sí mismos y evaden por completo las interacciones evangelizadoras para no abochornarse por lo que no saben.

Esa es una buena razón para obedecer lo que dice 1 Pedro 3:15: «Estén siempre preparados para responder a todo el que les pida razón de la esperanza que hay en ustedes». Cuando hemos estudiado lo suficiente para tener un cimiento factual adecuado para nuestra fe, es natural que estemos más dispuestos a interactuar con las personas que tal vez tengan dudas.

> Cuando usted se vea frente a lo que parece ser una pregunta incontestable, recuerde que el cristianismo ha resistido retos similares durante dos milenios.

Sin embargo, ninguno de nosotros conoce la respuesta a toda pregunta posible que un escéptico pudiera plantear. Cuando usted se vea frente a lo que parece ser una pregunta incontestable, recuerde que el cristianismo ha resistido retos similares durante dos milenios. Tenga presente que es bueno que un individuo tenga preguntas. Esto bien pudiera representar una puerta abierta para conversaciones adicionales conforme le invita a que verifiquen juntos la evidencia.

En realidad, lo que pudiera haber sido una sola interacción en cuanto al cristianismo puede conducir a un diálogo continuo conforme usted usa libros, la Internet y otros materiales a fin de ayudar a su amigo a hallar las respuestas a sus preguntas con el paso del tiempo. (Hemos incluido una lista de materiales sugeridos al final de este libro.)

No sienta temor de decir: «¡Ah, ese es un tema difícil! En realidad no sé cómo responder. ¿Qué tal si busco un libro que podamos leer sobre el asunto y luego nos reunimos de nuevo el martes por la noche en el café para hablar sobre el asunto?»

Si usted tiene varios amigos con preguntas similares, considere empezar un grupo pequeño en el cual puedan buscar juntos las respuestas con el tiempo. Mi amigo Garry Poole explica cómo dirigir estos grupos en su excelente libro *Seeker Small Groups* [Grupos pequeños de buscadores] (Zondervan).

Por favor, no se pierda la aventura inesperada debido a que se siente nervioso de que tal vez tenga que pronunciar las palabras «Yo... no... sé». Después de todo, esta *es* la aventura: sostener conversaciones que pudieran avanzar quién sabe en qué dirección, confiando en que Dios lo guiará a las respuestas para usted mismo *y* su amigo.

··········>Inspiración para la jornada

Hermanos míos, si alguno de ustedes se extravía de la verdad, y otro lo hace volver a ella, recuerden que quien hace volver a un pecador de su extravío, lo salvará de la muerte y cubrirá muchísimos pecados.

—SANTIAGO 5:19-20

CÓMO SER EL EXCÉNTRICO QUE SOMOS

MARK MITTELBERG

«Díganme si tienen alguna pregunta», dijo el mesero mientras se apoyaba contra una columna en nuestra sección no muy concurrida de un restaurante popular.

Era una época emocionante pero algo tensa en mi vida. Heidi y yo acabábamos de mudarnos de nuestra pequeña ciudad en la mitad del país a la gran ciudad de Chicago para que pudiera continuar mis estudios superiores. Con un trasfondo en los negocios, me sentía abrumado al empezar los estudios para obtener una maestría en filosofía de la religión.

No se trataba de que no disfrutara de las nuevas materias o no apreciara a mis profesores. Hallé los estudios fascinantes. Sin embargo, ¿alguna vez ha tratado de leer la obra *Crítica de la razón pura*, de Kant? Pruebe con este pasaje: «De cualquier manera y por cualquier medio en que un modo de conocimiento pueda relacionarse a los objetos, la intuición es eso mediante lo cual se está en relación inmediata a ellos, y a lo cual todo pensamiento como un medio se dirige».

¡No sé usted, pero yo estaba seguro de poder sobrevivir en la vida sin jamás tener que leer semejante información! A menudo me sentía tentado a hacer la pregunta que los universitarios con frecuencia consideran: «¿Alguna vez vamos en realidad a *utilizar* algo de esto, o se trata solo de una manera de ver quién está firmemente comprometido a conseguir un título?»

Mi mente estaba plagada de ese tipo de pensamientos esa noche mientras Heidi y yo, junto con algunos nuevos amigos de la escuela, nos sentamos en ese bien conocido restaurante italiano. El aroma de las pizzas rellenas estilo Chicago recién horneadas llenaba el aire. El mesero que nos atendió era amigable y extrovertido. Fue después que trajo nuestros refrescos que se apoyó contra la columna y se ofreció a responder cualquier pregunta que pudiéramos tener.

El restaurante estaba empezando a llenarse, haciendo que el resto de los meseros y las meseras corrieran por todos lados a fin de atender el aluvión de personas. Así que me sorprendió el hecho de que él se quedara de manera tan casual cerca de nuestra mesa… hasta que me di cuenta de que estábamos en un área que se encontraba fuera de la vista de su jefe. ¡El mesero estaba usándonos como una ocasión para un descanso! Pienso que esperaba que tuviéramos alguna pregunta acerca de, digamos, cómo lanzaban al aire la masa de la pizza o qué ingredientes ponían en la salsa. Haría cualquier cosa con tal de no tener que mover los pies durante unos pocos minutos.

Lo que me sorprendió fue la amplitud de su oferta. Él simplemente nos había indicado que le dijéramos si teníamos alguna pregunta… ¡pero no había especificado que tenían que relacionarse con el menú! Una idea me golpeó, y vino con la suficiente fuerza como para preguntarme si el Espíritu Santo la había inspirado: *Tengo todo tipo de preguntas. Tal vez voy a darle un buen uso a lo que he estado leyendo sobre Kant, plantearé un tema desusado y veré qué pasa*, pensé. *¡Quizás Dios pueda usar esto para darnos la oportunidad de hablar de cosas más importantes que una buena pizza!*

Conforme una pregunta empezaba a formarse en mi mente, las dudas también empezaron a surgir. *Él va a pensar que en realidad me falta un tornillo... ¡y lo mismo mi esposa y nuestros nuevos amigos!* No obstante, también pensé que era extraño que él estuviera simplemente parado allí, como si estuviera esperando que algo sucediera.

—Sí —respondí de modo alegre—. Tengo una pregunta importante.

—¡Grandioso! —respondió—. ¿Cuál es?

—He estado leyendo a Emmanuel Kant y me preguntaba —le dije con fingida curiosidad— si piensas que las categorías mentales se aplican al mundo de los noúmenos de la misma manera que se aplican al mundo de los fenómenos. (Yo no estaba seguro de saber de qué estaba hablando, pero en cualquier caso, me sentí confiado de que él no sabía nada de lo uno ni de lo otro.)

Me clavó la mirada, sorprendido. Luego sonrió y respondió con tono enérgico:

—¡No estoy seguro, pero una vez oí de un científico que miró por su telescopio y pensó que había visto a Dios! Bastante extraño, ¿verdad?

—Eso no es extraño para nada —señalé, asombrado por su respuesta—. No sé si se trata del mismo individuo del que oíste hablar, pero hace poco leí un libro muy interesante de un científico bien conocido llamado Robert Jastrow, titulado *God and the Astronomers* [Dios y los astrónomos]. Fue su observación del orden increíble y lo intrincado del universo lo que lo llevó a concluir al final que debe haber un Dios. Su libro estremeció a muchos en la comunidad científica.

—Vaya, eso es interesante —dijo—. En realidad no pienso mucho sobre Dios. ¿Cómo dijiste que se titula el libro?

¡De repente estábamos enfrascados a una fascinante conversación espiritual! Antes de que me diera cuenta, le estaba explicando algo de la evidencia científica que respalda nuestras creencias cristianas, y dos o tres de nosotros describimos el cambio que Cristo había hecho en nuestras vidas.

A la larga nos pusimos de acuerdo acerca de qué clase de pizza ordenar, pero no recuerdo gran cosa en cuanto a lo que comimos esa noche. Lo que se destaca en mi mente fue la conversación sorpresiva que tuvimos y cómo todo resultó debido a lo que consideré en ese momento como un impulso alocado de hacer un comentario nada usual.

Nuestra interacción no acabó con ese encuentro. Le pregunté si le interesaría leer el libro de Jastrow, y me dijo que sí. Así que pocos días más tarde le llevé mi ejemplar, junto con un par de otros libros más pequeños que pensé que le proveerían buenas respuestas a algunas de sus preguntas espirituales.

Pareció sinceramente agradecido por la información. Y aunque nunca tuve la oportunidad de volver a encontrarme con él después de eso, me alegro de haber corrido un pequeño riesgo esa noche al plantear una pregunta divertida e inesperada. Como resultado, miren lo que sucedió: en una noche en que esperábamos solo disfrutar de una cena tranquila e informal, nosotros cuatro tuvimos la oportunidad de hablarle de Jesús a alguien, pudiendo más tarde poner en sus manos algún material que tenía el potencial de cambiar su vida.

¿Quién sabe cómo Dios a la larga usará esa interacción espontánea en su vida? ¡Esto hace que nuestra pizza caliente y bien sazonada, por buena que fuera, parezca sosa en comparación!

>Principio de acción

Dios quiere usar su personalidad única. Anímese, diviértase y deje salir a la luz su lado menos serio. ¡Sea el excéntrico que es y permita que la aventura empiece!

>Adentrándonos en la aventura

Uno de los mayores enemigos de la aventura inesperada es nuestra insistencia en confinar nuestra expresión a los límites de la normalidad cristiana. Así que acabamos vistiéndonos, viéndonos, hablando y actuando como cientos de otras personas de nuestra iglesia, temerosos de expresar nuestra verdadera individualidad y posiblemente sofocando nuestra capacidad única de conectarnos con otros individuos en nuestro círculo de influencia.

¡Como si Dios hubiera creado clones!

Él nos dice en el Salmo 139:14 que somos «una creación admirable». Y un versículo antes leemos: «Me formaste en el vientre de mi madre», lo que incluye no solo nuestros cuerpos, sino también nuestras personalidades, temperamentos y estilos nada usuales... ¡con rarezas y todo! Dios hizo que *yo fuera yo* y que *usted fuera usted,* y él quiere usarnos a cada uno de nosotros según el diseño especial que nos ha dado.

Piense en esto: Hay personas en su mundo que no conocen a Cristo y necesitan verlo expresado a través de su personalidad plena y sin ataduras. Estas personas son tan pintorescas como Dios tuvo la intención que usted lo fuera, pero tal vez no se relacionen con usted mientras tanto esté jugando a lo seguro y enmascarando la plena expresión de su carácter auténtico.

> Tranquilícese. Actúe de manera espontánea. Sea más juguetón. Intente poner en práctica un poco de humor, y ríase de sí mismo si no funciona. Sea el excéntrico que es...

«Atrévete a ser un poco excéntrico», dijo el psicólogo Alan Loy McGinnis en su popular libro *Confidence: How to Succeed at Being Yourself* [Confianza: cómo triunfar a la hora de ser uno mismo] (Augsburg). Cuando considero a las personas carismáticas que conozco, la mayoría de ellas tiende a ser un poco fuera de serie, sin temor a expresarse de maneras frescas, desusadas y algunas veces sorpresivas. ¡Estar con ellas significa simplemente experimentar lo inesperado! Sus personalidades les proporcionan una influencia infecciosa sobre los demás.

Esa noche en la pizzería, Dios usó mi individualidad para dar inicio a una conversación importante. ¿De qué maneras intrépidas y originales pudiera él querer usarlo a usted?

Dedique un momento ahora mismo para orar pidiendo valor a fin de expresar toda la personalidad que Dios le ha dado. Pídale que le abra puertas de influencia a través de las cuales pueda obrar en su nombre, guiado por el Espíritu Santo.

Luego tranquilícese. Actúe de manera espontánea. Sea más juguetón. Intente poner en práctica un poco de humor, y ríase de sí mismo si no funciona. Sea el excéntrico que es... ¡y observe cómo Dios lo usa de maneras extraordinarias!

·············>Inspiración para la jornada

Así que, como tenemos tal esperanza, actuamos con plena confianza.

— 2 Corintios 3:12

ESAS OPORTUNIDADES IMPERFECTAS

LEE STROBEL

Se trataba de una llamada telefónica que nadie quiere recibir jamás. «Sr. Strobel, ya tenemos los resultados de su biopsia», dijo el médico. «Me temo que es cáncer».

Puedo decirle por experiencia propia lo que sucede en el momento en que uno oye esas palabras perturbadoras: la mente vuela de forma repentina al peor escenario posible y al instante uno se encuentra contemplando su propia mortalidad.

Fui afortunado; mi cáncer no acabó amenazando mi vida. Sin embargo, la experiencia aterradora de oír ese diagnóstico inicial me provocó una impresión increíble. Como nunca antes fui animado a pensar en cómo mi conducta cambiaría si supiera que solo me quedaba poco tiempo de vida. Y eso es lo que me lleva al relato de Tim.

Tim y yo nos hicimos buenos amigos cuando él se mudó a mi barrio durante el primer año de secundaria. Como amigos bastante íntimos por la siguiente seis años, pasamos largas horas lanzando la pelota al aro de baloncesto en el patio, jugando softball en el parque, y hablando incesantemente de muchachas, autos y deportes. Principalmente de muchachas.

¿Mencioné a las muchachas?

Excepto por mis ocasionales peroratas en contra del cristianismo, que fueron bastante comunes en mi adolescencia como un ateo en ciernes, no pienso que alguna vez hablamos de cosas espirituales. Tim y su familia no asistían a la iglesia, aunque él no parecía mostrarse hostil a la fe religiosa como yo. Simplemente era indiferente hacia Dios.

Después de terminar la escuela secundaria nos fuimos a distintas universidades. A diferencia de hoy, con el advenimiento de los mensajes de texto, los correos electrónicos y los celulares, los amigos de ese tiempo a menudo se separaban cuando se iban a la universidad, y eso fue lo que nos sucedió a Tim y a mí. Muchos años después me contaron que él estaba trabajando para una corporación grande, viviendo en una ciudad distante, y que se había casado pero luego se había divorciado. Mientras tanto, yo había perdido mi fe en el ateísmo y me había hecho cristiano.

Luego me llegaron las noticias de que Tim y su nueva esposa se iban a mudar a una ciudad no muy alejada de donde yo vivía. Me entusiasmé: tal vez pudiéramos volver a relacionarnos y tendría la posibilidad de hablarle de Jesús.

No obstante, quería hacer las cosas como es debido. Primero decidí renovar y profundizar nuestra relación personal, y luego abordaría el tema de la fe en el momento preciso, después de haber reestablecido la confianza y la credibilidad. *Hay mucho en juego*, pensaba. *Quiero buscar la oportunidad ideal de manera que no lo eche todo a perder.*

Leslie y yo invitamos a Tim y a su esposa a cenar. Disfrutando de un pollo a la barbacoa charlamos de los Toros de Chicago, los Cachorros de Chicago y los Osos de Chicago… o como los que somos de esa ciudad lo llamamos: «los Toros, los Cachorros y los Osos». En otras reuniones Tim y yo vimos algunos partidos por la televisión. Me mantenía alerta en busca de la oportunidad perfecta para traer a colación el tema de Dios, pero nunca sentí que el momento fuera el preciso. En una ocasión estábamos demasiado absortos en el partido; otro día su esposa estaba allí y yo quería hablarle cuando él estuviera solo.

Entonces un día él llamó para darme la noticia urgente de que había sido transferido a una ciudad al otro extremo del país. Tenía que salir de inmediato. De repente, tanto Tim *como* el tiempo se habían esfumado, y en medio de nuestra vida atareada nos apartamos de nuevo.

¡Quise golpearme yo mismo! Con seguridad podía haber hallado alguna manera de traer a colación el tema más importante del mundo con alguien que en realidad quería. Recordé el consejo que mi madre me había dado cuando me casé: «Si esperas el momento preciso para tener hijos», dijo, «nunca los tendrá». Y al insistir en esperar el tiempo perfecto para entablar una conversación espiritual, acabé sin tenerla nunca.

Luego me enteré de que poco después de que Tim se mudara, entabló amistad con un creyente que aprovechó la oportunidad para entablar con él una conversación espiritual y le invitó a su iglesia. Sin que yo lo supiera, Tim estaba listo para Dios, y de inmediato recibió a Cristo con entusiasmo.

> Y al insistir en esperar el tiempo perfecto para entablar una conversación espiritual, acabé sin tenerla nunca.

Me alegré al oír las noticias. Al mismo tiempo me preguntaba cuándo hubiera logrado hallar ese momento ideal para tener el mismo tipo de conversación con él. Es más, mucho después de que se convirtiera en cristiano, Tim me confesó que se había preguntado por qué yo había escogido guardar silencio por tanto tiempo acerca de algo tan supremamente importante como el evangelio.

La paciencia es importante en la evangelización personal. Queremos validar el proceso de búsqueda de otras personas y no deseamos empujar a nadie más rápido de lo que puede avanzar. Todo eso está bien, pero si vamos demasiado lejos, esperando por la oportunidad absolutamente perfecta para hablar de Cristo, lo más probable es que nunca logremos dialogar de las cosas espirituales.

Sin embargo, si viviera teniendo mi propia mortalidad en mente, con certeza las cosas serían diferentes. Si supiera que solo me queda poco tiempo de vida, habría una nueva urgencia inyectada en mis esfuerzos evangelizadores. Es muy probable que fuera más intrépido en cuanto a las cosas espirituales. No esperaría interminablemente por esas circunstancias ideales siempre elusivas antes de hablarles de Cristo a otros. Digámoslo como es: esos momentos perfectos rara vez aparecen de todas maneras.

Durante los próximos treinta días, ¿qué tal vivir como si fuera su último mes sobre la tierra? ¿De qué maneras prácticas cambiaría la forma en que interactúa con las personas con relación a Dios?

Con mayor frecuencia, si estamos alerta a las oportunidades y sintonizados a los incentivos del Espíritu Santo, vamos a hallar alguna manera apropiada de entablar una conversación acerca de Jesús. Tal vez no sea la circunstancia ideal, pero si abordamos la situación con sensibilidad y empatía, lo más probable es que Dios tomará nuestros escasos esfuerzos y los usará en la vida de nuestro amigo. Porque la verdad es que no tenemos todo el tiempo del mundo... e incluso más importante, nuestros amigos tampoco.

>Principio de acción

Si usted espera el momento ideal para hablarles a otros acerca de los asuntos espirituales, es probable que nunca lo haga. Sea paciente, pero también persistente. Tenga presente que Dios puede tomar las oportunidades imperfectas y usarlas para sus propósitos perfectos.

>Adentrándonos en la aventura

Mi amigo Kerry Shook y su esposa, Chris, escribieron un exitoso libro titulado *One Month to Live* [Un mes de vida] (WaterBrook), en el cual animan a los cristianos a considerar cómo sus prioridades y actitudes cambiarían si solo les quedaran treinta días de vida en este mundo. Por cierto, esta perspectiva afectaría la forma en que empleamos nuestro tiempo y recursos, lo que escogeríamos decir —y no decir— a otros, y lo que valoraríamos más. También nos impulsaría a lo largo de la línea continua de la evangelización, desde la demasiada *paciencia* en un extremo hasta la mayor *urgencia* en el otro.

La mayoría de nosotros tendemos de forma natural hacia el lado de la paciencia. No obstante, a veces podemos demorarnos tanto tiempo en ese extremo del espectro que nada sucede, como ocurrió conmigo en el caso de mi amigo Tim. Por supuesto, ninguno de nosotros quiere compensar esto demasiado excediéndose en el lado de la urgencia, en donde nos volvemos impositivos e incluso hostigosos, al punto de alejar a las personas. Sin embargo, las buenas intenciones no bastan.

Así que aquí tiene un buen experimento: Durante los próximos treinta días, ¿qué tal vivir como si fuera su último mes sobre la tierra? ¿De qué maneras prácticas cambiaría la forma en que interactúa con las personas con relación a Dios? ¿Cuánto avanzaría en la línea continua hacia el extremo de la urgencia? Tal vez quiera llevar un diario de su experiencia o hacer de esta una actividad para su grupo pequeño o clase de la Escuela Dominical.

Después de todo, nuestros días *son* limitados. Como Kerry dice:

> Sin que importe cuánto lo haga retorcerse esta idea, es un hecho. Sin que importe quién sea usted, cuán joven o viejo, qué medida de éxito haya logrado, o dónde vive, la mortalidad sigue siendo el gran igualador. Con cada tic tac del reloj, un momento de su vida queda detrás de usted. Incluso al leer este párrafo, han pasado segundos que nunca recuperará. Sus días están contados, y cada uno que pasa se ha ido para siempre.

Kerry no ve esto como algo deprimente. «Estoy convencido», dijo, «de que en lugar de inhibirnos para jugar a lo seguro, considerar nuestro tiempo en la tierra como un recurso limitado tiene un increíble poder para liberarnos».

Es decir, podemos ser libres —con nuevo vigor y entusiasmo— para buscar maneras creativas de llevar las buenas nuevas del Dios que amamos a las personas en nuestras vidas que también amamos.

· · · · · · · · · · · ·>Inspiración para la jornada

Enséñanos a contar bien nuestros días, para que nuestro corazón adquiera sabiduría.

—Salmo 90:12

ABOCHORNADO POR DIOS

MARK MITTELBERG

Estábamos en un viaje del ministerio en Inglaterra, sirviendo en una iglesia en el lado sur de Londres durante todas las vacaciones. Nuestra meta era encontrar a las personas en sus casas por los barrios, hablarles de Jesús, e invitarlas a la iglesia.

Tocar puertas y hablarles a los extraños acerca de Dios ha sido algo que me gusta tan poco como tomarme una taza de te, incluso en una tierra donde todo el mundo lo hace. Felizmente, mi esposa, Heidi, estaba conmigo. ¡Ella es extrovertida y sociable (para no mencionar *atractiva*) y por lo tanto podía abrir más puertas de lo que yo jamás hubiera podido!

Los londinenses con los que hablamos eran por lo general corteses, pero con frecuencia no tenían un mayor interés en hablar de temas espirituales. Francamente, era difícil. «Ustedes tienen acento estadounidense», dijo uno. «¿Por qué no se van a su casa y fastidian a la gente de su propio país?» Estaba claro que muchos de estos individuos eran muy privados en cuanto a los asuntos espirituales, y algunos estaban bastante mortificados por las visitas previas de algunos que trataron de reclutarlos para varias sectas.

Los más dispuestos a conversar eran los recién llegados al área, por lo general inmigrantes del extranjero. Una pareja que se mostró en particular receptiva fue la de Yash y Sanya, que habían llegado a Inglaterra solo un par de años atrás. De inmediato nos recibieron bien, al parecer contentos de conocer a nuevos amigos.

Yash y Sanya eran unas personas maravillosas, nativas de una isla pequeña del Océano Índico de la que yo nunca había oído hablar y que se llamaba Mauricio. Cuando les pregunté dónde estaba, me explicaron que Mauricio se encontraba justo frente a la costa este de Madagascar. Cuando les pregunté dónde quedaba Madagascar, me dijeron que es una isla cerca de la costa este de una isla mucho más grande... llamada África. (Yo estaba bastante seguro de saber dónde quedaba *eso.*)

Después de reunirnos un par de veces y habiendo tenido excelentes conversaciones, Sanya nos invitó a volver unos pocos días más tarde para disfrutar de una auténtica comida mauriciana. No teníamos idea de lo que sería, pero sonaba como una aventura culinaria y nos proveería más tiempo para conocer a nuestros nuevos amigos.

Cuando llegamos nos recibieron en la puerta, al parecer honrados de que hubiéramos ido y pasáramos un tiempo con ellos. Nos impresionó que hicieran tanto esfuerzo para preparar una elaborada comida casera.

Antes de la cena, Heidi y yo nos sentamos un rato en una habitación aledaña mientras conversábamos con Yash. De repente él salió del cuarto, cuando reapareció traía en sus manos lo que evidentemente era una botella muy especial de champán, algo para agasajar a los invitados importantes.

Luché en cuanto a cómo debía responder. No quería ofenderlo, pero al mismo tiempo tampoco quería ofender a la iglesia en la que estábamos sirviendo, la cual evitaba beber licor en cualquier forma. Recordé la amonestación del apóstol Pablo: «Coman de todo lo que les sirvan sin preguntar nada por motivos de conciencia» (1 Corintios 10:27), pero decidí tratar de tomar un camino intermedio.

Le dije: «Yash, eso es algo que usted ha estado guardando para un acontecimiento en realidad grande; no tiene que abrirlo para nosotros. ¿Por qué simplemente no nos sirve jugo o agua?»

Yash no quiso ni oír habar de esto. Casi ni había acabado de escuchar mis palabras cuando exclamó con júbilo: «¡He estado guardando este champán para un día como hoy, cuando podemos honrar a amigos especiales como ustedes!» Y diciendo esto empezó a descorchar la botella.

Ahora bien, la temperatura estaba bastante caliente en ese apartamento, y Yash debe haber agitado la botella cuando la bajó del anaquel. Cualquiera haya sido la causa, el corcho salió con un poderoso «zas» y la botella erupcionó... *¡salpicando la mitad de su contenido sobre mí!*

Me quedé aturdido por un momento. El champán me chorreaba por el pelo, la cara y mis anteojos hasta mi camisa, empapando mis pantalones. Me sentí como una esponja grande y oliendo como una licorería.

A pesar de lo incómodo que me sentía, traté de recuperar mi compostura y reírme de la situación... pero Yash estaba horrorizado. *«Lo lamento, lo lamento, lo lamento, lo lamento»*, repetía mientras se quedaba mirándome con una cara aturdida, tratando de imaginarse qué hacer.

«Acompáñeme al segundo piso para que pueda secarle la ropa», dijo Yash al fin. Yo no estaba seguro de cómo planeaba hacerlo, pero no se me ocurrió ninguna idea mejor, así que le seguí obediente por las escaleras.

> Simplemente estoy tratando de servirte, Señor, dije en silencio, ¡y mira por lo que tengo que pasar!

«Déme su pantalón», dijo él... *¡mientras sacaba una plancha y una tabla de planchar!* Nuestras esposas estaban en el piso bajo y me encontraba en un ambiente privado, así que con todo respeto me lo quité y se lo entregué.

Me quedé sentado aturdido mientras contemplaba a Yash encender la plancha a su regulación más alta y luego proceder a tostar mi pantalón nuevo en un esfuerzo por secarlo con rapidez. El pantalón chisporroteó mientras nubes de vapor brotaban y el olor del champán quemado llenaba la habitación.

¿De qué peregrina manera acabé aquí?, me pregunté, vestido solo con mi ropa interior, mientras mi amigo trabajaba con diligencia para secar mi vestuario y restaurar mi dignidad. *Simplemente estoy tratando de servirte, Señor,* dije en silencio, *¡y mira por lo que tengo que pasar!*

No voy a decir que oí una respuesta audible de Dios, pero sí tengo la impresión de que él me estaba hablando: *Estás aquí porque me amas, y porque te interesas en este hombre y su esposa, a los cuales yo amo profundamente. Estás aquí haciendo un esfuerzo por obedecerme y servirme, y te honraré por eso. Y, sí, te sientes incómodo en estos momentos, pero no te pongas demasiado lúgubre por eso. No estás sufriendo de una manera seria. ¡Es más, si simplemente te relajas un poco, te darás cuenta de que es bastante divertido!*

Fue entonces cuando el verdadero humor del momento me golpeó. Resolví tranquilizarme, respirar profundo (ignorando el olor del alcohol quemado y la tela chamuscada), reírme de mí mismo, y ser amigo de Yash. Pronto, con una nueva perspectiva y vistiendo un pantalón caliente y (en su mayor parte) seco, volví al piso bajo, en donde todos disfrutamos de una comida deliciosa y tuvimos una de las conversaciones espirituales más alentadoras que Heidi y yo sostuvimos durante todo ese verano.

No sé cómo Yash y Sanya respondan al final a nuestro mensaje. No obstante, lo más probable es que todos recordemos con una sonrisa nuestro gran tiempo juntos en una desusada aventura evangelizadora durante las vacaciones.

·············❯Principio de acción

Para muchos cristianos la vida es insípida durante demasiado tiempo. No hay nada necesariamente malo en cuanto a cómo pasan su tiempo, pero tampoco hay nada en realidad estimulante. Otro día, otro bostezo. Sin embargo, empiece a correr algunos riesgos para hablar de su fe y observe cómo el entusiasmo regresa con sus altibajos... tal vez incluso haciéndole atravesar por unos pocos momentos incómodos pero memorables a lo largo del camino. Muy a menudo la evangelización personal es el ingrediente que falta para vivir una vida de verdadera aventura.

Adentrándonos en la aventura

Jesús dijo que en este mundo tendríamos problemas (Juan 16:33), y por cierto él atravesó una gran cantidad de ellos mientras cumplía su misión divina. Pablo se hizo eco de los pensamientos de Jesús en 2 Corintios 11, en donde detalló las adversidades que soportó a fin de alcanzar al mundo para Cristo. Su lista incluye cosas como azotes, golpes con varas, el apedreamiento de una multitud enfurecida, varios naufragios, llegando aun a flotar en el agua por un día y una noche, frecuentes madrugadas sin dormir, hambre y sed. ¡Es una lista que me hace avergonzarme de haberme sentido abochornado por la historia que acabo de contar!

> Nada es más emocionante o satisfactorio que aventurarse con Dios, confiando en él y sirviéndole.

Felizmente, lo peor que la mayoría de nosotros los seguidores de Cristo en el mundo occidental experimentaremos al hablar de nuestra fe es la inconveniencia y tal vez una burla ocasional o el ridículo de los que nos rodean. Quizás incluso en un caso raro enfrentemos un franco rechazo. Sin embargo, eso no va a destrozar nuestro mundo, ¿verdad? ¿Acaso no vale la pena con el fin de alcanzar a los que Dios tanto ama?

¿No siente usted que no hay nada mejor que estar, como los Blue Brothers de modo famoso lo dijeron, «en una misión para Dios»? ¿Qué podía ser más importante? Le diré esto: Nada es más emocionante o satisfactorio que aventurarse con Dios, confiando en él y sirviéndole. Eso sazonará su vida cristiana.

Así que, alce sus ojos, capte la visión de Dios para las personas de su mundo, salga por fe, y observe cómo el Espíritu Santo trabaja por medio suyo. ¡Además, tendrá relatos mucho más interesantes que contar!

···········>Inspiración para la jornada

Pero él me dijo: «Te basta con mi gracia, pues mi poder se perfecciona en la debilidad.» Por lo tanto, gustosamente haré más bien alarde de mis debilidades, para que permanezca sobre mí el poder de Cristo.

—2 Corintios 12:9

ROMPIENDO EL PACTO

LEE STROBEL

Cuando Leslie y yo nos mudamos a una nueva comunidad, hablamos de cómo alcanzar estratégicamente a nuestros vecinos con el mensaje de Cristo. Trataríamos de mantenernos atentos a las maneras en que podríamos servirles. Desde el principio dejaríamos entrever que éramos cristianos a fin de plantar semillas para futuras conversaciones espirituales. Procuraríamos seguir un estilo de vida consagrado para poder ser «sal y luz». Cuando diéramos juntos nuestras caminatas al anochecer, oraríamos en silencio por nuestros vecinos mientras caminábamos frente a sus casas. Y pensamos que teníamos un plan de acción bastante bueno, hasta que Dios nos recordó que una gran parte de la aventura de la evangelización son las sorpresas que él presenta en el camino.

> Y pensamos que teníamos un plan de acción bastante bueno, hasta que Dios nos recordó que una gran parte de la aventura de la evangelización son las sorpresas

Un día vi a un vecino que no había conocido. Estaba atareado lavando un carro frente a su casa, y pude deducir por la ausencia de las placas de la matrícula que acababa de comprarlo. Aprovechando la oportunidad para conocerlo, me acerqué y lo felicité por su compra.

—Usted escogió un gran auto —le dije—. Las revistas de automóviles hacen excelentes comentarios sobre este vehículo.

—Gracias —respondió con una sonrisa, usando una franela para secar el agua del capó plateado del auto.

El hombre parecía amigable y extrovertido. Y pronto entablamos una conversación animada que fue desde los autos hasta las familias y el baloncesto. Antes de que pasara mucho tiempo, nuestra charla se dirigió a uno de mis temas favoritos: los restaurantes.

—¿Ha visto el nuevo restaurante de parrilladas que se acaba de abrir? —pregunté.

Sus ojos se iluminaron.

—No, pero me *encantan* las parrilladas —dijo—. ¿Dónde está?

—No muy lejos —le dije.

Él miró su reloj. Eran como las cinco y media de la tarde.

—Llamemos a las esposas y vamos allá ahora mismo —sugirió.

—¡Qué gran idea! ¿Podemos ir en su nuevo auto?

—¡Seguro! —replicó él, a todas luces feliz de exhibirlo.

Corrí a la casa y hallé a Leslie disponiéndose a empezar a preparar la cena. No necesité mucha persuasión para convencerla de ir más bien a ese restaurante.

—Este hombre parece muy buena persona —dije—. Es una buena oportunidad para conocerlo a él y a su esposa. Pero no les impongamos a Dios. No quiero parecer impositivo y asustarlos. Simplemente tengamos una buena cena, conozcámoslos mejor, y veamos si eso puede ser el principio de una amistad real. Luego, cuando la oportunidad surja en algún momento en el futuro, una vez que tengamos una relación personal sólida, podemos traer a colación los asuntos espirituales.

Leslie asintió.

—Está bien, hagamos un pacto —dijo.

—De acuerdo —respondí—. No hablaremos de la iglesia, la religión, Dios, Jesús, la fe, ni ningún otro tema espiritual esta noche. Esta es simplemente una ocasión para conocerlos.

En ese momento, parecía un buen plan.

Nos subimos al asiento posterior de su auto y nos dirigimos al restaurante, con nuestro nuevo amigo y su esposa en el asiento delantero. Era una noche templada, así que bajamos las ventanas y disfrutamos de la brisa ligera y de una conversación más ligera aun.

Un par de minutos más tarde pasamos frente a un letrero que anunciaba que iban a construir una nueva iglesia en una esquina no lejos de nuestras casas.

—Vaya, miren, van a construir una iglesia aquí —observó mi vecino, señalando por la ventana del auto.

—Espero que sea uno de esos preciosos lugares con pináculo y todo —añadió su esposa.

Como nuestro pacto secreto impidió que Leslie y yo comentáramos nada, ella añadió:

—Nosotros no vamos a la iglesia, pero sí pienso que las cosas espirituales pueden ser fascinantes. Usted sabe, Oprah y todo eso.

Me mordí la lengua.

Una luz roja nos detuvo al borde del pintoresco sector del centro de la ciudad. Un anciano sacerdote católico, llevando su alzacuello de clérigo, pasó caminando frente al auto para cruzar la calle.

—¿Piensa usted que a los sacerdotes se les ha criticado de manera injusta? —comentó mi vecino, dirigiéndonos una rápida mirada a Leslie y a mí por el espejo retrovisor—. Solo porque hay unos cuantos que son malos, las personas se olvidan de todas las cosas buenas que la iglesia ha hecho por la gente... como por ejemplo en los barrios pobres de las ciudades. Tienen ligas de béisbol y ayudan a que los muchachos se mantengan fuera de las calles. Yo no creo en Dios, pero me alegro de que haya gente religiosa que haga cosas buenas en el mundo.

Leslie y yo intercambiamos miradas, luego dimos alguna respuesta entre dientes sin comprometernos.

Su esposa llenó el silencio.

—Yo me crié siendo católica — añadió—. Asistí a las escuelas parroquiales. Lo que más me fastidiaba era que no leíamos gran cosa la Biblia. Pienso que eso es una vergüenza. En realidad me gustaría entender más de ella, pero una gran parte de la misma en verdad me confunde.

Se dio la vuelta, poniendo su codo encima del espaldar del asiento para poder mirarnos de manera más directa.

—¿Han leído ustedes algo de la Biblia?

Eso fue el colmo... ¡el pacto quedó anulado!

¡Qué irónico! Allí estábamos nosotros, dos cristianos evangélicos en el asiento posterior del auto, titubeando ante la idea de traer a colación los asuntos espirituales porque podríamos inducir a nuestros amigos que no asistían a ninguna iglesia a pensar que queríamos empujarlos a la fuerza hacia la fe, mientras que esos mismos amigos estaban haciendo a todas luces repetidas referencias a la iglesia, la espiritualidad, la Biblia... ¡y no querían dejar el tema!

Leslie y yo nos involucramos de lleno en la conversación, y todo el resto del camino hasta el restaurante y de vuelta, y durante lo que resultó ser una comida bastante sabrosa de costillas a la parrilla, tuvimos una conversación animada acerca de toda una variedad de temas espirituales. Este sería el principio de varias otras conversaciones importantes relativas a Dios que tendríamos con nuestros vecinos antes de que acabáramos mudándonos a otra comunidad.

La lección fue simple, pero importante: Las personas por lo general están más interesadas en las cosas espirituales de lo que pensamos. En su mayoría, tienen opiniones en cuanto a la iglesia, la religión, Dios y Jesús, y están más que dispuestas a hablar al respecto. Mientras seamos respetuosos y escuchemos de verdad su punto de vista, muchos de nuestros amigos y vecinos probablemente disfrutarán conversando sobre la fe.

¡En especial si la parrillada es buena!

>Principio de acción

Los cristianos a menudo dan por sentado que necesitarán arrastrar al que no asiste a la iglesia, que patalea y chilla, a una conversación sobre los asuntos espirituales. Por el contrario, la espiritualidad es un tema candente en estos días. A la gente le gusta expresar su punto de vista y compararlo con el de uno. Así que no caiga en la trampa de la autocensura. La vida diaria está llena de oportunidades para conversar con las personas acerca de Dios.

Adentrándonos en la aventura ◄ · · · · · · · · · ·

Las estadísticas tal vez lo sorprendan: de acuerdo al encuestador George Gallup, ocho de cada diez estadounidenses dicen que la religión es por lo menos bastante importante en sus vidas diarias. El investigador de la opinión pública George Barna ha hallado que entre los estadounidenses *que no asisten a ninguna iglesia,* uno de cada cinco lee la Biblia, y casi siete de cada diez oran durante una semana típica.

> Busque una manera natural de llevar la conversación hacia los temas espirituales.

Cuando la revista *Time* se vio frente a las noticias de la sequía hace unos pocos años, insertaron un artículo sobre Jesús en la portada, y ese número se convirtió en el de mayor venta durante el año. Los libros acerca de Dios —a favor y en contra— salpican las listas de éxitos de librería. ¡He descubierto que mis amigos ateos traen a colación el tema de la fe más a menudo que la mayoría de los creyentes que conozco!

La realidad es que a las personas les intrigan las cosas espirituales. Hoy más que nunca está permitido socialmente entablar conversaciones sobre la fe si lo hacemos de manera sensible. Por ejemplo:

- *Busque una manera natural de llevar la conversación hacia los temas espirituales.* Si está hablando de los sucesos del próximo fin de semana, podría decir: «Yo veré el partido, lavaré el auto, e iré a la iglesia este fin de semana. Por cierto, ¿alguna vez piensas en la iglesia o en Dios?» O cerca de Navidad o la Pascua de Resurrección podría señalar: «¿Qué tradiciones festivas seguía tu familia cuando eras pequeño? ¿Iban a la iglesia? ¿Van a la iglesia ahora? ¿Qué hizo que dejaran de asistir?»

- *Escuche, escuche, escuche.* Deje que su amigo domine la conversación inicial. Haga preguntas de seguimiento... y luego haga más preguntas. Interésese de manera auténtica en su punto de vista. Identifíquese con los sentimientos de la persona siempre que sea posible. No interrumpa ni corrija afirmaciones erradas en cuanto a la Biblia o el cristianismo, siempre podrá hablar de eso más tarde. Al escuchar con respeto las opiniones de nuestros amigos, nos ganamos el derecho a ofrecerles nuestras propias creencias, ya sea en ese momento o más tarde.

*   *Ore pidiendo la dirección del Espíritu Santo.* Pídale que le ayude a discernir qué decir, cuándo decirlo, y cómo expresarlo.

Ah, y una cosa más: ¡Disfrute de la aventura!

>Inspiración para la jornada

Compórtense sabiamente con los que no creen en Cristo, aprovechando al máximo cada momento oportuno. Que su conversación sea siempre amena y de buen gusto. Así sabrán cómo responder a cada uno.

—COLOSENSES 4:5-6

AMISTAD DEL MOMENTO

MARK MITTELBERG

Trataba de conseguir a toda prisa unas cuantas cosas en el supermercado a fin de llegar a casa antes de que la tarde terminara por completo. Debí haber sabido que nunca puedo hallar lo que busco en los supermercados, y tratar de hacerlo con apuro no ayudaba en nada. Sin embargo, de alguna manera al final me las arreglé para hallar todos los artículos que necesitaba y me dirigí hacia las filas de personas que esperaban para pagar por sus compras.

Al dirigirme a la caja registradora, una exhibición de flores recién cortadas me llamó la atención. *Esto está perfectamente colocado para apelar a los hombres débiles de modo que lleven flores a la casa para sus esposas,* musité. No obstante, también noté un ramo muy hermoso que a Heidi de seguro le gustaría. *Y siendo la persona débil que soy,* pensé, *pienso que voy a llevar este. ¡Le va a encantar!*

Empuñando las flores, me dirigí hacia las filas, calculando la cantidad de artículos que cada persona tenía en su carrito y la eficiencia de cada cajera. Luego hice mi apuesta colocándome en la que parecía ser la fila que se movía más rápido.

Con todo, mi juego privado de «carrera hacia las cajas registradoras» fue interrumpido cuando noté a la anciana parada en la línea frente a mí. Parecía amigable y lista para conversar a fin de pasar el tiempo, así que entablamos una conversación, pero sin hablar de nada en particular. Al acercarnos a la caja registradora y empezar a sacar los artículos de nuestros carros, ella notó mi ramo de flores.

—Recuerdo cuando mi esposo solía traerme flores —dijo como con añoranza—. Pero él murió hace muchos años.

Era obvio que todavía lo echaba de menos después de todo ese tiempo. Dije lo que pude para tratar de animarla hasta que terminó de pagar sus compras, y luego nos despedimos.

Mientras ella salía del supermercado y la cajera sumaba mis compras, de repente me vino una idea a la mente: *¡Regálale las flores de Heidi!* Me sentí entre dos aguas al principio, preguntándome cómo Heidi se sentiría por eso. Sin embargo, sabía que mi esposa se preocuparía mucho más por animar a una dulce anciana que por recibir ella misma las flores.

Así que me apresuré a pagar por mis cosas, salí corriendo, y distinguí a la mujer caminando hacia un extremo del lote de estacionamiento. Corrí para alcanzarla, empuñando el ramo al acercarme.

—Su esposo ya no está aquí para hacer esto —dije, sintiéndome de repente un poco cohibido—. Así que me gustaría darle esto en su nombre.

Su reacción me indicó que había pasado mucho tiempo desde que algún joven la había perseguido o le había regalado flores.

—¡Ah, muchísimas gracias! Muy amable de su parte... y algo muy parecido a lo que mi esposo hubiera hecho —dijo sorprendida y encantada.

Me preguntó cómo se iba a sentir mi esposa por haber perdido sus flores debido a una completa extraña. Le dije que pensaba que Heidi se sentiría muy contenta de haber hecho esa pequeña inversión a favor de su felicidad. Continuamos conversando por un rato, cuando me di cuenta de que no había ningún vehículo estacionado cerca.

—A propósito, ¿dónde está su auto? —le pregunté.

—Ah, yo no manejo —dijo ella—. Vivo apenas a unas cinco o seis calles de aquí, y cuando hace un tiempo tan bueno como este no me es difícil caminar.

—Pues bien —repliqué—, ya le he dado las flores... ¡así que lo menos que puedo hacer es llevarla también a su casa!

—Ah, no tiene que hacer eso —dijo ella luego de una pausa y guiñando un ojo—. Pero si en realidad lo quiere, le invito a una taza de mi té favorito para mostrarle unos pocos retratos de mi esposo. Era todo un hombre.

—Estoy seguro de que lo era —contesté. Obviamente, Dios tenía para mi tarde un plan diferente al mío—. Y un té me parece muy bien. Mi auto está aquí.

La llevé a su casa, entré y tomamos té —lo cual, como mis amigos británicos dirían, resultó *encantador*— y vi las fotografías y oí los relatos acerca de su esposo. Pronto ella sintió curiosidad en cuanto a mí, mi esposa, y lo que había hecho que un joven hombre de negocios hiciera más de lo necesario «por una vieja como yo».

Le asegure que no me parecía tan vieja, y le dije que Dios debía haberme impulsado a que le diera las flores. Le expliqué que yo le había entregado mi vida a Cristo no muchos años antes, y que él estaba lentamente convirtiéndome en la clase de individuo que se interesaba por las necesidades de los demás.

> No le prediqué, sino que le hablé con gentileza de lo que había aprendido y experimentado

No le prediqué, sino que le hablé con gentileza de lo que había aprendido y experimentado, y la animé a que considerara el evangelio para sí misma. Tuvimos una gran conversación, y eso llevó a varios otros encuentros orientados al tema espiritual más adelante (algunos de las cuales incluyeron a Heidi, quien, dicho sea de paso, se alegró cuando oyó lo que había pasado con sus flores). No sé cuál fue la conclusión final de mi amiga con respecto a su relación con Dios, pero en realidad ella escuchó de una manera sincera y atenta.

Una década más tarde, después que Heidi y yo nos habíamos mudado varias veces y estábamos viviendo en otro estado, esta señora hizo el esfuerzo para encontrar nuestra nueva dirección y enviarnos por correo un paquete que incluía regalos para nuestros hijos y una carta que nos decía cómo, diez años después de habernos conocido, ella a menudo les contaba a sus amigos sobre mi acción bondadosa y cómo eso la bendijo ese día. Es asombroso cómo un pequeño gesto puede tocar un corazón... y esperamos que lo abra al amor del Salvador.

>Principio de acción

Este es un enunciado viejo pero cierto: *A la gente no le importa tanto cuánto sabes mientras no sepan cuánto te interesas.* En otras palabras, nuestro mensaje de amor ejerce mucho más impacto cuando va precedido de nuestras acciones bondadosas. Así que al prepararse para hablarles del evangelio a las personas de su mundo, ore también por la oportunidad de *mostrarles* el evangelio, recordando que la verdad más la bondad forman una combinación atractiva.

>Adentrándonos en la aventura

San Francisco de Asís dijo una vez: «Predica el evangelio en todo momento, y cuando sea necesario, usa las palabras». Esta fue una manera penetrante de destacar que nuestras acciones diarias son importantes y necesitan llevar el mensaje del amor de Dios.

El apóstol Santiago presentó la idea con una pregunta retadora: «Supongamos que un hermano o una hermana no tienen con qué vestirse y carecen del alimento diario, y uno de ustedes les dice: "Que les vaya bien; abríguense y coman hasta saciarse", pero no les da lo necesario para el cuerpo. ¿De qué servirá eso? Así también la fe por sí sola, si no tiene obras, está muerta» (Santiago 2:15-17).

Este es un enunciado viejo pero cierto: A la gente no le importa tanto cuánto sabes mientras no sepan cuánto te interesas.

La lección es clara: lo que *hacemos* en realidad importa.

Al vivir su vida hoy, tenga presente que incluso los actos más pequeños pueden tener las consecuencias más grandes. Manténgase atento a las oportunidades de ofrecer una palabra bondadosa, extenderle la mano a un vecino, ayudar a un niño o un anciano, o aligerar el peso de alguien doblegado por las cargas de la vida. Pídale al Señor en oración que le muestre maneras en que pueda exhibir el amor de Dios mediante acciones de sacrificio y servicio. Entonces, cuando vea una puerta abierta, asegúrese de pasar por ella.

Sin embargo, no olvidemos el otro lado de la moneda. La Biblia también pregunta: «Ahora bien, ¿cómo invocarán a aquel en quien no han creído? ¿Y cómo creerán en aquel de quien no han oído? ¿Y cómo oirán si no hay quien les predique?» (Romanos 10:14).

En efecto, la palabra de Dios completa la verdad de lo que dijo San Francisco de Asís al recordarnos que las palabras *son* necesarias. Debemos hacer mucho más que servir en silencio a las personas, esperando que de alguna manera noten la dimensión espiritual en nuestras vidas. Para que ellos en realidad entiendan y abracen nuestro mensaje, el apóstol Pablo nos advierte que necesitamos explicárselo además de una forma verbal.

Así que una segunda lección es igualmente clara: lo que *decimos* en realidad importa también. Por consiguiente debemos buscar maneras de servir con amor a otros y además de explicarles el mensaje del amor de Dios. Las acciones *y* las palabras juntas son dos de las herramientas más valiosas en esta aventura inesperada.

Inspiración para la jornada◄ · · · · · · · · · · ·

Queridos hijos, no amemos de palabra ni de labios para afuera, sino con hechos y de verdad.

—1 Juan 3:18

CÓMO PONER EL AMOR EN ACCIÓN

LEE STROBEL

Leslie y yo nos deshicimos en lágrimas… literalmente. *Estallamos* en sollozos cuando los médicos con cara lóbrega nos dieron las noticias junto a la cama de Leslie. Algo andaba muy mal con nuestra hija recién nacida.

Estaban llevando a Alison a toda prisa a la unidad de cuidado intensivo neonatal del hospital. Los médicos necesitaban nuestras firmas en ciertos documentos legales para autorizar unos análisis de emergencia. Se nos dijo que nos preparáramos para lo peor. Quedamos devastados y llenos de temor. *¿Por qué ella? ¿Por qué nosotros?* Era la peor pesadilla de todo padre.

La repentina enfermedad de Alison nos aturdió porque todo había parecido estar bien durante su primer día de vida. Aunque el parto de Leslie había sido desusadamente largo, el nacimiento mismo transcurrió sin complicaciones y la bebita parecía estar sana, atenta y contenta.

Como todos los nuevos padres, Leslie y yo nos dejamos llevar por el entusiasmo y la euforia del acontecimiento largamente esperado. Recuerdo haber llamado a la familia desde la sala de recuperación. «¿Ustedes saben que la mayoría de recién nacidos son arrugados y feos?», decía. «¡Pues bien, Alison no es así! ¡Ella es muy hermosa!» (Ahora que miro esas viejas fotos de Alison momentos después de que naciera puedo comprobar que se ve tal como cualquier otro infante que acaba de luchar por su nacimiento. ¡Pero esos eran los ojos de un nuevo padre!)

Al día siguiente, Leslie y yo estábamos esperando que las enfermeras trajeran a Alison para su comida de la una de la tarde. Sin embargo, no vinieron. Empezamos a ponernos impacientes. Al fin, justo antes de que fuera a averiguar qué era lo que los demoraba, alguien llamó a la puerta. Entró un contingente de médicos trayendo las terribles noticias que hicieron que nuestros corazones se nos salieran por la garganta.

Los próximos días transcurrieron en medio de un aturdimiento que retorcía el estómago. Fue agonizante ver a nuestra primogénita conectada a las máquinas y los monitores, con una aguja intravenosa en su tobillo. Lo que es peor, no éramos cristianos en ese tiempo... y sin Dios, en realidad no había a dónde acudir.

> «Oí lo que está pasando con tu bebé», dijo David con su voz marcada por la preocupación. «¿Qué puedo hacer por ti?

En medio de ese horror, caminaba sumido en la desesperación por el corredor del hospital cuando un teléfono en la pared timbró. Una enfermera lo levantó y luego miró por todos lados. «Es para usted», dijo.

En la línea estaba David, un hombre que había conocido años atrás, pero que no había visto en largo tiempo. Al principio me pregunté por qué razón me llamaría, en especial a ese lugar. La verdad es que en el curso de mi relación con David en el pasado yo había mentido, dicho cosas falsas, me burlé de él, rompí promesas, y critiqué de modo implacable su iglesia y todo lo que él defendía. No obstante, él era un cristiano consagrado, y por eso ese día me estaba llamando por teléfono.

«Oí lo que está pasando con tu bebé», dijo David con su voz marcada por la preocupación. «¿Qué puedo hacer por ti? ¿Puedo ir y acompañarte durante un rato? ¿Te gustaría hablar? ¿Puedo llevarte algo? ¿Necesitas que te haga algún mandado? Lee, solo dímelo, y estaré ahí lo más pronto posible. Mientras tanto, estaré orando por tu hija, y lo mismo mis amigos de la iglesia».

¡Me quedé atónito! No podía creer que se hubiera tomado la molestia de localizarme y estuviera dispuesto a dejarlo todo, ausentarse un tiempo de su trabajo, y conducir cien kilómetros simplemente para ayudarme. O que él y algunos extraños de una determinada iglesia estuvieran dispuestos a ponerse de rodillas y suplicarle a su Dios por la recuperación de una niña que nunca habían visto... la hija de un ateo declarado, ni más ni menos. De ningún modo me merecía eso.

Le agradecí, aunque no acepté su oferta. Después de diez tensos días, Alison se recuperó de su misteriosa enfermedad. Los médicos no sabían qué decir de todo el asunto, y por la gracia de Dios, hasta el día de hoy ella nunca ha mostrado ninguna secuela permanente debido a esto.

Desde entonces Leslie y yo hemos tratado de olvidarnos del trauma que atravesamos cuando Alison estuvo hospitalizada. Sin embargo, hoy, tres décadas más tarde, podría regresar al punto preciso en que recibí esa llamada de David. Así de profundo es el impacto que dejó en mi memoria. Su disposición desinteresada a servirnos fue una influencia más en mi propia jornada hacia Cristo.

Las acciones de David ilustran la clase de impacto que los cristianos podemos ejercer cuando estamos dispuestos a ir más allá de las meras palabras y poner el amor de Cristo en acción. Después de todo, las palabras son baratas. Miren a Jesús: él no simplemente *dijo* que amaba al mundo, él *mostró* su amor convirtiéndose en un siervo.

Jesús sirvió a los ciegos restaurándoles la vista, a los leprosos renovándoles la salud, a los pecadores perdonando sus pecados, y a los invitados a la boda de Caná convirtiendo el agua en vino. Luego, en el acto más grande de servicio en la historia, el Hijo de Dios voluntariamente sacrificó su vida a fin de abrir las puertas del cielo para todo el que confíe en él.

Cuando servimos a otros como Jesús sirvió, cuando nos sacrificamos por otros como Jesús lo hizo, y cuando mostramos nuestro amor con acciones tangibles como Jesús modeló, pueden abrirse los corazones más duros, que de otra manera serían impenetrables para el mensaje de Cristo. Jesús nos dijo en Mateo 5:16 que si servimos a otros con «buenas obras», ellos se sentirán impulsados a alabar «al Padre que está en el cielo». Esto se debe a que cuando tomamos la decisión de sacrificar nuestro tiempo, energía o finanzas para ayudar al necesitado —es decir, cuando actuamos contra la corriente de nuestra cultura narcisista y del yo primero— entonces las personas sentirán curiosidad en cuanto a lo que nos motiva. Sus ojos se dirigirán de un modo natural hacia nuestro Padre celestial, que nos impulsa a poner en práctica el estilo de vida compasivo que su Hijo exhibió.

Las palabras se evaporan con rapidez. La mayor parte de lo que un pastor dice en un sermón quedará en el olvido antes de la cena. No obstante, las personas recuerdan por siempre un acto desprendido de servicio. Para usar las metáforas de Jesús de la sal y la luz, pocas cosas tienen tanto sabor o son tan iluminadoras como un sencillo acto de bondad realizado en el nombre del Señor.

> La mayor parte de lo que un pastor dice en un sermón quedará en el olvido antes de la cena.

Puedo atestiguar eso, porque nunca olvidaré a David.

⋯⋯⋯⋯⋯❯Principio de acción

Si quiere infundirle a su vida un sentido de aventura, use su «radar de compasión» para explorar las vidas de sus vecinos, colegas y otras personas que encuentra. Detecte sus necesidades y luego busque oportunidad para servirles. Su sacrificio a favor de ellos constituirá un ejemplo de cómo es Jesús, y hay una buena probabilidad de que quieran saber más acerca de aquel que lo motiva.

⋯⋯⋯⋯⋯❯Adentrándonos en la aventura

¿Hay alguna viuda anciana en su calle que necesita que le hagan sus compras todas la semana? ¿O algún estudiante de secundaria que busca a alguien que juegue con él lanzando pelotas al aro de baloncesto? ¿O una madre soltera que pudiera aprovechar la oportunidad de que alguien cuide a sus dos hijos pequeños de vez en cuando? ¿O una persona minusválida que necesita que limpien su jardín? ¿O un colega que está atravesando por un divorcio y pudiera agradecer un oído que le escuche mientras almuerzan?

Las oportunidades para servir a otros nos rodean por todas partes, solo necesitamos pedirle a Dios que abra nuestros ojos a las situaciones en las que él quiere que intervengamos. Usted se sorprenderá al ver de qué manera tan fácil y natural surgen las conversaciones espirituales cuando las personas sienten una sincera gratitud por la ayuda que uno les provee.

Recuerdo una ocasión en que volaba hacia el aeropuerto Midway de Chicago tarde en la noche durante una ventisca hace varios años. Un ingeniero de la India estaba sentado a mi lado. Al conversar descubrí que él planeaba tomar un autobús hasta el aeropuerto O'Hare y luego pedirle a su esposa encinta que condujera desde un suburbio distante con sus dos hijos pequeños para recogerlo. Para mí, todo eso sonaba como una fórmula para la frustración.

—Mire, yo tengo un auto esperando por mí en Midway —le dije—. ¿Qué tal si lo llevó a su casa?

Me lo agradeció, y durante nuestro recorrido a través de esa tormenta de nieve me preguntó por qué había estado dispuesto a hacer más de lo aconsejado por un extraño como él. Traté de explicárselo diciendo:

—¿Alguna vez alguien ha hecho algo tan bondadoso por usted que le ha impulsado a querer actuar de esa forma con otra persona también? —pregunté.

Pensó por un momento y luego asintió ligeramente.

—Pues bien, de eso se trata todo —dije—. *Jesucristo ha hecho algo increíblemente bondadoso por mí.*

Mientras conversábamos, empezó a entender cómo el derramamiento de la gracia de Dios me había motivado a ayudarlo. Cuando por fin llegamos a su casa, se preparó para el frío que le esperaba al bajarse del auto.

—Voy a tener que pensar en todo esto —dijo al darme las gracias y despedirse.

No hay dudas en mi mente de que mis *palabras* acerca de Jesús quedaron grabadas en él porque experimentó el *amor* de Jesús mediante mi obra práctica de llevarlo a su casa en medio de una tormenta. La verdad es que incluso los actos más sencillos pueden tener un impacto eterno.

············>Inspiración para la jornada

Hagan brillar su luz delante de todos, para que ellos puedan ver las buenas obras de ustedes y alaben al Padre que está en el cielo.

—MATEO 5:16

UNA INVITACIÓN A LA AVENTURA

MARK MITTELBERG

—¡Hola, Mark! ¿Se acuerda de mí?

Quería decir que sí. Rebusqué en mi memoria haciendo un esfuerzo para poder decir que sí. Abrí mi boca, esperando decirlo. Sin embargo, no podía decir la palabra con honestidad.

—Bueno, va a tener que ayudarme un poco —le dije a la joven que estaba parada frente a mí junto a la alberca de nuestra iglesia, con su pelo chorreando agua.

Acabábamos de terminar nuestro servicio anual de bautismos de junio, y por la gracia de Dios cientos de nuevos creyentes se habían sumergido en el agua para afirmar su entrega a Cristo y su deseo de dar a conocer esta realidad a sus amigos, su familia y los extraños por igual.

Este era siempre un momento destacado del año para nuestra congregación. Para los que participábamos en el ministerio de evangelización, se trataba de nuestra máxima celebración: una especie de fiesta de Navidad, Pascua de Resurrección y cumpleaños, todas reunidas en una. Era la manifestación visible de todo un año de oraciones, edificación de relaciones personales, conversaciones espirituales e invitaciones de amigos a las actividades festivas de nuestra iglesia, los servicios de fines de semana, los grupos pequeños y las reuniones especiales de alcance.

Tenía una tradición personal para registrar lo que sucedía durante ese servicio cada junio. Llegaba temprano y buscaba un lugar donde sentarme en la orilla rocosa del lago, lo más cerca de la acción que fuera posible sin tener que mojarme los pies. Entonces tomaba fotografías usando un lente telescópico, justo antes o después de que las personas fueran sumergidas en el agua.

En particular observaba a los individuos que conocía, especialmente a aquellos en cuyas jornadas espirituales había intervenido de forma personal. Esta era mi manera de llevar un registro de los resultados de algunos de mis propios esfuerzos evangelizadores, incluso cuando era nada más que un pequeño eslabón en la cadena de influencias que el Espíritu Santo había usado para conducir a esa persona a la fe en Cristo.

Por lo general recordaba por lo menos las caras, si acaso no los nombres, de las personas cuyas vidas Dios me había utilizado para ayudar a alcanzar. No obstante, este no era el caso de la mujer que estaba parada frente a mí.

—**Nos conocimos hace cuatro años** cuando usted y su esposa buscaban un departamento en Streamwood —explicó—. Yo trabajaba para la compañía de arrendamiento que estaba mostrando los departamentos. Les mostré los modelos que teníamos disponibles. Pensé que ustedes estaban bastante interesados, pero nunca volvieron.

—Lo lamento, acabamos en otro sector al oeste de la iglesia —dije, tratando todavía de rebuscar en los polvorientos recovecos de mi memoria. Pude recordar el complejo de apartamentos y el recorrido por los distintos diseños, pero no gran cosa en cuanto a la conversación real con ella.

—No se preocupe —dijo—. ¡Ustedes hicieron lo que fueron enviados a hacer!

—¿Lo hicimos? —pregunté, sintiendo una mezcla de curiosidad y alivio.

—Pues claro que lo hicieron. ¿No recuerda que empezaron a hablarme acerca de esta iglesia? Me dijeron que era un gran lugar para conocer nuevos amigos y aprender en cuanto a la Biblia.

—Creo que empiezo a recordar...

—También me dieron una de esas tarjetas personales en la que había una invitación a la iglesia. ¿La recuerda? Tenía un mapa en ella —dijo.

—Por supuesto, trato de llevarlas siempre conmigo —respondí, afirmando en silencio mi decisión de continuar con este hábito.

Nuestra iglesia imprimía esas tarjetas para que todos los miembros de la congregación pudieran llevarlas en sus billeteras o carteras. Esto facilitaba invitar a las personas a la iglesia en cualquier momento, poniendo en la mano del individuo algo que les diera los detalles esenciales, incluyendo el nombre de la iglesia, la dirección y el número telefónico, el horario de los servicios, y un pequeño mapa con la ubicación de la iglesia al reverso. Hoy, por supuesto, las tarjetas también incluyen la dirección en la Internet, de modo que las personas puedan verificar el ministerio en línea antes de venir a visitarnos.

Siempre hallé fácil llevar estas tarjetas y dárselas a toda persona que pudiera tener interés, en especial alrededor de los principales días festivos, cuando es más probable que las personas visiten una iglesia. Lo que me gustaba de ellas era que no se extralimitaban ni trataban de vender nada. En otras palabras, no se abrían y tocaban el estribillo de «Sublime gracia», ni trataban de presentar «los seis pasos fáciles para llegar al cielo» en un espacio de cuatro por ocho centímetros, algo que pudiera ser técnicamente acertado, pero que le parecería simplista al buscador serio. Más bien solo trataban de comunicar lo esencial en cuanto a la iglesia, indicando con claridad que es un lugar en donde se les da la bienvenida a los visitantes.

—**Dios usó esa conversación** y otra un poco después con alguien que me invitó a visitar esta iglesia —continuó—. Luego, después de asistir por un tiempo, empecé a entender el mensaje. Finalmente le pedí a Jesús que perdonara mis pecados... ¡y hoy me he bautizado! Cuando lo vi aquí durante el servicio, decidí que debía acercarme y presentarme de nuevo, poniéndolo al día sobre lo que ha sucedido. ¡Gracias por permitir que Dios lo usara!

—No hay por qué darlas —respondí con entusiasmo, sintiéndome aturdido pero emocionado por las noticias inesperadas.

La abracé y felicité de nuevo, mientras pensaba en voz alta: «¡Esto es en realidad asombroso!»

La experiencia de esta joven fue un gran recordatorio para mí ese día, y espero que para usted hoy, de las grandes maneras en que Dios puede usarnos a cada uno de nosotros cuando estamos dispuestos a dar aunque sea un pequeño paso para alcanzar a alguien que tal vez no conozca a Dios.

·············>Principio de acción

A menudo hacemos de la evangelización una tarea más difícil de lo que debe ser. Nos imaginamos que no podemos hacer *algo* si no estamos listos para hacerlo *todo*. Así que más bien no hacemos *nada*, esperando que algún otro haga el trabajo. Como resultado, nos perdemos tanto la aventura como el impacto espiritual. En lugar de eso, necesitamos dar pequeños pasos para señalarles a las personas la dirección correcta siempre que podamos. ¡En otras palabras, haga *algo* y vea cómo Dios puede escoger trabajar a través de eso!

·············>Adentrándonos en la aventura

No es necesariamente nuestra tarea inventar la pelota, fabricarla, transportarla y rastrear todo movimiento de la misma. ¡Nuestra tarea es simplemente hacer que la pelota empiece a moverse!

Muy rara vez participaremos en la jornada espiritual de una persona durante todo el camino desde el punto A hasta el punto Z, y resulta abrumador si uno piensa que debe hacerlo. Algunos opinan que es su responsabilidad exclusiva conocer a toda persona, cultivar su curiosidad espiritual, invitarlas y llevarlas a la iglesia, responder toda pregunta espiritual concebible, explicarles la naturaleza de Dios (incluyendo, por supuesto, toda faceta de la Trinidad) así como también todo detalle del evangelio, guiarlas en una oración de arrepentimiento, bautizarlas y discipularlas... ¡y luego darles seguimiento y cerciorarse de que ingresen al ministerio y se les envíe al campo misionero! Escuche: ¡Si usted puede llevar a cabo esa cadena de sucesos con regularidad, yo quiero leer *su* libro!

> A menudo hacemos de la evangelización una tarea más difícil de lo que debe ser. Nos imaginamos que no podemos hacer algo si no estamos listos para hacerlo todo. Así que más bien no hacemos nada,

En realidad, Dios quiere usarnos de varias maneras en esa lista al parecer agobiante, pero rara vez en todos los aspectos y prácticamente nunca por nuestra propia cuenta. En gran parte, el motivo por el que nos ha dado la iglesia es para que tengamos compañeros en esta gran aventura evangelizadora. Como cuerpo podemos combinar nuestros esfuerzos para orar, servir y comunicar a fin de ayudar a las personas a ver, considerar y escoger a Cristo.

Además, nuestras reuniones, cuando se planean y dirigen de maneras que muestren sabiduría hacia «los que no creen en Cristo, aprovechando al máximo cada momento oportuno» (Colosenses 4:5), pueden ser lugares espiritualmente contagiosos que las personas deseen visitar. Las mismas proveen un ambiente al cual podemos llevar a nuestros amigos para que vean el amor de Dios en práctica entre los miembros de la congregación y expresado en nuestra adoración al Señor. Permiten que un dirigente que sea talentoso para enseñar y esté preparado para hacerlo con excelencia comunique la verdad del evangelio de una manera clara y sin interrupción. Pueden anunciar esa verdad sutil pero vital de que nuestro mensaje tiene sentido e impacta las vidas, como se evidencia en los creyentes que están presentes, que son serios en cuanto a aprender, crecer, y servir a Dios y a sus hermanos en Cristo, así como también al mundo que les rodea.

En resumen, nuestras reuniones pueden proveer un medio ambiente en donde, como Jesús dice, «todos sabrán que son mis discípulos, si se aman los unos a los otros» (Juan 13:35).

Así que con todo ese potencial evangelizador, una cosa pequeña que podemos hacer es invitar a las personas a nuestras reuniones, ya sea a los servicios regulares de la iglesia, los grupos pequeños, algunas clases o las actividades especiales. Simplemente invítelos... ¿y quién sabe lo que Dios pudiera hacer con eso? ¡Años después usted tal vez verá que alguien se le acerca chorreando agua después de un servicio de bautismos, listo para darle un abrazo y agradecerle de corazón!

· · · · · · · · · · ·>Inspiración para la jornada

Entonces el señor le respondió: «Ve por los caminos y las veredas, y oblígalos a entrar para que se llene mi casa».

—Lucas 14:23

SALIENDO DEL CAPULLO

LEE STROBEL

El sol quemaba. Busqué algo de sombra bajo un enorme árbol y me senté con las piernas cruzadas sobre la hierba amarillenta y crujiente. Me encontraba visitando la provincia predominantemente hindú de Andhra Pradesh, en el sureste de la India, como escritor voluntario para un ministerio en este país. Mi tarea era preparar artículos acerca de las miles de personas que se atiborraban en las emocionantes concentraciones nocturnas para oír el mensaje de Jesús.

Sin embargo, hoy se haría algo nuevo: un pastor estadounidense iba a pasar por allí para hablarle en una actividad modesta a una comunidad agrícola de escasa población al mediodía, cuando hacía mucho calor y la gente por lo general estaba ocupada en los sembradíos. Francamente, tenía dudas de que alguien se presentara.

Como media docena de músicos de la India empezaron a tocar una melodía para atraer a la gente. Yo tomé una pandereta y traté de mantener el ritmo de las tonadas sincopadas. (¡Por suerte, nadie captó esto en video, y YouTube no existía todavía!) Pronto los curiosos empezaron a reunirse. Quince minutos después había unas veinticinco personas sentadas sobre la hierba, al parecer preguntándose curiosas por qué alguien vendría a este lugar remoto y al parecer olvidado.

Los músicos tocaban un canto tras otro, buscando nerviosamente con la vista al pastor. Él estaba atrasado y no había ni señal de que se presentara. La gente empezaba a incomodarse; la música podía impedir que volvieran a los campos solo por un poco de tiempo más. Por último, uno de los músicos se inclinó y me dijo al oído: «Un canto más, y entonces usted da el sermón».

Lo fulminé con la mirada. «*¿Yo?*», casi le grité lleno de pánico. Era periodista, no predicador. Nunca había predicado un sermón, y por cierto no al otro lado del mundo. Es más, jamás le había hablado de mi fe a ningún grupo de personas. La última vez que había dado alguna charla fue en la secundaria. No tenía ni notas, ni mensaje, ni capacitación, ni experiencia. Lo que *sí* tenía, y en abundancia, era un paralizador miedo escénico. ¿Qué podía decir? ¿Cómo podía hablarles a estos hindúes que eran tan diferentes desde el punto de vista cultural a mí?

> No tenía ni notas, ni mensaje, ni capacitación, ni experiencia. Lo que sí tenía, y en abundancia, era un paralizador miedo escénico. ¿Qué podía decir?

La música se detuvo. Se hizo un silencio absoluto. Veinticinco pares de ojos inquisidores se clavaron en mí. Las palmas de la manos empezaron a sudarme, las rodillas a temblar, mi corazón se aceleró. Luchando por contener las oleadas de náusea, lentamente me puse de pie, con mi mente revolviéndose de forma frenética para encontrar algo qué decir mientras el intérprete tomaba su posición, listo para traducir mis palabras al telugú.

«Bueno…», empecé, esbozando una débil sonrisa. «¿Ustedes son hindúes?»

El intérprete me clavó una mirada perpleja, como diciendo: *¿Es así como usted quiere empezar?* Me sentí tentado a decirle: «Solo dígalo. ¡Yo no pedí estar aquí!» Sin embargo, como no añadí nada, él se vio obligado a traducir mis palabras. No hubo ninguna reacción perceptible en el pequeño grupo.

En realidad, no puedo recordar los detalles de lo que dije después. Pienso que hablé de Cristo. Estoy bastante seguro de que les expliqué por qué amaba a Jesús y cómo él había perdonado todos mis pecados: pasados presentes y futuros. Lo más probable es que les haya contado cómo llegue a la fe.

Cuando llegó el momento de presentar el evangelio, mi mente era un caos. Traté de recordar algunos versículos bíblicos y de dar alguna explicación coherente de la muerte de Jesús en la cruz. Intenté explicarles a estos obreros hindúes de castas bajas por qué debían abandonar la única religión que habían conocido y arriesgarse al rechazo de su familia, sus amigos y su comunidad, abrazando a Cristo. Más bien, simplemente tartamudeé frases sueltas.

Me sentí como un total fracaso. Experimentaba una abrumadora y opresiva sensación de que lo había arruinado todo por completo. Al final dije algo como esto: «Sé que para ustedes sería un gran sacrificio recibir a Cristo. Sé que esto puede ser peligroso aquí, así que ni siquiera lo consideren si no están listos. Créanme, lo entenderé. Pero vamos a tocar un canto más mientras oro. Luego, después que ustedes hayan tenido la oportunidad de pensarlo, si quieren poner su confianza en Cristo, les ayudaré a hacerlo».

Plegué mis manos, cerré los ojos, incliné la frente, y con desaliento y desesperanza elevé en silencio una oración... de *arrepentimiento.*

Oh, Padre. ¡Lo lamento! Sé que no soy Billy Graham. Sé que no estoy calificado para predicar un sermón. No me merezco estar haciendo algo tan importante. Estoy seguro de que lo arruiné todo. Por favor, perdóname por pensar que yo, un pecador, un don nadie, un antiguo ateo, pudiera representarte ante estas personas tan valiosas. Ellos merecen algo mucho mejor. ¡Simplemente ayúdame a salir de aquí sano y salvo, y te prometo que jamás volveré a hacer algo como esto! Por favor, por favor, perdóname.

Con eso, abrí los ojos, alcé la vista... ¡y quedé boquiabierto! Doce hombres y mujeres se habían puesto de pie y habían pasado al frente para recibir a Cristo, con las lágrimas corriéndoles por las mejillas. Fue como si hubiera recibido un corrientazo eléctrico en mi cuerpo. En ese momento supe que jamás volvería a ser el mismo.

Si ese músico me hubiera dado a escoger, jamás habría abierto mi boca ese día. Si hubiese habido alguna manera cortés de escapar, por cierto la hubiera escogido. No existía duda alguna de que yo no estaba ni calificado ni preparado.

Sin embargo, en esa candente tarde en plena campiña al otro del planeta, Dios me sacó de mi capullo y me envió a que me remontará en una aventura inmerecida por completo. Jamás hubiera podido pensar que cinco años después de ese accidente yo sería pastor de enseñanza en una de las iglesias más grandes de los Estados Unidos, hablando allí y por todo el país a miles de personas espiritualmente curiosas.

Quisiera poder decirle que no sentirá miedo, pero tal vez lo sentirá.
Sin embargo, sí puedo decirle esto: Usted nunca será el mismo.

No obstante, Dios si lo sabía.

¿Quién sabe lo que Dios tiene guardado para usted? Tal vez nunca vaya a la India o predique un sermón. Pero si le pide a Dios que le permita sentir el gozo electrizante de hablarles a otros de su fe, llegará el día en que él con gentileza y amor va a incitarlo a que salga de su capullo. Tal vez le pida que entable amistad con un vecino espiritualmente confundido, o que le hable de la gracia de Dios a su hermano descarriado, o que le cuente de su conversión a Cristo a su grupo de lectura, o que participe en un diálogo por la Internet con un escéptico

Quisiera poder decirle que cuando llegue ese momento usted se sentirá calificado y preparado, pero lo más probable es que no sea así. Quisiera poder decirle que no sentirá miedo, pero tal vez lo sentirá.

Sin embargo, sí puedo decirle esto: Usted nunca será el mismo. Y nunca querrá retroceder a la vetusta seguridad de su antiguo capullo.

>Principio de acción

Usted no sabe lo que guarda el futuro, pero Dios sí lo sabe. Y a veces él tiene que llevarnos hacia allá mientras pataleamos y chillamos. El día que él quiera que uno se gradúe y pase a la siguiente fase de la aventura inesperada de la evangelización, el asunto será como para asustarse. Aunque a pesar de todo, nada es más seguro que estar justo dentro de la voluntad de Dios. Así que este es mi consejo: *Cuando Dios quiera obligarlo a que se estire, recuerde, es mejor ser flexible.*

Adentrándonos en la aventura

Él era el miembro más débil de una familia sin fe que vivía en el lado errado de la ciudad. Tenía una personalidad indecisa y llena de dudas. Cuando lo encontramos en la Biblia, está agazapado por miedo a los bandoleros merodeadores que pudieran andar buscándolo.

Se llamaba Gedeón. Un día un ángel se le apareció, y adivine cómo saludó a este cobarde tembloroso. Pudiera haberle dicho: «¡Oye, tú, gallina miedosa!» o, «¡Oye, tú, que eres más débil que un fideo!» Sin embargo, más bien el ángel le dijo algo inesperado por completo. Él declaró: «¡Oye, Gedeón, *guerrero valiente*!»

¿Por qué lo llamó así? Porque Dios pudo ver en Gedeón no solo lo que era, sino también lo que podía llegar a ser si seguía al Señor en la aventura que estaba poniendo ante él. Y aunque en ocasiones tropezó, Gedeón llegó a lograr grandes cosas para Dios y su nombre ha perdurado a través de los siglos hasta hoy.

Así que, cuando Dios lo ve a usted sentado ahí ahora mismo, ¿cómo pudiera tal vez llamarle? «¡Oye, tú que eres determinante!», «¡Oye, tú, constructor del reino de Dios!», «¡Oye, tú, fiel mensajero de mi gracia!», «¡Oye, tú, embajador eficaz de Cristo!»

No tenemos ni idea de adónde nos va a llevar, y puesto que no sabemos lo que va a suceder, sentimos ansiedad. No obstante, las Escrituras nos aseguran que no estamos solos. El Espíritu Santo es nuestro guía, nuestro alentador y nuestro proveedor. Él puede darnos las palabras cuanto nuestras lenguas se traban. Puede darnos valor cuando queremos huir. Y puede usarnos aunque nos sintamos tan inútiles como me sentí esa tarde candente y húmeda en la India. Ya sea que alcancemos a millones de personas o a una sola alma que necesita con desesperación a un Salvador, Dios tiene guardada una aventura para cada uno de nosotros.

Por lo tanto, piense por un momento. Imagínese lo que puede llegar a ser. Adelante… considere las posibilidades. Puede estar seguro de algo: *Dios ya las ha considerado.*

········>Inspiración para la jornada
Todo lo puedo en Cristo que me fortalece.
—FILIPENSES 4:13

CUANDO SE TROPIEZA CON LA ACCIÓN

MARK MITTELBERG

En realidad no sabía lo que estaba haciendo. No había seguido ningún curso de evangelización ni leído ningún libro en cuanto a las aventuras inesperadas. Me sentía como un novato en lo que tiene que ver con hablar de mi fe... ¡probablemente porque lo era!

Solo hacía apenas un par de meses que al fin le había entregado mi vida a Cristo después de años de distanciamiento espiritual. De inmediato me inscribí en un grupo con un nombre insulso, pero que resultó vigorizador espiritualmente: «Estudio bíblico del lunes por la noche», el cual estaba integrado por amigos universitarios que se reunían cada semana en sus casas o departamentos.

Estos jóvenes idealistas seguidores de Cristo me atrajeron porque no estaban «jugando a la iglesia» o meramente imitando los movimientos espirituales. Más bien, sin avergonzarse, se mostraban apasionados en cuanto a agradar a Dios, servirse unos a otros, y producir un impacto en el mundo.

Veíamos al grupo como un lugar en el que podíamos crecer en nuestra fe, y también al cual invitar a los amigos que no eran creyentes. Sin embargo, no pensábamos gran cosa en cuanto a cómo nuestro vocabulario, la música o los temas de estudio serían recibidos por aquellos que nos visitaban. Simplemente confiábamos en que nuestra exuberancia espiritual de alguna manera se desbordaría hasta los que llegaban... ¡y a menudo así fue!

Mirando hacia atrás, es evidente que la gracia de Dios obraba en los corazones de nuestros invitados, a pesar de algunas de nuestras acciones no muy acogedoras. Por ejemplo, invitábamos a algunos amigos y de inmediato probábamos su resistencia espiritual con algunas de las canciones religiosas más estrafalarias jamás interpretadas. Decir que nuestras tonadas se parecían al cántico «Kum-ba-yah» sería no ser por completo honestos; en realidad cantábamos «Kum-ba-yah», así como también el persistente «Pásalo». ¡Y todo esto entre amigos que habían crecido disfrutando de lo mejor de lo que ahora se considera el rock clásico! Encima de eso, hablábamos de manera habitual en el «argot evangélico», debatiendo durante horas oscuros acertijos teológicos y llevando Biblias de suficiente tamaño como para garantizar que les pusiéramos ruedas. Con todo, nuestro amor a Dios y a los demás era tan genuino que resultaba contagioso para los de afuera.

> Mirando hacia atrás, es evidente que la gracia de Dios obraba en los corazones de nuestros invitados, aunque algunas de nuestras acciones no fueron muy acogedoras.

Fue a este entorno que Peggy, una amiga mía de la secundaria, llegó una noche. Ella poseía un trasfondo eclesiástico formal, pero no lo había tomado muy serio durante su vida. Ahora estaba sintiendo algo más de interés por las cosas espirituales.

¡Antes de que nos diéramos cuenta, mi amiga estaba participando en nuestros debates, entonando nuestros cantos, e incluso diciendo algunos de nuestros clichés espirituales! Una noche, antes de nuestro tiempo de oración al final de la reunión, incluso nos pidió que oráramos por ella, diciendo que la había atraído la alegría que vio en nosotros y quería lo que nosotros teníamos.

Nuestro grupo se entusiasmó por la participación de Peggy, pero algo seguía inquietándome. No podía deshacerme del temor de que ella estaba aclimatándose a nuestra cultura cristiana, pero perdiendo de vista el punto central de lo que quería decir llegar a ser una verdadera seguidora de Cristo.

Le comenté acerca de mi preocupación en privado a una pareja de miembros más maduros del grupo. Ellos me aconsejaron que no emitiera un juicio de forma precipitada, lo que por cierto no quería hacer. Sin embargo, no pude evitar sentir cierta intranquilidad, por lo que oré pidiéndole a Dios que me mostrara qué hacer al respecto. Quería animar a Peggy, pero pensé para mis adentros: *¿Quién soy yo, un mero infante espiritual, para ponerme a tratar de cambiar a otro?*

A pesar de mis dudas e inexperiencia, Dios pronto contestó mi oración pidiendo dirección. Era el día de Navidad, y yo conducía por la calle octava cuando vi a Peggy caminando por la vereda. Me detuve y conversamos brevemente, conviniendo en reunirnos por la tarde para hablar con más detenimiento. Cuando nos encontramos le dije que me alegraba de que ella estuviera asistiendo a nuestro estudio bíblico. Me explicó que estaba disfrutándolo, haciendo nuevos amigos y aprendiendo de los debates.

—Es muy bueno que estés creciendo en tu comprensión de Dios y la Biblia —le dije, respirando hondo y tratando de actuar con mayor confianza de la que en realidad sentía—. Pero siento curiosidad por saber si en realidad le has pedido perdón a Cristo y le has entregado tu vida.

Su respuesta me golpeó fuerte y la he tenido presente desde entonces.

—No, no lo he hecho —dijo—, y nadie jamás me ha dicho que tengo que hacerlo.

—Pues bien —repliqué—, ¡en realidad tienes que hacerlo!

Entonces hice lo mejor que pude para explicarle lo que quería decir. Para mi sorpresa, esto tuvo sentido para ella, y en realidad acabamos orando juntos, allí mismo y en ese momento, para afirmar su fe en Cristo.

Me enteré más tarde de que Dios había estado obrando en la vida de Peggy de muchas maneras para guiarla hasta ese día. Le había hablado mediante una Biblia que ella se había «robado» de una habitación de un hotel (era evidente que no se daba cuenta de que los que Gedeones ponen las Biblias allí *esperando* que la gente se las «robe»), mediante un servicio de Nochebuena en una iglesia la noche anterior, y por medio de otros varios amigos, así como también de nuestro grupo. Con todo, qué emoción fue saber que Dios me había usado a mí del mismo modo tan temprano en mi propia jornada cristiana para ayudar a cimentar la relación de mi amiga con él.

Eso se hizo evidente de una manera especial cuando años más tarde descubrí que Peggy (que desde entonces se había mudado a otra parte del país) se había casado con un hombre cristiano y habían decidido mudarse a Papúa, Nueva Guinea con sus tres hijos pequeños para servir como misioneros a tiempo completo. ¡Hablando de aventuras inesperadas! Todavía están sirviendo allí hoy, aunque sus hijos ya han crecido y están siguiendo a Dios en otros lugares.

> **Dios no necesita expertos tanto como precisa siervos**

Hace poco Peggy, habiendo regresado a los Estados Unidos, tuvo la oportunidad de hablar en una reunión de nuestros compañeros de secundaria. Esto es parte de lo que dijo:

> Al final de mi vida quiero que la gente diga que fui una buena esposa y madre, que fui activa en mi comunidad y cosas como esas. Sin embargo, y más importante todavía, quiero que se diga que serví a Dios y promoví su reino en la tierra. Quiero que mi vida cuente para algo más grande que yo misma. Quiero poder decir que invertí mi vida bien y usé para la gloria de Dios los dones que él me dio.

>Principio de acción

Si se siente menos que adecuado para que Dios lo use a fin de alcanzar a un amigo o amiga como Peggy, tal vez eso sea bueno. Quiere decir que usted es humilde y depende lo suficiente de Dios, lo cual es justo lo que él necesita para usarlo. Dios no necesita *expertos* tanto como precisa *siervos:* aquellos que se ponen a su disposición y confían en que él honrará sus esfuerzos para impactar espiritualmente a otros a través de ellos.

Adentrándonos en la aventura

En el mensaje de Peggy a sus antiguos compañeros de secundaria, ella dijo: «Quiero que mi vida cuente para algo más grande que yo misma». Es evidente que Dios está cumpliendo ese deseo, en parte porque estuvo dispuesta a ir a donde quiera que él la guiara y a hacer cualquier cosa que él le pidió que hiciera. En su caso, eso significó mudarse al otro lado del planeta para servirle de maneras que han resultado ser fructíferas y satisfactorias... ¡por no decir emocionantes!

Que Dios me usara en esta experiencia requirió pasos muchos menos radicales. Yo no tuve que dejar mi ciudad, ni aprender otra lengua, ni estudiar o prepararme durante meses. Ni siquiera tuve que completar un curso o leer un manual de capacitación. En realidad todo lo que tuve que hacer fue tener un corazón interesado, orar por una oportunidad, y estar dispuesto a hablar cuando Dios me proporcionó la ocasión. Tengo la certeza de que cuando le obedecí y abrí la boca, él habló por medio de mí, usándome como parte de toda una variedad de influencias que había orquestado en la vida de Peggy.

Yo no era adecuado y usted tampoco tiene que serlo, porque Dios es más que adecuado para fortalecernos y obrar por medio de nosotros. No me entienda mal, estoy muy a favor de la preparación y la capacitación para que podamos hablar de nuestra fe con mayor confianza, pero eso es parte de un proceso continuo, de toda una vida. Debemos aprovechar toda oportunidad que tengamos a fin de aprender, crecer y llegar a ser testigos más eficaces para Dios. Sin embargo, mientras tanto uno tiene que confiar en que Dios nos va a fortalecer y nos permitirá usar ahora mismo lo que ya nos ha dado... *¡porque él así lo hará!*

Espero que la experiencia de Peggy le motive a arriesgarse más, *ya sea que esté listo o no*, para que usted mismo participe en experiencias similares. Extiéndase a otros y abra la boca para hablar a favor de Dios. Tal vez se sienta incómodo, e incluso quizás tropiece en sus esfuerzos a veces, pero todo eso está bien. ¡Usted tropezará en la acción, y Dios lo estará usando de maneras que jamás ha imaginado!

· · · · · · · · · · · **>Inspiración para la jornada**

Pues Dios no nos ha dado un espíritu de timidez, sino de poder, de amor y de dominio propio.

Así que no te avergüences de dar testimonio de nuestro Señor.

—2 Timoteo 1:7-8

FE COMO LA DE UN NIÑO

LEE STROBEL

«Dejen que los niños vengan a mí, y no se lo impidan, porque el reino de Dios es de quienes son como ellos. Les aseguro que el que no reciba el reino de Dios como un niño, de ninguna manera entrará en él».

—Jesús en Marcos 10:14-15

Nunca aprecié por completo lo que la Biblia quiere decir cuando exalta la fe de los niños... hasta que conocí a Jack.

Jack vive en una residencia para personas discapacitadas en su desarrollo que se encuentra en un suburbio de Chicago, y todas las semanas un voluntario del ministerio de nuestra iglesia que trabaja con adultos mentalmente discapacitados lo traía para que participara en el último de nuestros servicios dominicales. Jack siempre se sentaba cerca del frente, y cuando el servicio se acababa, buscaba la manera de llegar hasta el pastor que había enseñado ese día y empezaba a farfullar en voz baja. Su pelo café por lo general estaba desarreglado, sus ropas ajadas y su corbata torcida. Su cara de manera habitual mostraba una barba de tres días, y sus gruesos anteojos se encontraban llenos de huellas dactilares.

No conocía el diagnóstico de la enfermedad de Jack, pero la mayor parte del tiempo su mente

> Nunca aprecié por completo lo que la Biblia quiere decir cuando exalta la fe de los niños... hasta que conocí a Jack.

estaba desordenada y su conversación consistía en una serie de pensamientos desconectados. Aunque probablemente tenía cerca de cuarenta años, hablar con él era como comunicarse con un niño.

Yo era pastor de enseñanza en la iglesia, y después de hablar en cuatro servicios durante ese fin de semana me sentía cansado al bajar de la plataforma. La fila de los que querían saludarme y hacer preguntas era por lo general larga, y al final de ella siempre estaba Jack.

Aunque me encontraba agotado, había algo encantador y refrescante en él. Era muy amable, sin pretensiones, y no se preocupaba por lo que otros pensaran de él. Se acercaba pasito a pasito hacia mí, hundía la cabeza en lugar de mirarme a los ojos, y hablaba... hablaba... y hablaba.

Al principio traté con tenacidad de entender lo que él decía entre dientes. En ocasiones podía discernir ciertos fragmentos que tenían algún sentido. Sin embargo, con el tiempo aprendí que la mejor manera de interactuar con Jack era darle un abrazo entusiasta, poner mi brazo sobre sus hombros, decirle que me alegraba de verlo, y escuchar... escuchar... y escuchar.

Por largo tiempo me pregunté cuánto entendía Jack con relación a Jesús. ¿Podía él seguir los sermones? ¿Comprendía el evangelio? Entonces un domingo, cuando Jack se me acercó después del servicio, vi que su brazo derecho estaba enyesado y en cabestrillo.

—¿Le dolió? —pregunté señalando la lesión.

Jack miró su brazo y después a mí. Luego me respondió con su voz entrecortada:

—Yo vengo acá... y oigo... de Jesús... y pienso en... todo el dolor... que él sufrió... por mí... y me digo... ¡esto no es nada!

Abrí los brazos para abrazarlo.

—Jack —le dije—, eso es lo más profundo que alguien me ha dicho en mucho tiempo.

No hay dudas de que Jack ama a Cristo. ¿Y qué sucede cuando una persona en verdad ama a alguien? No puede guardárselo. Así que Jack es un participante entusiasta en la aventura de la evangelización personal. De modo habitual les habla a otros residentes y al personal en el lugar donde vive acerca de que Jesús los ama. Él los anima a que visiten «mi iglesia». (Se siente muy orgulloso de *su* iglesia.)

En las instalaciones, los auxiliares le dan a cada uno de los residentes media hora al día para que escuchen lo que quieran en el equipo estéreo. La mayoría sintoniza algún partido o música, pero Jack no. Él pone las grabaciones de los sermones de su iglesia. ¿Puede imaginarse imponerle de esa manera mis sermones a un público cautivo?

Una de las auxiliares era Michelle. Una y otra vez Jack le decía a Michelle que Jesús la amaba. Le prestaba sus grabaciones cristianas y la invitaba a ir a la iglesia con él. Michelle se sintió profundamente conmovida por su genuina preocupación. Después de todo, se suponía que ella era la que debía cuidar de Jack, ¡y allí estaba él invirtiendo las cosas! Sin embargo, ella no aceptó sus invitaciones. Seguía diciéndole que no... a él y a Dios.

Un día Jack concluyó que de nada servía *pedirle* a Michelle que asistiera a la iglesia. Esta vez, en su propia manera encantadora, le *dijo:* «Te veo allí el domingo». En realidad no estaba exigiéndole nada, sino que era gentilmente insistente.

Michelle se rió, pero pensó: *Ah, bien, ¿por qué no?* Jack era tan sincero, tan inocente, tan lleno de fe, amor y perseverancia, que ella cedió. Ese domingo se sentó cerca del frente del auditorio con Jack. Michelle permitió que la música de adoración la bañara. Escuchó con toda atención el mensaje de gracia. Sintió que su corazón empezaba a abrirse a las ideas que por largo tiempo había rechazado. Para el fin del día, se halló a sí misma diciéndole que sí a Jesús.

Más tarde me contó lo agradecida que estaba de que Jack se hubiera interesado lo suficiente como para perseverar hasta alcanzarla, aunque ella se había resistido muchas veces. «Jack», declaró, «es mi héroe».

Es irónico que la sociedad trate a las personas como Jack como si no   pudieran hacer ninguna contribución al mundo, sin embargo, él produjo el mayor impacto que cualquier ser humano puede hacer en la vida de otra persona. La tragedia es que hay muchos individuos bien educados, exitosos y elocuentes que irán a la tumba sin jamás haber dejado la huella eterna que Jack dejó cuando invitó a Michelle a la iglesia.

Y Jack hizo esto porque ama a Jesús como lo hace un niño pequeño: de todo corazón, sin abochornarse y con entusiasmo. Si amamos a Jesús de una manera similar, ¿cómo podemos *no* amar a aquellos que Jesús ama?

Tal vez hacemos que la evangelización parezca demasiada complicada a veces. A mí me parece que Jack se lo ideó bastante bien.

>Principio de acción

El amor es la más grande y singular estrategia de alcance, porque es el valor fundamental que motiva el evangelio. Cuando amamos a Dios con el corazón inocente de un niño, se vuelve natural que les hablemos de Dios a los demás. Así que al embarcarse en la aventura de hablar de su fe, cultive su relación con Cristo de manera que el amor del Señor por las personas confundidas espiritualmente sea el suyo propio.

>Adentrándonos en la aventura

Jack logró que todo pareciera muy fácil, pero no hizo nada que usted y yo no podamos hacer. Podemos amar a Dios sin reservas. Podemos interesarnos por alguien que está lejos de Dios. Podemos ser igual de sinceros que él. Podemos hablar de temas espirituales con los que nos rodean. Podemos ser tenaces y persistentes de una manera amable y atractiva. Podemos invitar a alguien a un servicio apropiado o una actividad evangelística en la iglesia o la comunidad. Podemos pedirle a Dios que nos use, y podemos tener una fe como la de un niño en que él lo hará.

> El amor es la más grande y singular estrategia de alcance, porque es el valor fundamental que motiva el evangelio.

Cuando nuestra hija Alison estaba en la primaria, recibimos una llamada telefónica pidiéndonos que fuéramos a ver al director de la escuela. Leslie y yo no podíamos imaginar que Alison se hubiera metido en problemas. Ella era una niña que se portaba bien y muy considerada.

Sin embargo, no nos sorprendió cuando el director nos comunicó el problema. «Parece que Alison anda conversando con sus compañeros en el patio y... pues bien, les habla a todos de Jesús», dijo.

Como adultos, podemos entender que esto pueda ser un problema en una escuela fiscal de los Estados Unidos. No obstante, como niña, Alison no veía ningún problema en eso. Después de todo, si uno ama a alguien como ella amaba a Jesús, no puede guardárselo.

Con razón el reino de Dios pertenece a los que son como los niños... y con razón Jesús nos dijo que seamos como ellos.

Inspiración para la jornada

Hermanos, consideren su propio llamamiento: No muchos de ustedes son sabios, según criterios meramente humanos; ni son muchos los poderosos ni muchos los de noble cuna. Pero Dios escogió lo insensato del mundo para avergonzar a los sabios, y escogió lo débil del mundo para avergonzar a los poderosos. También escogió Dios lo más bajo y despreciado, y lo que no es nada, para anular lo que es, a fin de que en su presencia nadie pueda jactarse.

—1 Corintios 1:26-29

INTERRUPCIONES DIVINAS

MARK MITTELBERG

Se suponía que esta debía ser una comida tranquila con Heidi. Nos merecíamos mucho una salida, y necesitábamos tiempo para mirar nuestros calendarios a fin de poder hacer nuestros planes para los meses venideros. Escogimos un restaurante medio escondido, llegamos después que se había marchado la multitud del almuerzo, y pedimos que nos sentaran en un área privada en la que podíamos estar solos y hablar.

Todo marchó bien hasta quince minutos después, cuando una mesera diferente ubicó a una pareja en la mesa junto a la nuestra. ¡Debe haber habido otros veinte lugares donde podía haberlos hecho sentar; pero allí estábamos, como a un brazo de distancia en un restaurante casi vacío! Tengo que admitir que me sentí un poco molesto.

Heidi y yo tratamos de seguir con nuestros planes, hablando en voz baja. Sin embargo, cuando estábamos por terminar de comer, esta pareja, que francamente parecía más interesada en nuestra conversación que en la propia, al final rompió la barrera invisible y entabló una conversación.

«Así que, ¿han pensado ya por quién van a votar?», preguntó la mujer.

Con toda la cortesía de la que pudimos echar mano, Heidi y yo hablamos con ellos brevemente sobre política, pero pronto respondieron preguntando cómo me ganaba la vida. Respirando hondo, expliqué que escribo y hablo sobre cuestiones relativas a la fe desde una perspectiva cristiana, y mientras hablaba por fin se me ocurrió que Dios a lo mejor tenía una agenda diferente a la mía para este almuerzo.

Tan pronto como oyeron que estaba relacionado con el ministerio, la conversación rápidamente subió de tono. «A lo que me opongo con fuerza es al *proselitismo*», declaró la mujer de modo enfático, luego prosiguió —¡*irónicamente!*— a tratar de persuadirnos de su punto de vista. «Y también a las *misiones*», añadió. «¡En realidad me fastidia que los misioneros vayan al extranjero y arruinen la cultura de las personas y destruyan su forma de vida!»

> Mientras hablaba por fin se me ocurrió que Dios a lo mejor tenía una agenda diferente a la mía para este almuerzo.

Traté de explicar que los misioneros a menudo ayudan a los nativos de maneras muy prácticas que ella tal vez apreciaría. Como por ejemplo, enseñándoles a dejar de *comerse* unos a otros y más bien a empezar a *amarse* mutuamente.

Esta mujer no estaba interesada en mis explicaciones. Estaba ansiosa por decirme que ella y su esposo eran fervientes ateos, y que pensaban que toda persona debería tener el derecho a creer lo que se le antojara.

Le aseguré que concordábamos con ella en eso: toda persona debe ser libre para escoger su propia fe, y debemos ser tolerantes con los que tienen puntos de vista diferentes. Con todo, expliqué que eso no quiere decir que todas las creencias sean iguales.

Ella discrepó con firmeza, diciéndome que todo punto de vista es cierto para cada persona (excepto el *mío,* al parecer, puesto que ella continuaba estando en desacuerdo con él). Cuando recalqué la necesidad de evaluar con cuidado los criterios de los varios sistemas de creencias, de nuevo se puso impaciente.

Por último, levantándose para salir (su desinteresado esposo ya había pagado la cuenta y se dirigía al auto), se plantó junto a nuestra mesa y me habló con desdén: «Yo no necesito estudiar y pensar sobre todo este asunto. ¡He vivido lo suficiente para saber lo que creo y nadie va a hacerme cambiar de parecer en cuanto a eso!»

Pensé que ella tal vez tenía razón en cuanto a esa última parte... ¡y me sentí tentado a recordarle que ellos eran los que nos habían arrastrado al debate para empezar! Felizmente, me contuve.

Nuestra discusión fue bastante oportuna. Poco tiempo atrás justo había terminado un libro titulado *Choosing Your Faith... In a World of Spiritual Options* [Cómo escoger su fe... en un mundo de opciones espirituales] (Tyndale), y acababa de recibir unos pocos ejemplares por adelantado. En el libro hablo de las varias maneras en que las personas obtienen sus creencias espirituales en particular, o de lo que yo llamo «las seis sendas a la fe».

Esta mujer era un ejemplo clásico del primer enfoque, la senda *relativista* a la fe. Para ella, la «verdad» era cualquier idea que una persona decidiera creer. Puesto que ella y su esposo eran ateos, entonces para ellos en realidad no había Dios; y puesto que Heidi y yo habíamos escogido confiar en una deidad, evidentemente la misma existía para nosotros.

Nuestra breve conversación me recordó que por lo general somos más eficaces a la hora de hablarles de Jesús a otras personas cuando primero tratamos de entender cómo llegaron a sus actuales creencias espirituales y luego relacionamos nuestra fe a ellas de maneras que puedan entender.

Por ejemplo, podía haberle presentado a esta mujer toda clase de evidencias para la fe cristiana, pero eso habría sido como hablarle en un lenguaje extranjero. Más bien, debía enfocarme en su relativismo, mostrarle cómo este enfoque fracasa en todo otro aspecto de la vida. *Así que, ¿por qué creerlo en el ámbito espiritual?*, le pregunté. *Después de todo, lo que usted crea en cuanto a los camiones no tiene efecto en el impacto que un camión le causará si se coloca frente a uno.*

Sentí que esta conversación, junto con la razones para creer en el cristianismo sobre las cuales yo había escrito a partir de la ciencia, la filosofía, la historia, la arqueología, las Escrituras y la experiencia, en realidad podrían ayudar a esta mujer... ¡pero evidentemente era algo bastante complicado como para discutirlo en ese momento, sobre todo con su esposo impaciente esperando afuera!

Entonces Heidi, exhibiendo más optimismo del que yo sentía, sugirió que le regalara el ejemplar de *Choosing Your Faith* que tenía en el maletín de mi computadora. Alzando la vista, y tal vez sonando algo escéptico, le dije a la mujer: «Ella se refiere a un libro que escribí, que habla sobre cuestiones de la fe y explica cómo podemos tomar decisiones sabias en cuanto a lo que creemos. Con todo gusto le regalaré un ejemplar si usted en realidad va a leerlo». Para mi sorpresa (y después de un instante de vacilación), la mujer decidió aceptar tanto el reto como el libro, e incluso me pidió que le anotara mi dirección de correo electrónico para poder decirme más tarde lo que pensaba del mismo.

> Como seguidores de Jesús, debemos empezar a esperar lo inesperado!

Es mi oración que ella y su esposo lean el libro y hallen la senda hacia Jesús. Espero que la próxima vez que Dios quiera enviar a mi camino una «interrupción divina», me encuentre más dispuesto y listo para recibirla, dándome cuenta de que es simplemente otra excursión inesperada en la grandiosa aventura de seguirlo.

▶Principio de acción

Una «aventura» parece emocionante, pero el adjetivo «inesperada» suena... pues bien, como si se tratara de algo abrupto y a menudo nada bienvenido, en especial si uno es alguien al que le gusta tener todo programado de antemano. Si usted es así, tal vez necesite ceder el control. Jesús dijo en Juan 3:8: «El viento sopla por donde quiere, y lo oyes silbar, aunque ignoras de dónde viene y a dónde va. Lo mismo pasa con todo el que nace del Espíritu». ¡En otras palabras, como seguidores de Jesús, debemos empezar a esperar lo inesperado!

▶Adentrándonos en la aventura

Es fácil confundir lo que hemos planeado con lo que en realidad es importante. La reunión en la que usted se encuentra puede parecerle su primera prioridad, pero la inesperada llamada telefónica de su hijo, hija, amigo o vecino pudiera ser mucho más importante a la larga para ambos.

¿No es interesante que muchas de las acciones más memorables de Jesús fueron realizadas en respuesta a intrusiones en sus propios planes y su calendario? Sus poderosas palabras a Nicodemo en Juan 3, algunas de las cuales cité arriba, se pronunciaron después que Nicodemo se presentó una noche —sin anunciarse y sin invitación— para hacerle unas pocas preguntas teológicas. Como resultado, Jesús pudo aprovechar la oportunidad para enseñarle a este respetado dirigente religioso lo que quiere decir tener la experiencia de un nacimiento espiritual genuino y el perdón y la vida que resulta de ello.

Más adelante, en Juan 9, vemos que Jesús iba de camino (dirigiéndose a hacer cosas importantes) cuando distinguió a un ciego mendigando junto al sendero. En lugar de verlo como una distracción, Jesús reconoció la oportunidad de expresar su amor divino y su compasión. ¡Así que se detuvo y sanó al hombre, que de inmediato se convirtió en un participante en la aventura inesperada!

Después, en Juan 11, Jesús recibió la noticia de que su amigo Lázaro estaba gravemente enfermo. Él una vez más cambió sus planes y se dirigió a Betania. Como resultado, no solo pudo consolar a sus amigos que estaban afligidos por la muerte de Lázaro, sino que también realizó un milagro, revivificando a este amigo y elevando a la vez las esperanzas de todos los de la región que vieron y oyeron sobre esta obra asombrosa.

No hay dudas al respecto: la aventura se halla tanto en el recorrido como en el destino. Así que abra sus ojos hoy a sus contornos. Llegue a ser más cauteloso desde el punto de vista espiritual. Sí, haga su trabajo, pague sus cuentas y atienda a los cientos de detalles diarios. No obstante, recuerde que como seguidor de Cristo su misión no es solo realizar tareas u obtener logros.

Primero y primordialmente, es una cuestión de amar, servir y alcanzar a las personas que Dios pone en su vida. Las interrupciones que ellas causan pueden llegar a ser portales a los ámbitos de la actividad sobrenatural y el impacto divino de Dios.

·············>Inspiración para la jornada

Predica la Palabra; persiste en hacerlo, sea o no sea oportuno; corrige, reprende y anima con mucha paciencia, sin dejar de enseñar ... sé prudente en todas las circunstancias, soporta los sufrimientos, dedícate a la evangelización.
—2 Timoteo 4:2, 5

LA INFLUENCIA DE UNA HISTORIA

LEE STROBEL

Era un terrorista urbano, un borracho habitual que olía pegamento, drogadicto, lleno de odio, el cual había estado repetidas veces en la corte judicial desde que le lanzó un martillo a la cabeza a alguien cuando tenía ocho años. Llegó a convertirse en el segundo al mando de los Belaires, una cruel pandilla callejera que dominaba parte de Chicago. De modo irónico, también llegó a ser una influencia significativa en mi jornada hacia Cristo.

¿Cómo lo hizo? Como verán, Ron Bronski hizo algo que cualquiera puede emular y que Dios puede usar poderosamente conforme alcanzamos a otros.

Después de varios encontrones con la ley, Ron se metió en problemas serios cuando tenía veintiún años. Un miembro de una pandilla callejera rival atacó de forma brutal a uno de los amigos de Ron, y él juró vengarse. Pronto buscó al hermano del asaltante, que se llamaba Gary. Ron le colocó una pistola en el pecho a Gary y sin pestañear tiró del gatillo.

¡Clic!

La pistola no disparó. Ron apuntó al aire y oprimió de nuevo el gatillo; esta vez el disparo salió. Gary huyó por la vereda con Ron persiguiéndolo, disparándole mientras corrían. Por último, una de las balas dio en el blanco, destrozando la espalda de Gary y yendo a alojarse junto a su hígado. Él cayó de bruces sobre el pavimento.

Ron lo volteó. «¡No me dispares, viejo!», suplicó Gary. «¡No me dispares de nuevo! ¡No me mates!»

Sin una onza de compasión ni un instante de vacilación, Ron le puso la pistola en la cara a Gary y oprimió de nuevo el gatillo.

¡Clic! Esta vez la pistola estaba vacía.

Una sirena se dejó oír en la distancia. Ron se las arregló para escaparse de la policía, pero ellos emitieron una orden de arresto acusándolo de intento de homicidio. Con su historial policíaco previo, eso hubiera significado veinte años en la penitenciaría. Para evitar el juicio, Ron y su novia huyeron de Chicago y acabaron en Portland, Oregón, donde Ron consiguió su primer trabajo legítimo en una fábrica de metal.

Por coincidencia divina sus compañeros de trabajo eran cristianos, y mediante su influencia y la obra del Espíritu Santo, Ron se convirtió en un seguidor de Jesús comprometido por completo.

Con el tiempo, el carácter y los valores de Ron cambiaron. Su novia también se entregó a Cristo y se casaron. Ron llegó a ser un empleado modelo, un participante activo en la iglesia, y un miembro bien respetado de la comunidad. La policía de Chicago había dejado de buscarlo largo tiempo atrás. Él estaba seguro viviendo el resto de sus días en Portland.

Excepto que su conciencia le molestaba. Aunque se había reconciliado con Dios, no se había reconciliado con la sociedad. Estaba viviendo una mentira, según se dio cuenta, que como cristiano no podía tolerar. Así que después de mucha deliberación y oración, decidió tomar el tren hacia Chicago y enfrentar las acusaciones que había en su contra.

Cuando Ron apareció en la corte criminal, yo trabajaba allí como reportero del *Chicago Tribune*. En contraste con los otros acusados, que siempre presentaban excusas para su conducta, Ron miró a los ojos del juez y dijo: «Soy culpable. Yo lo hice. Soy responsable. Si tengo que ir a la cárcel, está bien. Pero me he convertido en cristiano y lo correcto que debo hacer es admitir lo que he hecho y pedir perdón. Lo que hice estuvo mal, claro y sencillo, y lo lamento. En realidad lo lamento».

¡Me quedé perplejo! Incluso siendo ateo, me impresionó tanto lo que Ron hizo que no tuvo que acercarse a mí para hablarme de su fe. *Yo le pregunté.*

Tomando café, Ron me contó toda su experiencia mientras yo garrapateaba notas. Con franqueza, su relato era tan asombroso que tuve que corroborarlo. Entrevisté a sus compañeros de trabajo, sus amigos y su pastor de Oregón, así como también a los detectives curtidos en las calles que lo conocieron en Chicago. Todos, de forma unánime, dijeron que algo lo había transformado dramáticamente. Ron decía que Dios era el responsable. Aunque yo era un escéptico, quedé intrigado por completo.

Ron esperaba pasar dos décadas tras las rejas, lejos de su esposa e hija pequeña. Sin embargo, el juez, impresionado de manera profunda por el cambio en la vida de Ron, concluyó que ya no era una amenaza para la sociedad y más bien lo puso en libertad condicional. «Vete a tu casa con tu familia», le dijo.

¡Nunca había visto nada así! Después que se levantó la sesión de la corte, corrí hacia el pasillo para entrevistar a Ron. «¿Cuál es su reacción a lo que hizo el juez?», pregunté.

Ron se volvió para mirarme de frente y hondo a los ojos. «Lo que el juez hizo fue mostrarme gracia... algo así como lo que hizo Jesús», replicó Ron. «Y Lee, ¿puedo decirle algo? *Si se lo permite, Dios también le mostrará gracia a usted.* No olvide eso».

> ¿Que hizo Ron que resultó tan eficaz para alcanzarme? Simplemente vivió su fe en la práctica y me contó su historia.

Nunca lo olvidé. Oír a Ron contarme la obra transformadora de Dios en su vida me ayudó a abrirle mi corazón al Señor. Sin dudas, Ron Bronski fue una de las influencias claves en mi jornada hacia la fe. Hoy, más de treinta años después, Ron es pastor de una iglesia cerca de Portland y todavía somos amigos.

¿Que hizo Ron que resultó tan eficaz para alcanzarme? Simplemente vivió su fe en la práctica y me contó su historia. Estoy de acuerdo en que es una historia asombrosa. Pero todo seguidor de Jesús tiene una historia que contar. Y he aquí un secreto que va en contra de lo que suponemos: *Uno no necesita una historia dramática a fin de que nuestro testimonio influya en alguien a favor de Cristo.*

Es más, a veces las historias más rutinarias son las más eficaces. Después de todo, no muchos pueden identificarse con la experiencia del dirigente de una pandilla callejera convertido en pastor. No obstante, lo más probable es que muchos se identifiquen con una experiencia como la suya.

>Principio de acción

¡Usted tiene una historia que contar! ¿Cómo era su vida antes de encontrar a Jesús? ¿Cómo acabó poniendo su fe en Cristo? ¿Cómo ha cambiado su vida desde entonces? Tal vez piense que su testimonio no es lo suficiente espectacular, pero anímese, las personas se sienten atraídas de un modo inevitable por las historias personales. Dios puede usar incluso el relato más rutinario para abrir el corazón de sus amigos que están en la búsqueda.

>Adentrándonos en la aventura

En su libro *Come Before Winter* [Ven antes del invierno], Charles Swindoll señala que el apóstol Pablo estuvo solo seis veces diferentes al hablar ante públicos a menudo hostiles durante el período entre su tercer viaje misionero y su viaje a Roma (Hechos 22—26).

«¿Sabe el método que Pablo usó cada vez?», preguntó Swindoll. «Su testimonio personal. En cada ocasión que habló, simplemente contó cómo su propia vida había sido cambiada debido a su entrega a Cristo y al poder que Jesús le dio. Ni una sola vez discutió o debatió con ellos. Ni una sola vez predicó un sermón». Esto fue así, dijo Swindoll:

> Porque uno de los argumentos más convincentes e incontestables en la tierra con respecto al cristianismo es la propia experiencia de uno con el Señor Jesucristo. Ninguna técnica persuasiva jamás tomará el lugar de su testimonio personal ... El escéptico puede negar su doctrina o atacar a su iglesia, pero no puede ignorar con honestidad el hecho de que su vida haya sido cambiada. Él puede cerrar sus oídos a la presentación de un predicador y a las súplicas de un evangelista, pero de alguna

manera se sentirá atraído a la historia de gran interés humano acerca de cómo usted, un ciudadano común, halló paz interna.

La ocasión en que Pablo compareció ante el rey Agripa provee un bosquejo fácil de recordar en cuanto a cómo uno puede relatar su propia historia. En Hechos 26:4-11, Pablo narra lo que fue su vida antes de conocer a Jesús («Yo mismo estaba convencido de que debía hacer todo lo posible por combatir el nombre de Jesús de Nazaret»). En los versículos 12-18 relató cómo encontró a Cristo («Mientras iba por el camino, vi una luz del cielo ... y yo oí una voz»). Luego, en los versículos 19-23 describe cómo su fe recién hallada lo había transformado («Así que ... no fui desobediente a esa visión celestial»). Después de relatar su testimonio, hace que Agripa reflexione en su propia vida: «Rey Agripa, ¿cree usted en los profetas? ¡A mí me consta que sí!», dijo en el versículo 27.

Usted tal vez esté pensando: *Pues bien, aquí vamos de nuevo. Primero un casi homicida se hace pastor, y ahora Pablo oye una voz directamente del cielo. ¡Mi historia no se acerca ni siquiera un poco a ser tan contundente como esas!* La verdad es que pocos pueden identificarse con un dirigente brutal de una pandilla callejera o con el más grande misionero de todos los tiempos. He descubierto que muchos tienen dificultades para identificarse con mi propia historia de haber sido ateo, puesto que solo un pequeño porcentaje de estadounidenses niegan abiertamente la existencia de Dios.

Por otro lado, he visto a muchos que se relacionan con bastante facilidad con la experiencia de mi esposa Leslie. Ella trataba de ser una persona buena, pero en realidad no entendía a Dios o cómo Jesús encajaba en el cuadro hasta que una amiga cristiana le explicó con gentileza el evangelio.

¡Así que no pida disculpas por no haber sido alguna vez un asesino que se convirtió de forma dramática a Cristo! Sus amigos interesados en conocer más de la fe ya se identifican con usted o de lo contrario no serían sus amigos.

Después de elevar una oración para recibir a Cristo, Leslie halló libertad en el perdón de Dios, gozo en su presencia y un sentido de aventura al permanecer bajo su dirección. ¿Dramático? No mucho. Sin embargo, esto resulta eficaz porque muchos pueden verse reflejados en la historia de ella.

¡Así que no pida disculpas por no haber sido alguna vez un homicida que se convirtió de forma dramática a Cristo! Sus amigos buscadores ya se identifican con usted o de lo contrario no serían sus amigos. Cuénteles su historia con la confianza de que Dios puede usarla en la vida de ellos. Es más, no lo deje para luego, dedique un tiempo hoy para redactar por escrito su testimonio y practíquelo a fin de decirlo en tres o cuatro minutos. No trate de memorizarlo, pero siéntase seguro con respecto a los detalles que quiere incluir o excluir.

Luego pídale a Dios oportunidades para contárselo a otros... ¡y permita que la aventura comience!

>Inspiración para la jornada

Dios me ha ayudado hasta hoy, y así me mantengo firme, testificando a grandes y pequeños.
—EL APÓSTOL PABLO EN HECHOS 26:22

EXPERIENCIA EN LA CUMBRE

MARK MITTELBERG

Hay pocos lugares tan hermosos como las montañas Beartooth de Montana a mediados del verano, y ninguna actividad al aire libre es más satisfactoria que ir de excursión con una mochila por entre los escabrosos picos, en donde el cielo es claro, el aire frío, y el aroma de las hojas de pino fresco y fragante. También están las flores que crecen a gran altura, con formas, colores y tamaños que uno simplemente no ve en las tierras bajas.

Un verano Heidi y yo disfrutamos de una excursión durante casi una semana por esa región. Establecimos nuestro campamento base junto a un arroyo cristalino de la montaña y dábamos caminatas todos los días, explorando en varias direcciones.

A los pocos días conocimos a Dan, que había ido solo y levantado su campamento cerca. Nos presentamos y le invitamos a que nos acompañará al día siguiente para una excursión de un día hasta una montaña desde la que se podía ver el área. Aceptó, así que nos encontramos con él poco después del amanecer.

Era una preciosa mañana. Caminamos conversando y disfrutando del paisaje alpino, y mientras más alto subíamos, más notábamos la variación de las flores de la montaña. Después que todos ya habíamos comentado lo asombrados que estábamos, me surgió la idea de que tal vez podría dirigir la conversación hacia temas más significativos. Así que decidí lanzar un comentario y ver lo que sucedía.

«Cómo sabe, Dios debe tener toda una gran imaginación para producir tanta belleza», empecé. «Seguimos viendo todas estas flores con formas y colores increíbles. ¡El Creador debe haber sido en realidad creativo!»

Todavía tengo un claro cuadro mental de la escena: nos encontrábamos en una subida suave, caminando en hilera por el estrecho sendero. Heidi iba primero, Dan en la mitad, y yo atrás. (¡*Alguien* tenía que proteger de los osos al grupo!) Cuando hice mi comentario en cuanto a la creatividad de Dios, Dan se volvió para mirarme y dijo: «Pues bien, pienso que eso sería cierto si uno creyera en Dios; pero yo no creo en él».

Fin de la conversación. ¡O por lo menos así lo pensó Dan!

Él no se había dado cuenta, pero yo era un evangelista estilo intelectual que andaba *buscando* a un ateo con el que conversar en las montañas. *Por fin algo en realidad interesante de qué hablar,* pensé. ¡*Basta de la vida* floral; *hablemos de la vida* eterna!

No fue difícil mantener el diálogo en marcha. Simplemente respondí: «¿En serio? ¿Usted no cree en Dios? ¿Por qué no?» Como lo esperaba, él se sintió más que contento de explicarnos sus razones a Heidi y a mí.

Es más, durante el resto del ascenso a la montaña hizo todo lo que pudo para explicar las razones por las cuales no creía en Dios, por qué Dios no podía existir, y cómo podemos vivir sin depender de alguna deidad inventada. Le escuchamos con paciencia, haciéndole unas cuantas preguntas para obtener un cuadro claro de sus creencias, esperando hasta que nos pareció apropiado ofrecer algunos de nuestros propios pensamientos.

Esa oportunidad se presentó durante la mayor parte del *descenso* de la montaña. De la manera más persuasiva que pude, traté de responder a las objeciones que Dan había presentado y exponer lo que yo consideraba una evidencia contundente para la existencia de Dios. Hablamos de ciencia, lógica, filosofía, historia y arqueología, y traté de explicar cómo todo esto —y cómo el conocer a Cristo de una manera personal— había impactado nuestras propias vidas.

Nuestra conversación duró todo el camino de regreso hasta nuestro campamento base, en donde encendimos una fogata y hablamos por otro par de horas. Quisiera poder decir que al final Dan cayó de rodillas, confesó sus pecados, y nos suplicó que lo bautizáramos en el cantarino arroyo cercano, mientras los peces saltaban bajo el cálido resplandor del sol al atardecer.

Eso no sucedió. Sin embargo, sí creo que Dan escuchó una información que nunca antes había recibido. Y confío en que Dios usará esa conversación siempre que Dan recuerde nuestro tiempo juntos.

Dicho eso, pienso que tal vez veamos a Dan de nuevo en el cielo algún día. ¿Por qué? Porque hay algo más que forma parte de nuestra experiencia en la montaña.

Heidi y yo teníamos que empacar nuestras cosas y emprender el recorrido de varios kilómetros hasta donde estaba estacionado nuestro auto. Así que recogimos todo y nos detuvimos para despedirnos de Dan y animarle en cuanto lo que habíamos conversado.

Más tarde, como a medio camino por el sendero, nos detuvimos en un arroyo para descansar y tomar algo de agua. Mientras estábamos allí nos encontramos con cinco individuos fornidos, atléticos y muy amistosos que *subían* por el sendero para acampar durante unos pocos días. Al conversar con ellos descubrimos que también eran cristianos... y no solo cristianos veteranos, sino que además eran dirigentes del famoso ministerio de los *Navegantes.* ¡En otras palabras, eran una especie de Boinas Verdes de Dios!

Tan pronto como nos enteramos de esto, nos imaginamos que Dios se proponía algo —tal vez un avivamiento en las Rocosas— así que les contamos acerca de nuestra conversación con Dan, les dimos la información que sabíamos, e incluso trazamos un mapa para que ellos pudieran ubicar donde estaba él acampando. Luego los despedimos con un reto.

«Miren, amigos», les dije imitando la voz de un sargento del ejército, «nosotros empezamos esto. ¡Ahora vayan ustedes, busquen a Dan, y vean si pueden terminar el trabajo!»

Tal vez fuera mi imaginación, pero pienso que a esos hombres se les hacía agua la boca mientras ascendían por el sendero, dirigiéndose con rapidez hacia el punto que nosotros habíamos marcado en ese mapa improvisado.

Ahora ya sabe por qué pienso que Dan a lo mejor termina en el cielo... ¡ya sea que le guste o no!

>Principio de acción

A menudo los encuentros evangelizadores más asombrosos resultan de tomar decisiones apropiadas al instante. Tal vez usted no esté pensando en las cuestiones espirituales ni se dé cuenta de la oportunidad que está a punto de presentarse ante sus ojos. Sin embargo, de repente la ve y piensa: *¿Debo o no debo? En realidad no he orado en cuanto a esto, no sé lo que debo decir si la persona muestra interés, y por cierto, no estoy listo para responder a muchas preguntas teóricas profundas.* ¿Mi consejo? Ignore todo y haga cuatro cosas sencillas: *Respire hondo, eleve una oración rápida, abra la boca, y deje a las palabras volar.* Dios puede guiarlo y usarlo, pero primero usted tiene que correr el pequeño riesgo de empezar la conversación. ¡Allí es donde la aventura en realidad comienza!

> A menudo los encuentros evangelizadores más asombrosos resultan de tomar decisiones apropiadas al instante.

>Adentrándonos en la aventura

En Juan 4 se nos relata la conversación entre Jesús y una mujer que sacaba agua de un pozo. Jesús le pidió agua para beber, y ella le preguntó por qué, siendo judío, rompía las costumbres culturales para hablar con una samaritana. No obstante, Jesús no estaba interesado en asuntos tan terrenales. Él vio una oportunidad para conducir la conversación hacia un tema mucho más importante.

«Si supieras lo que Dios puede dar, y conocieras al que te está pidiendo agua —contestó Jesús—, tú le habrías pedido a él, y él te habría dado agua que da vida» (versículo 10). *¿Agua que da vida? ¿Qué es eso?*, se preguntó la mujer. Así que empezó a indagar al respecto.

Jesús había iniciado una conversación espiritual, un elemento inicial en la cadena de sucesos necesarios para cumplir su misión «de buscar y salvar lo que se había perdido» (Lucas 19:10). ¿Cómo podemos seguir el ejemplo de Jesús? Pídale a Dios cada día que le ayude a *ver* las oportunidades, así como también que le dé el valor para *aprovecharlas*. Luego, cuando reconozca que se ha abierto una puerta, haga las cuatro cosas que mencioné en el principio de acción:

1. *Respire hondo:* Parece cómico, pero alcanzar a alguien siempre resulta mejor cuando uno tiene abundante oxígeno de los pulmones.
2. *Eleve una oración rápida:* Pídale a Dios que le dirija y lo use. Sin embargo, debe ser algo rápido, que tarde casi la misma cantidad de tiempo que necesita para respirar hondo una vez.
3. *Abra la boca:* Esto hace que sea más fácil entender sus palabras.
4. *Deje a las palabras volar:* Usted tiene aire sus pulmones, a Dios a su lado, y algo que decir. ¿Qué más podría posiblemente pedir? Hable e inicie alguna acción espiritual. No se demore, no cambie el tema, y no le dé al diablo tiempo para susurrarle al oído que ese no es un momento oportuno. ¡Solo deje a las palabras volar, láncese a la aventura, y observe a Dios obrar!

Inspiración para la jornada

El que es bueno, de la bondad que atesora en el corazón produce el bien ... porque de lo que abunda en el corazón habla la boca.

—Lucas 6:45

CONECTANDO LAS COSAS

LEE STROBEL

«Que una persona venga a Cristo es algo similar a una cadena con muchos eslabones ... Hay muchas influencias y conversaciones que preceden a la decisión de una persona de convertirse a Cristo. Conozco la alegría de ser el primer eslabón a veces, un eslabón intermedio por lo general, y ocasionalmente el último eslabón. Dios no me ha llamado a ser solo el último eslabón. Me ha llamado a ser fiel y a amar a toda persona».

—Evangelista Cliffe Knechtle

Vicky Armel no aparentaba ser lo que era. Ella era una rubia atractiva, madre de dos niños, con una sonrisa contagiosa y una personalidad cálida, pero también tenía la reputación de ser una detective agresiva y experimentada del Departamento de Policía del Condado Fairfax en Virginia.

Siendo una escéptica espiritual, Vicky tenía escasa paciencia cuando los cristianos trataban de hablarle de Jesús. Ella alzaba la mano y decía: «¡Atrás! No quiero oír hablar de eso». Si ellos persistían, explicaba que había investigado muchos suicidios y homicidios. «Jamás un muerto se levantó tres días después», decía.

Entonces la designaron en una serie de casos como compañera del detective Mike «Mo» Motafches, que es un cristiano consagrado (*y el eslabón #1 en la cadena*). Durante un año, él le habló de forma periódica acerca de Jesús, pero ella lo rechazó como a todos los demás. Sin embargo, de alguna manera la persistencia de Mo la impresionó. «Él nunca se dio por vencido con respecto a mí», recordaba Vicky más tarde.

Un día los enviaron a una investigación a Maryland, lo que quería decir que estarían en el auto juntos por cinco horas.

—Está bien, esta es tu oportunidad —le dijo Vicky a Mo—. Puedes hablarme de Jesús todo lo que quieras, pero con una condición: cuando regresemos a Virginia no quiero que me vuelvas a hablar de Jesús nunca más.

Mo aprovechó la oportunidad. La animó a que elevara una oración y le pidiera a Dios que se revelara a ella. —Te garantizo que él te responderá si lo buscas —dijo.

> Él le habló de forma periódica acerca de Jesús, pero ella lo rechazó como a todos los demás. Sin embargo, de alguna manera la persistencia de Mo la impresionó. «Él nunca se dio por vencido con respecto a mí», recordaba Vicky más tarde.

Mo le habló de la confiabilidad de los Evangelios, así como del cumplimiento de las antiguas profecías en la vida de Jesús contra toda probabilidad matemática. Explicó el mensaje central de la Biblia acerca de la redención por medio de la muerte del Hijo de Dios.

—Supón que a un homicida en serie lo declaran culpable de sus crímenes —dijo Mo—. Luego supón que el juez le impone una multa de cincuenta dólares y ninguna condena en la cárcel. ¿Cómo te sentirías al respecto?

Vicky convino en que se sentiría furiosa. Mo continuó:

—El pago del castigo por nuestro pecado es tan alto que solo la muerte de Dios hecho carne podía borrar las consecuencias de nuestro pecado —explicó—. Imagínate que el juez halla al criminal culpable y lo sentencia a la muerte, pero luego se baja de su estrado, se sienta en una silla eléctrica, y muere en su lugar. Vicky, Dios pagó la penalidad por tu pecado cuando Jesús fue ejecutado en la cruz.

Ella escuchó con atención, pero no se comprometió a nada. Como detective entrenada, necesitaba tiempo para investigar lo que Mo le había explicado. Al día siguiente, escuchó la Biblia en un disco compacto en su oficina (*el eslabón #2 en la cadena*). Mo le dio cintas grabadas de su pastor, Lon Solomon (*eslabón #3*), y libros cristianos (*eslabón #4*). Vicky también empezó a escuchar una radio cristiana (*eslabón #5*).

«Nunca he visto a alguien con tanta ganas de aprender más en cuanto a Dios y la Biblia», dijo Mo.

Otro amigo de Vicky, Tim Perkins, la invitó a la iglesia Mountain View Community el Domingo de Resurrección del 2004 (*eslabón #6*), en donde la gente la recibió cálidamente (*eslabón #7*) y ella oyó el evangelio por medio de la predicación del pastor Mark Jenkins (*eslabón #8*). La iglesia también le regaló un ejemplar de mi libro *The Case for Easter* [El caso de la resurrección] (*eslabón #9*), en el cual hago un examen de la resurrección de Jesús, un suceso que era la principal piedra de tropiezo para Vicky. Este resultó ser el regalo perfecto para una detective orientada a la evidencia.

«Lo leí y lo leí», dijo Vicky. «Todo lo que necesitaba para probar el caso de Jesús lo halle en este libro».

Prácticamente ninguna de las personas que fueron eslabones en la cadena de influencia durante la jornada espiritual de Vicky conocía a alguna de las otras, o trabajaron a sabiendas juntas para alcanzarla. Con todo, cada una de ellas fue una influencia que Dios orquestó para atraerla lentamente hacia la cruz. A la larga, vencida por los hechos, Vicky elevó su oración para recibir a Cristo como su Salvador y Señor.

Mo estuvo presente en su bautizo. «Qué alegría fue para mí ver a Vicky dedicarle su vida de una forma pública a Dios... un Dios que en un tiempo ella juraba que no existía», dijo.

Al año siguiente, Vicky pasó al frente de su iglesia para relatar su jornada espiritual. Empezó diciendo: «Me llamo Vicky Armel, y si alguien me hubiera dicho el año pasado que estaría aquí frente a cientos de personas hablando de Jesucristo, hubiera dicho que estaba loco».

Apenas un año después, el 18 de mayo del 2006, Vicky estaba trabajando en la Estación de Policía del Distrito Sully cuando se le notificó que habían ocurrido un par de secuestros de vehículos en el área. Salió corriendo de la estación de policía para ir a investigar. Mo había estado poniendo la dirección en un sobre, y se encontraba apenas a quince segundos detrás de ella. Cuando Vicky y otro oficial salieron de la estación, al instante les disparó un adolescente enloquecido que portaba un rifle de asalto AK-47.

Estos asesinatos sin sentido dejaron estupefacta a la comunidad. Mo quedó afligido. «Todavía echo de menos a mi compañera, mi amiga, mi héroe y mi hermana en Cristo», añadió.

No obstante, ese no es el final de la historia de Vicky. Casi diez mil personas —entre las que había muchos agentes de policía— rindieron honores en su funeral. Estoy seguro de que ninguno de ellos vino esperando oírla en persona. Sin embargo, en el funeral, el pastor Jenkins puso la grabación del testimonio que Vicky había dado en la iglesia el año anterior, en la cual ella describía su jornada del escepticismo a la fe.

«Sé que probablemente hay una Vicky o un Víctor por ahí buscando a Dios», decía ella en la cinta a la multitud que guardaba silencio. «Espero que mi historia le ayude a encontrarlo».

Y así ha sido. De una manera increíble, incluso por medio de su muerte Vicky llegó a ser un eslabón en la cadena de influencia ayudando a conducir a muchos a Cristo. Después del funeral la iglesia recibió correos electrónicos y llamadas telefónicas de buscadores espirituales interesados de todo el norte de Virginia. «Algunas personas solo entraban de la calle», dijo Jenkins. «Ellas decían: "Queremos lo que Vicky tenía"».

Un individuo le dijo a Jenkins: «Me hizo pensar de nuevo en toda mi vida. Sé que he cometido muchas equivocaciones y le he hecho daño a muchos. Quiero ser salvado. Quiero al Señor en mi vida. Quiero que él sepa que lo amo. No estoy seguro de cómo hacer esto. ¿Puede ayudarme?»

La naturaleza desusada del hecho de que Vicky hablara en su propio funeral atrajo incluso la atención de los medios de comunicación, que publicaron su historia —y la historia de su Salvador— por todo el globo. ¿Quién sabe cuántos se sentirán alentados para buscar a Jesús como resultado?

Un miembro de la iglesia, llamado Dwayne Higdon, lo resumió muy bien: «Vicky no solo salvó vidas», le dijo a un reportero. «Ella también salvó almas».

Principio de acción<

Recuerde que todos los eslabones de la cadena —el del principio, el intermedio y el último— son vitales para conducir a una persona a Cristo. La mayoría de las veces Dios nos usa como un eslabón inicial o intermedio. Incluso sus gestos más pequeños —una invitación a la iglesia, regalar un libro, un acto de bondad en el nombre de Jesús— pueden llegar a ser una de las muchas influencias cristianas que se acumularán con el tiempo en la vida de esa persona, con la esperanza de que al final la conduzca a la fe.

Adentrándonos en la aventura<

Demasiadas veces los cristianos piensan que en realidad han fracasado si nunca han elevado una oración con alguien para que reciba Cristo. De modo erróneo piensan que la aventura inesperada de la evangelización está confinada a ese solo momento de la conversión de la persona. Por desdicha, se olvidan de que por lo general se requieren muchas experiencias y conversaciones en el transcurso del tiempo antes de que la persona decida llegar a ser cristiana.

Puedo pensar en muchos cuyo aporte espiritual a la larga contribuyó a mi decisión de seguir a Jesús. Hubo muchas cosas como la autenticidad de mis vecinos cristianos, la transformación de mi esposa recién convertida, las oraciones de mi madre, la bondad de un cristiano que se ofreció a servirnos durante la enfermedad de nuestro hija, los autores de un libro que leí, le predicación fiel del evangelio de la iglesia que visitaba, e incluso el testimonio de un líder convicto de una pandilla callejera que me habló de su fe recién hallada. Estoy seguro de que usted también puede pensar en numerosos eslabones que a la larga lo condujeron a Cristo.

¡Hay oportunidades para la aventura en toda la cadena! Nuestro papel es ser fieles al mandato de Dios para ser sus embajadores en un mundo espiritualmente confuso. Usted tal vez no sepa

En su testimonio reproducido en su funeral, Vicky tenía un mensaje para los cristianos como usted y como yo. «No se den por vencido en cuanto a sus amigos», dijo.

cuántas veces Dios lo ha usado como un eslabón al principio o en el medio hasta que no llegue al cielo... y entonces estará eternamente agradecido por haberse extendido de tantas maneras al parecer sencillas a otras personas durante su vida.

En su testimonio reproducido en su funeral, Vicky tenía un mensaje para los cristianos como usted y como yo. «No se den por vencido en cuanto a sus amigos», dijo. «Estén allí para ellos. Solo háblenles siempre de Jesús».

Y confíe en que Dios lo usará como un eslabón importante más en el camino.

>Inspiración para la jornada

Así que no cuenta ni el que siembra ni el que riega, sino sólo Dios, quien es el que hace crecer. El que siembra y el que riega están al mismo nivel, aunque cada uno será recompensado según su propio trabajo.

—1 Corintios 3:7-8

EL VAQUERO QUE POR POCO ME DISPARA

MARK MITTELBERG

Llamarlo mala planificación sería darme mucho crédito. No hubo ningún plan. Se trató solo de una insensatez instantánea santificada, justificada solo por unos buenos motivos y un propósito noble.

—Me siento mal por no estar con mis amigos —les dije a mis nuevos compañeros cristianos mientras bebíamos refrescos y comíamos pizza—. Han sido mis amigos más íntimos durante años y querían que fuera de cacería con ellos este fin de semana. Era la oportunidad de hablarles acerca de mi dedicación a Cristo. ¡Todavía están tratando de imaginarse lo que me sucedió y necesito contárselos!

—¿Sabes dónde fueron a acampar? —me preguntó uno de mis compañeros.

—Más o menos, pero se fueron esta tarde y se hallan por lo menos a tres horas de ventaja por carretera —dije mientras nacía en mí la idea, luego añadí mirando a Dave—, sin embargo, si alguien me llevara *volando*, ¡entonces podría estar ahí en algo más de una hora!

Dave tenía su licencia de piloto y a veces volábamos juntos en avionetas con un solo motor.

—¿No me estabas diciendo hace poco que necesitabas acumular algunas millas volando? —recalqué.

—Así es, ¿pero estás *loco*? —protestó Dave—. Serán las diez y media antes de que siquiera podamos salir.

—¡Eso nunca te ha detenido antes! —dije.

—¿Hablas en serio?

—Me gustaría hallar a mis amigos —señalé, dejando a un lado toda broma—. Será una aventura. ¡Vamos!

Nos pusimos en acción. Corrí a casa para recoger mi mochila, mi bolsa de dormir, la tienda de campaña y ropas abrigadas. No tenía tiempo para preocuparme por la comida, aunque sí eché un par de barras de confites en la mochila y llené mi cantimplora. *Eso debe bastar*, me aseguré a mí mismo mientras me dirigía a toda velocidad al aeropuerto cercano.

Dave y Karen estaban preparando la avioneta y pronto alzamos el vuelo. Mientras volábamos bajo el cielo en penumbra empezaron a hacerme preguntas:

—*¿Cómo vas a llegar desde la pista hasta dónde tus amigos están acampando? ¿Cómo vas a hallarlos en la oscuridad? ¿Qué vas a hacer si no puedes localizarlos?*

—En realidad, desde que salí de la pizzería hasta este momento no he tenido tiempo de pensar en todo eso —confesé—. Caminaré y pediré un aventón si es necesario. Dios está conmigo. ¡Va a ser divertido!

Aterrizamos en una pista diminuta en un aeropuerto sin personal, oramos por mi seguridad y nos despedimos. Conforme el aeroplano se elevaba y desaparecía en la distancia, me quedé solo por completo en un aeropuerto en sombras cerca de una carretera desolada, sintiendo el frío de mediados de noviembre en las regiones rurales de Dakota del Norte.

Tragué saliva.

«Dios *está* en realidad conmigo», me recordé a mí mismo, y en verdad podía sentir su presencia. Era un creyente nuevo, pero tenía una confianza serena en que sin que importara cómo resultaran las cosas, estaba en sus manos.

Elevé una oración rápida pidiendo dirección y empecé a caminar por la carretera a oscuras hacía el desvío en donde pensaba que estaban mis amigos.

Vi que se acercaban los reflectores de un solitario automóvil, así que le hice señas para que me llevaran... algo que no recomiendo, pero las personas eran amigables y pronto me dejaron cerca del lugar al que me dirigía. ¡Por lo menos *yo pensaba* que estaba cerca!

Caminé hacia el sur por una carretera de tierra a paso rápido. Era mucho más lejos de lo que recordaba, pero no había problema, según pensé. *Seguiré moviéndome. Además, tengo dos barras de chocolate y una cantimplora llena de agua. ¿Que más se puede pedir?*

Incluso cuando las barras de chocolate habían desaparecido y el agua seguía congelada, no me desanimé. En verdad sentía que Dios estaba a mi lado, mostrándome que él podía cuidarme a través de esa aventura mía tan irreflexiva. Sentí su gozo mientras caminaba bajo la luz de la luna.

No obstante, después de caminar durante kilómetros, empecé a sentir cada vez más frío. Por fin tuve que admitirme a mí mismo que no podría hallar a mis compañeros esa noche después de todo. Distinguí un claro, trepé por una cerca, y armé mi tienda de campaña. Al poco rato estaba tiritando dentro de mi bolsa de dormir.

Me despertaron de mi sueño justo a la salida del sol. *«¿Quién está ahí y por qué está acampando en mi propiedad?»* La voz tronante del viejo hacendado retumbaba a través de la delgada pared de la tienda, advirtiéndome con severidad que estaba invadiendo un terreno ajeno y tenía que irme… ¡al instante! Su voz era dura, y lo que era más ominoso, traía consigo un revólver de seis tiros cargado dado el caso de que surgiera algún problema. ¡Es más, casi pareció desencantarse cuando yo no me resistí!

Sin embargo, cuando salí tropezándome de la tienda de campaña, su lado simpático emergió lentamente. «¿Estás solo?», preguntó. «Pareces medio congelado. ¿Qué haces aquí?» Su semblante rígido se suavizó cuando empecé a explicarle todo. Pronto me ofreció una merienda en su campamento.

Resultó que su «campamento» era una casa de troncos construida en el siglo diecinueve, y la «merienda» se convirtió en un desayuno de cuatro platillos cocinado en una estufa de leña. Disfrutando de este verdadero festín y un café fuerte llegué a conocer a Ceph, el vaquero que por poco me dispara, y a su maravillosa esposa, Jesse.

Hablamos durante todo el desayuno, nos servimos más café, y seguimos conversando durante horas. El contó una historia tras otra acerca de la vida del rancho, las ventiscas que sobrevivió, los aeroplanos que voló y las guerras que había atravesado. Yo le conté sobre mi vida, mencionando mi fe recién hallada y alentándoles también para que siguieran al Salvador.

Pronto Jesse trajo sándwiches. Después de comer nos trasladamos de nuevo a unas sillas más cómodas y seguimos conversando. Fue uno de los días más fascinantes de mi vida. Había encontrado nuevos amigos y una oportunidad inesperada para hablar de Cristo. Dios había provisto. ¡La vida era buena!

A media tarde Jesse me empacó otra comida. Ceph me acompañó para que desarmara mi tienda y luego me llevó a un área en la que había muchos cazadores acampando.

«Si no puedes hallar a tus compañeros», me dijo Ceph, «regresa para que te quedes con nosotros esta noche». Me dio algunos puntos de referencia para ayudarme a localizar su hogar. Luego nos despedimos y continué con mi búsqueda.

Nunca encontré a mis compañeros ese fin de semana. Después de que por fin me di por vencido, me las arreglé para hallar a alguien que me llevara de regreso a casa. Sin embargo, continué mi amistad con Ceph y Jesse, volviendo a su casa varias veces, y más tarde por correspondencia con el correr de los años.

Lo predecible es el gran enemigo de la aventura. La planificación tiene su lugar, pero también la espontaneidad guiada por Dios.

Hoy miró hacia atrás con ilusión a esa escapada repentina. La experiencia me reafirmó que la vida en verdad es una aventura, que Dios en realidad está con nosotros dondequiera que vayamos, y que él puede hacer que resulte un bien de toda situación si procuramos honrarle... en especial si no esquivamos los encuentros improvisados con los que él quiere salpicar nuestra vida a lo largo del camino.

Principio de acción

Lo predecible es el gran enemigo de la aventura. La planificación tiene su lugar, pero también la espontaneidad guiada por Dios. Es obvio que necesitamos su sabiduría y no debemos hacer cosas insensatas. Sin embargo, al mismo tiempo el antídoto para una vida cristiana aburrida es la disposición a *avanzar* y dejar que Dios nos use de maneras desusadas.

Adentrándonos en la aventura

¿Que haría una persona en verdad aventurera si estuviera en su lugar, esperando alcanzar a sus amigos para Cristo? ¿Conducir al otro lado del país? ¿Conseguir un vuelo durante este fin de semana? ¿Comprar un regalo o un libro y enviarlo para que llegue al día siguiente? ¿Presentarse sin anunciarse? ¿Realizar alguna acción desprendida de servicio? ¿Olvidar una ofensa? ¿Organizar una fiesta, pagando por todas las cosas necesarias e invitando a todo el barrio?

Conozco a una mujer que hizo justo eso. Organizó una fiesta en el barrio para los niños menos privilegiados, pagó todos los gastos, y les habló con gentileza de Jesús. Al final, todos los chicos del barrio sabían en verdad una cosa: «Esa señora cristiana» se interesaba de un modo genuino por ellos.

También sé de otra mujer cuyo papá estaba muriéndose, pero vivía a miles de kilómetros. Los esfuerzos de ella para hablarle de su fe no habían tenido éxito, así que hizo arreglos a fin de que su pastor viajara por avión hasta su ciudad para visitarlo. Su plan resultó, y esto ayudó a que su papá diera los pasos hacia Dios.

Dios tal vez no lo va a guiar a que vuele a un lugar despoblado, pida un aventón en zonas rurales, acampe solo con temperaturas por debajo del punto de congelación, o se arriesgue a que le den un tiro por invadir una propiedad ajena. No obstante, ¿quién sabe? ¡A lo mejor lo hace! O quizás él tiene alguna otra expedición emocionante orientada al alcance que le espera.

Cualquier cosa que un cristiano aventurero pudiera hacer si estuviera en su lugar, considere hacerla. Tal vez piense que esto significa hacer un esfuerzo y salir de su zona de comodidad, pero Chuck Swindoll tiene razón cuando dice en su libro *Come Before Winter* [Ven antes del invierno] (Zondervan):

> Si Cristo no hubiera dado un paso drástico, los pecadores como nosotros jamás habríamos sobrevivido a la caída. Jamás habríamos sido rescatados. Estuviéramos perdidos de una manera permanente. La cruz fue la increíble respuesta de Dios a nuestro dilema extremo. Cristo hizo algo radical. *Ahora es su turno.*

>Inspiración para la jornada

Mi vida ha sido un continuo ir y venir de un sitio a otro; en peligros de ríos, peligros de bandidos, peligros de parte de mis compatriotas, peligros a manos de los gentiles, peligros en la ciudad, peligros en el campo, peligros en el mar y peligros de parte de falsos hermanos. He pasado muchos trabajos y fatigas, y muchas veces me he quedado sin dormir; he sufrido hambre y sed, y muchas veces me he quedado en ayunas; he sufrido frío y desnudez.

Sin embargo, considero que mi vida carece de valor para mí mismo, con tal de que termine mi carrera y lleve a cabo el servicio que me ha encomendado el Señor Jesús, que es el de dar testimonio del evangelio de la gracia de Dios.
—PABLO EN 2 CORINTIOS 11:26-27; HECHOS 20:24

UNA VENTAJA INJUSTA

LEE STROBEL

«Ustedes los cristianos son todos iguales», se mofaba el portavoz nacional de American Atheists, Inc. [Ateos Estadounidenses, Compañía Anónima]. «Ustedes presentan el caso *a favor de* Cristo, pero no mencionan el *otro* lado de la historia. ¿No sería grandioso si nosotros pudiéramos exponer el caso a favor del ateísmo, ustedes lo hicieran a favor del cristianismo, y simplemente permitiéramos que el público decidiera por sí mismo?»

Mark Mittelberg y yo intercambiamos miradas.

«Hagamos precisamente eso», le dije al portavoz, Rob Sherman. «Ustedes vayan y busquen al más fuerte defensor del ateísmo que puedan encontrar, el mejor y el más brillante. Nuestra iglesia lo traerá de cualquier parte del mundo. Nosotros saldremos y buscaremos al más sobresaliente proponente del cristianismo... ¡y tendremos un tiroteo intelectual!»

Sherman convino de inmediato. Mi primer pensamiento después de esto fue: *Tal vez debería haberles preguntado primero a los ancianos de la iglesia.* ¡Ay, bueno, ya era demasiado tarde! La pelota ya había empezado a rodar, y Mark y yo emprendimos una de las aventuras evangelizadoras más emocionantes de nuestras vidas.

Sherman convenció a Frank Zindler, un amigo íntimo de la renombrada atea Madalyn Murray O'Hair y el disputador principal de su organización, para que representara el lado ateo. Él era un antiguo profesor de geología y biología que había promovido con vigor el ateísmo en artículos, libros y programas de televisión y radio.

Mark, que se hizo cargo de la organización del debate, le pidió a William Lane Craig que presentara el caso por la parte cristiana. Con doctorados en filosofía y teología, Craig es autor, profesor y uno de los principales defensores del cristianismo en el mundo. Pronto se acordó el tema del debate: «El ateísmo frente al cristianismo: ¿Hacia dónde apunta la evidencia?»

Los medios de comunicación, asombrados de que una iglesia no tuviera miedo de confrontar las objeciones más duras de los escépticos, pronto hicieron todo un revuelo. El *Chicago Tribune* escribió cuatro artículos sobre el acontecimiento venidero. Pronto empecé a recibir llamadas de estaciones de radio de todo el país. «¿Podemos trasmitir este debate en vivo?», preguntaban. «Ah, seguro», decía yo. Para nuestro asombro, pronto contamos con ciento diecisiete estaciones de costa a costa.

La noche del debate, el tráfico se obstruyó alrededor de la iglesia debido a la cantidad de personas que acudían en masa al suceso. Cuando abrimos las puertas, toda una hora antes del momento de empezar, la gente corrió por los pasillos para conseguir un asiento. ¿Cuando es la última vez que usted ha visto que alguien corre *hacia* la iglesia? En total, siete mil setecientas setenta y ocho personas llegaron, llenando el auditorio principal y otros varios salones enlazados por vídeo. La atmósfera era electrizante.

El telón estaba a punto de subir. Yo andaba de un lado para otro detrás de bastidores, preparándome para ocupar mi puesto como moderador, cuando uno de los ancianos de la iglesia se me acercó. «Bueno, Lee», dijo tratando de que su voz sonara casual, «vamos a ganar esto, ¿verdad?»

Lo que el público no sabía era que en el sótano, debajo del escenario, un grupo de cristianos se había reunido en silencio.

Ellos se habían comprometido a orar durante todo el programa para que el caso a favor de Cristo se presentara con todo su poder de convicción y el ateísmo fuera reconocido como la filosofía en bancarrota que es.

Como pronto descubriríamos, sus oraciones serían contestadas de una forma abrumadora.

Craig empezó presentando cinco poderosos argumentos a favor de Dios y el cristianismo. Primero, el principio del universo apunta con claridad hacia un Creador («Todo lo que empieza a existir tiene una causa; el universo empezó a existir; por consiguiente, el universo tiene una causa»). Segundo, la increíble sincronización detallada del universo desafía la casualidad y exhibe la obra de un diseñador inteligente. Tercero, nuestros valores morales objetivos constituyen una evidencia de que hay un Dios, puesto que solo él pudo establecer la norma universal del bien y el mal. Cuarto, la evidencia histórica de la resurrección —incluyendo la tumba vacía, los relatos de los testigos oculares, y el origen de la fe cristiana— establecen la divinidad de Jesús. Y quinto, los que buscan a Dios pueden conocerlo de inmediato y tener una experiencia con él.

A pesar de los retos repetidos de Craig, Zindler eludió presentar un caso afirmativo a favor del ateísmo. Más bien señaló que la evolución biológica «es el repique de muerte del cristianismo», que no hay evidencia convincente de que Jesús en realidad vivió, y que la existencia del mal es un argumento en contra de Dios.

Para sorpresa del público, Craig de inmediato utilizó los propios argumentos de Zindler para refutarlo. Destacó que si la evolución en efecto ocurrió a pesar de las probabilidades prohibitivas en su contra, debe haber sido un milagro, y por consiguiente sería una evidencia adicional de la existencia de Dios.

En cuanto al mal en el mundo, Craig indicó: «Nunca jamás se ha demostrado alguna inconsistencia lógica entre los dos enunciados de que "Dios existe" y "el mal existe"». Además, añadió, en un sentido más profundo la presencia del mal «en realidad demuestra la existencia de Dios, porque sin Dios no habría ningún cimiento moral para llamarle mal a algo». *¡Genial!*, pensé para mis adentros, tratando de mantener una apariencia de neutralidad mientras permanecía sentado entre los dos que debatían.

Al final del debate de dos horas y una sesión de preguntas y respuestas, les pedí a los asistentes que pusieran a un lado sus creencias personales y votaran por el bando que ellos pensaban que había presentado el caso más fuerte. Estaba claro para mí que el cristianismo había despedazado por completo al ateísmo. La única pregunta era, ¿por cuánto margen? ¡Cuando me entregaron los resultados para anunciarlos, descubrí que un total del noventa y siete por ciento declaró que el caso cristiano había prevalecido!

> Tenemos una ventaja injusta en el mercado de las ideas, simplemente porque tenemos la verdad de nuestro lado.

Un descreído tal vez objetaría: «Bueno, por supuesto. Esto tuvo lugar en una iglesia». Sin embargo, también les pedimos a las personas que anotaran su posición espiritual *antes* del debate y *después* de haber oído la evidencia. De los que indicaron que definitivamente no eran cristianos, un abrumador ochenta y dos por ciento concluyó que la evidencia ofrecida a favor del cristianismo era más contundente. ¡Y *sepa esto*: cuarenta y siete personas indicaron que habían entrado como no creyentes, habían oído a ambos lados, y salieron siendo creyentes! *Y ni una sola persona salió convertida en atea.*

Esto fue una contundente afirmación de la evidencia persuasiva a favor del cristianismo. Después del debate, Mark y yo fuimos a su oficina y nos derrumbamos agotados. Habíamos pasado muchas semanas preparándonos para el encuentro en oración ferviente, sin querer nunca parecer presuntuosos en cuanto al desenlace. Al agradecerle a Dios por los resultados, un pensamiento me vino a la mente: *Tenemos una ventaja injusta en el mercado de las ideas, simplemente porque tenemos la verdad de nuestro lado.*

Principio de acción

Usted tal vez nunca participe en un debate entre un cristiano y un ateo. Sin embargo, puede tener la seguridad al conversar con sus amigos escépticos de que la evidencia de la ciencia y la historia respaldan fuertemente su fe. En lugar de ponerse a la defensiva, enojarse o discutir sin necesidad, puede demostrar con toda confianza «gentileza y respeto» como el apóstol Pedro nos dice que hagamos en 1 Pedro 3:15.

Adentrándonos en la aventura

Mi entrenamiento como periodista no me permitiría aceptar la palabra de otro. Y la historia que llegó a mi escritorio un día era demasiado grande, demasiado extraordinaria. Así que tan pronto como recibí la noticia, sabía que tenía que investigar el asunto en persona.

Los periódicos de todo el planeta informaban que Antony Flew, uno de los más renombrados ateos del mundo, había cambiado de parecer. Después de cincuenta años de enseñar en Oxford, Aberdeen y otras universidades de reputación mundial, así como de escribir más de una docena de libros atacando la existencia de Dios, incluyendo *The Presumption of Atheism* [La presunción del ateísmo] y *Atheistic Humanism* [Filosofía humanística atea], Flew declaró en público en el año 2004 que había estado equivocado. Dijo que ahora cree en un Creador sobrenatural.

Cuando al fin tuve la oportunidad de sentarme con el ya canoso Flew, descubrí que era una persona totalmente amable y franca. Incluso a los ochenta y tres años su mente era aguda. Cuando le pregunté qué evidencia le hizo dar un cambio tan drástico en cuanto a su creencia en Dios, explicó:

> Einstein pensó que debe haber una inteligencia detrás de la complejidad integrada del mundo físico. Si ese es un argumento sólido, la complejidad integrada del mundo *orgánico* es justo en extremo mayor: todas las criaturas son piezas complicadas de diseño. Así que un argumento que es importante en cuanto al mundo

físico es inmensurablemente más fuerte cuando se aplica al mundo biológico.

Flew es nada más que uno de los muchos ateos que se han visto impulsados por los descubrimientos científicos en los últimos cincuenta años a concluir que Dios existe. En especial me gustó la forma en que Flew lo dijo: «Tenía que ir a dondequiera que la evidencia me llevara», incluso si esa conclusión le impulsaba a repudiar toda una vida de erudición atea.

La jornada espiritual de Flew continúa. Aunque todavía no es cristiano, muchos otros ateos —incluyendo a Patrick Glynn, educado en Harvard y autor de *God: The Evidence* [Dios: La evidencia] (Three Rivers Press)— han emprendido a regañadientes, como yo, la jornada desde el ateísmo a la fe en Cristo basados en la evidencia de la ciencia y la historia.

¿Qué es lo que quieren decir estas historias para los que somos cristianos? Primero, que podemos descansar tranquilos porque nuestra fe en Cristo está bien cimentada y puede pasar toda prueba. Segundo, que podemos sentir confianza cuando participamos en debates espirituales, sabiendo que hay respuestas a las objeciones más difíciles que los escépticos pudieran levantar. Y tercero, que no necesitamos ganar una discusión basándonos en el volumen de nuestra voz o la intensidad de nuestra retórica. Es más, al hacerlo así nos arriesgamos a molestar al mismo amigo que estamos tratando de alcanzar. Más bien, podemos presentar la verdad en el contexto del amor (Efesios 4:15), con calma pero de manera persuasiva, explicando por qué creemos lo que creemos, mientras que a la vez modelamos el interés permanente de Cristo por la vida y la eternidad de nuestros amigos.

········· ❯Inspiración para la jornada
Y conocerán la verdad, y la verdad los hará libres.
—Juan 8:32

ORACIONES
DESESPERADAS

MARK MITTELBERG

Iba viajando por carretera, dirigiéndome hacia la costa occidental por el estado de Montana. Tomé esa ruta, en parte, a fin de detenerme para visitar a varias amistades en distintas ciudades durante el camino. Una de ellas era Lisa, que vivía en Billings.

Al principio Lisa era solo la amiga de un amigo, pues había salido en un tiempo con uno de mis compañeros más íntimos de la secundaria. Nos conocimos por medio de él, pero poco a poco cultivamos nuestra propia amistad. Así que cuando me entregué a Cristo un año o algo así después de la graduación, Lisa fue una de las primeras personas a las que pensé decírselo.

Decidí que sería más fácil llamarla y explicarle lo que había sucedido en lugar de tratar de escribirle todo en una carta. (¡No, no teníamos correo electrónico o mensajes de texto en ese entonces, pero los teléfonos eran muy comunes!) Usé el teléfono de la casa de mis padres, asegurándoles que yo pagaría el costo de la llamada de larga distancia.

No sé quién se sorprendió más por la cuenta que llegó después de mi conversación de tres horas y media con Lisa... mi papá o yo. Él solo meneó su cabeza y me dirigió una mirada que decía: «¿Qué anda mal con ese muchacho?», pero yo sabía que se sentía agradecido de que por lo menos ahora mis excesos honraban a Dios, a diferencia de lo que ocurría en mis días antes de confiar en Cristo.

Acabé hablando con Lisa varias veces por teléfono, y en cada ocasión percibí una curiosidad espiritual, pero también bastante confusión. Para ella era difícil captar la diferencia entre el cristianismo que le describía y la experiencia general de la religión en que se había criado. Ella creció asistiendo a una iglesia protestante y nunca había rechazado ni se había rebelado abiertamente contra lo que le habían enseñado en sus clases, el catecismo o los sermones dominicales.

Mirando hacia atrás, pienso que Lisa era solo lo suficiente tibia en cuanto a las cosas espirituales como para enmascarar la realidad de que en gran medida ella era fría con relación a lo espiritual. Y aunque era en realidad una buena persona, había poco en su vida que confirmara que fuera una genuina seguidora de Cristo.

Por muchos meses continué el diálogo. A veces la hallaba bastante dispuesta, y en otras ocasiones no quería hablar nada al respecto. Durante ese tiempo mi amigo todavía salía con ella, así que lo acompañé un par de veces a Billings... él buscando un romance y yo esperando causar un impacto espiritual.

Cada vez que conversaba cara a cara con Lisa, percibía que ella se estaba volviendo más receptiva. Pero luego, cuando regresaba a casa, pronto descubría que ella había retrocedido hacia la neutralidad espiritual. Por eso escogí la ruta por Billings durante ese viaje en particular, esperando hablar en persona con ella una vez más.

Nos sentamos en su sala, bebiendo refrescos y poniéndonos al día en cuanto a lo que había estado sucediendo en nuestras vidas. De modo gradual el tema pasó a Dios. Sin embargo, en ese punto solo estábamos transitando por un territorio familiar. Mientras hablábamos, se hizo evidente para mí que ella se sentía cada vez más tensa.

—Escucha, Mark —replicó Lisa al fin de improviso—. No entiendo por qué no puedes simplemente aceptarme tal como soy. Quiero decir, voy a la iglesia y en realidad soy una persona muy religiosa. Me parece que me estás juzgando y que no hay nada que puede hacer para convencerte de que me va bien. Además, ¿no dijo Jesús que no debemos juzgar? ¿Qué te hace a ti mejor que yo después de todo?

Sus palabras me dejaron atónito.

—Lo lamentó, Lisa —empecé, rogando poder hablar con sabiduría—. No quiero dar la impresión de que te estoy juzgando, ni pienso que yo sea mejor que tú. Sin embargo, sabes que te aprecio y quiero tratar de ayudarte a entender y experimentar todo lo que Dios ofrece, porque no hay nada mejor.

Dándome cuenta de que mi respuesta no iba a ninguna parte, de súbito le pregunté a Lisa dónde estaba el baño. Ella pareció sorprenderse de que yo necesitara un receso de modo tan repentino, pero con cortesía me señaló el corredor. Salí incómodo de la sala y fui hacia el baño, en donde cerré la puerta... ¡y de inmediato caí de rodillas en medio de una oración desesperada!

«Por favor, Dios, ayúdame a hablar con Lisa», oré. «En realidad pienso que ella está llevando a cabo actividades religiosas en lugar de tener una relación personal real contigo. Si estoy equivocado, ayúdame a ver eso y a mantener las cosas en paz. Pero si tengo razón, tienes que intervenir de alguna manera... abrir sus ojos... ayudarme a decir las cosas precisas para lograr que al fin ella entienda. Por favor, Padre, guíame y ayúdame en esto, y ayuda a Lisa también».

> «Por favor, Dios, ayúdame a hablar con Lisa», oré. «En realidad pienso que ella está llevando a cabo actividades religiosas en lugar de tener una relación personal real contigo.

Me puse de pie, recuperé mi compostura, y salí sintiéndome mucho más tranquilo y confiado. Cuando reanudamos nuestra conversación, percibí que Lisa estaba comprendiendo mis palabras con mayor claridad. De cualquier manera, sabía que le había entregado la situación a Dios y que la misma estaba en sus manos. Pronto nuestro tiempo juntos llegó a su fin, nos despedimos, y yo dejé la ciudad para continuar mi viaje.

Tres semanas después Lisa me llamó a California.

—¡Al final entendí lo que estabas tratando de decirme durante todo este tiempo! —declaró ella con una voz jubilosa—. No podía dejar de pensar en eso, y para resumir una larga historia, te diré que justo esta semana oré y le entregué mi vida a Jesús. ¡No podía esperar para contártelo!

—¡Eso es asombroso! —fue todo lo que pude decir antes de que ella continuara hablando emocionada.

—Gracias por haber insistido conmigo durante tanto tiempo, haciendo lo que fuera necesario para ayudarme a entender. ¡Y eso incluye —añadió con una risa— irte al baño esa noche en mi casa para poder orar por mí!

¡Me habían pillado!

—*Sabía* que eso era lo que estabas haciendo, y en ese momento en realidad me enfurecí —explicó—. Pero saliste actuando con mucha más intrepidez y tus palabras tuvieron mucho más sentido. Así que gracias por eso también.

Y gracias a Dios, pensé para mis adentros, *porque él responde a nuestras oraciones desesperadas, incluso a las que se ofrecen desde el piso de un baño, conforme buscamos su ayuda en esta gran aventura de alcanzar a otros para Cristo.*

>Principio de acción

Cuando todo lo demás falla… *Dios todavía está con uno.*

Cuando nos falta valor, sabiduría, fuerza o visión… *Dios prevalecerá.*

Cuando nos damos por vencido en nuestros esfuerzos y pensamos que nada está dando resultado… *Dios oye las oraciones desesperadas.*

Y cuando somos débiles… *Dios hace lo mejor.*

>Adentrándonos en la aventura

Soy un hombre de acción. Y al menos hasta cierto grado, apuesto a que usted también es una persona de acción. Nos gusta saber qué anda mal, concebir soluciones, e invertir nuestra energía para hacer los cambios necesarios. Luego, *cuando todo lo demás falla*, oramos y le pedimos ayuda a Dios.

Hablémosle a Dios acerca de nuestros amigos antes de que les hablemos a nuestros amigos sobre Dios.

Parte de esa tendencia es algo natural. Dios nos creó para que solucionáramos los problemas tal como él lo hace. Nos dio inteligencia para que descubramos lo que hay que hacer e ingeniosidad para hacer que sucedan las cosas precisas. Así que cuando nos dedicamos a cumplir los propósitos de Dios en el mundo, por lo general eso es bueno. Sin embargo, si lo hacemos sin buscar primero su dirección, ayuda y poder, no estamos trabajando con sabiduría y no produciremos el pleno impacto que pudiéramos producir.

A menudo hacemos las cosas al revés. Lo intentamos, fracasamos, y luego por último oramos. No obstante, debemos orar primero. Como la Biblia enseña, es necesario orar de antemano. Luego orar durante el camino, y cuando las cosas en realidad se pongan difíciles, orar de nuevo, incluso con más intensidad. Oraciones de desesperación, por así decirlo.

Debemos recordar que nada de valor duradero tiene lugar en esta gran aventura a menos que Dios esté preparando a las personas y atrayéndolas a Cristo, así como equipándonos y fortaleciéndonos a nosotros para hacer nuestra parte al comunicar su mensaje. Como Bill Hybels lo repite a menudo: «Cuando trabajamos, trabajamos *nosotros*; pero cuando oramos, *Dios* obra» (*Too Busy Not To Pray*) [Demasiado ocupado como para no orar] (IVP). Cuando se trata de alcanzar a la familia, los amigos, los vecinos y los compañeros de trabajo, lo que está en juego es simplemente demasiado importante para avanzar solos... necesitamos orar y asegurarnos de que Dios está obrando primero. Entonces podemos unirnos a él y trabajar en equipo llevando a cabo sus actividades en las vidas de los amigos y seres queridos.

Por lo tanto, este es el desafío para hoy: *Hablémosle a Dios acerca de nuestros amigos antes de que les hablemos a nuestros amigos sobre Dios.* Tratemos de hacerlo en ese orden, pero de cualquier manera, sigamos hablando con ambos, confiando en que Dios obrará.

···········>Inspiración para la jornada

Al que puede hacer muchísimo más que todo lo que podamos imaginarnos o pedir, por el poder que obra eficazmente en nosotros, ¡a él sea la gloria en la iglesia y en Cristo Jesús por todas las generaciones, por los siglos de los siglos! Amén.

—EFESIOS 3:20-21

CÓMO REPRESENTAR A JESÚS

LEE STROBEL

A Maggie la habían envenenado en contra de Dios y la iglesia, una consecuencia de su interacción con algunos que profesaban su fe en Cristo, pero que le hicieron daño mientras crecía. Así es como ella describió su experiencia en una carta que me escribió:

> El cristianismo en el que me crié me confundía mucho incluso cuando era niña. Las personas decían una cosa, pero hacían otra. Parecían muy espirituales en público, pero muy abusivas en privado. Lo que decían nunca se reflejaba en lo que hacían. Había tal discrepancia que llegué a detestar el cristianismo, y no quería asociarme con ninguna iglesia.

¡Cuando leí eso, casi ni pude contener mi cólera! Este era un ejemplo clásico de cómo los miembros no auténticos de la iglesia pueden alejar a las personas de Dios. Era una tragedia que a alguien como Maggie se le impidiera tener una experiencia con Cristo debido a los «cristianos cosméticos», cuya espiritualidad superficial se ve muy linda desde afuera, pero no penetra lo suficiente como para cambiar su conducta y actitudes.

Entonces Maggie leyó en el periódico sobre un debate venidero entre un cristiano y un ateo en nuestra iglesia en el cual yo actuaría como moderador. *¡Perfecto!*, pensó ella. *Esta es una gran* *oportunidad para ver a un ateo triunfar sobre un cristiano.* No obstante, para su desilusión, resultó lo opuesto. Ella se quedó perpleja al ver que el cristiano presentó argumentos persuasivos para creer en Cristo que el ateo jamás pudo refutar.

Como su curiosidad se había despertado, Maggie comenzó a aventurarse con cautela hacia nuestra iglesia. Me escribió cartas largas haciendo montones de preguntas en cuanto a Dios y la Biblia. Hice lo mejor que pude para responderlas, pero al final le dije: «Maggie, pienso que le vendría bien unirse a un grupo pequeño en el cual varios buscadores se reúnen con una pareja de dirigentes cristianos para investigar cuestiones relacionadas con la fe». Ella aceptó con gusto.

Poco después Maggie me escribió otra penetrante carta. En la misma nos provee una percepción de lo que las Maggies del mundo están buscando en cristianos como usted y como yo. Al leerla, note las cualidades que ella buscaba con desesperación:

Cuando llegué a [la iglesia] Willow Creek y a mi grupo pequeño, necesitaba que se me mostrara gentileza. Necesitaba que se me permitiera hacer cualquier pregunta. Necesitaba que mis dudas se tomaran en serio. Necesitaba que me trataran con respeto y consideración.

Más que nada, necesitaba ver a personas que practican lo que predican. No estoy buscando que sean perfectas, pero sí busco que sean reales. *Integridad* es la palabra que me viene a la mente. Necesitaba oír a personas reales hablando de la vida real, y necesitaba saber si Dios es, o puede ser, una parte de esa vida real.

¿Se interesa Dios por las heridas que tengo? ¿Se preocupa de que necesite un lugar para vivir? ¿Puedo en algún momento llegar a ser una persona plena y sana? He hecho estas preguntas en mi grupo. No se han reído de mí, ni me han ignorado, ni me han mirado con desdén. No me han empujado ni presionado de ninguna manera.

No entiendo el interés que me han ofrecido. No entiendo por qué los líderes parecen no tenerle miedo a las preguntas. Ellos no dicen cosas como: «Solo tienes que tener fe» o «Debes orar más». No parecen tener miedo de decir lo que son. *Parecen genuinos.*

Maggie terminaba su carta con un poema que había escrito para los creyentes que dirigían su grupo. Sin embargo, la primera vez que lo leí me di cuenta de que es algo que todo cristiano debe leer. Por favor, permita que sus sentimientos inunden su corazón. Imagínese que Maggie le está hablando directamente a usted, porque, en cierto sentido, lo está haciendo:

¿Sabes,
entiendes,
que tú representas a Cristo ante mí?

¿Sabes,
entiendes,
que cuando me tratas con gentileza,
eso hace que surja en mi mente la cuestión
de que él tal vez también es gentil?
Tal vez no es alguien
que se ríe de mí cuando yo sufro.

¿Sabes,
entiendes,
que cuando escuchas mis preguntas
y no te ríes,
yo pienso: «¿Qué tal si Jesús también se interesa por mí?»

¿Sabes,
entiendes,
que cuando te oigo hablar de tus discusiones
y conflictos, y de las cicatrices de tu pasado,

*pienso: «Tal vez soy también una persona normal
en lugar de una chiquilla mala, que no sirve para
nada,
que se merece el abuso?»*

*Si te interesas,
pienso que tal vez él se interesa,
y entonces hay una llama de esperanza
que arde dentro de mí,
y por un momento tengo miedo de respirar
porque a lo mejor se apaga.*

*¿Sabes,
entiendes,
que tus palabras son sus palabras;
que tu rostro es el rostro de él
para alguien como yo?*

*Por favor, sé lo que dices ser.
Por favor, Dios, no dejes que esto sea otra burla.
Por favor, que sea real.
¡Por favor!*

*¿Sabes,
entiendes,
que tú representas
a Cristo ante mí?*

Las lágrimas inundaron mis ojos cuando leí por primera vez ese poema. Sentí una punzada de remordimiento por las veces en que los buscadores espirituales han mirado hacia mi vida y no han visto a Jesús. Lamenté las ocasiones en que con mi dureza, mi indiferencia, o simplemente por el hecho de estar atareado puede haber sido un tropiezo para alguien en su jornada espiritual. Resolví una vez más simplemente ser genuino con Dios y ante los demás.

Las palabras de Maggie fueron tan poderosas que quise leérselas a toda nuestra congregación, así que la llamé para pedirle permiso.

—Maggie, me encantó su poema —dije—. ¿Estaría bien si lo leo en todos los servicios este fin de semana?

—Ah, Lee —respondió ella—, ¿no se ha enterado?

Mi corazón se encogió. ¿Y ahora qué? ¿Había ella encontrado a otro cristiano nada auténtico que la alejó de Dios?

—No, Maggie —dije temblando—. No me he enterado de nada. Cuénteme lo que pasó.

Su voz se alegró.

—No, Lee, son *buenas* noticias —declaró ella—. ¡Hace unas noches le entregué mi vida a Jesús!

Casi salté de la silla.

—¡Maggie, eso es fantástico! —exclamé—. Pero tengo curiosidad por saber qué la hizo cruzar esa línea de fe. ¿Qué pieza de evidencia la convenció de que la Biblia es verdad? ¿Qué hechos desenterró que al final establecieron que la resurrección es real?

> Los buscadores espirituales no están buscando la perfección en los cristianos que se encuentran. No obstante, lo que sí quieren es autenticidad;

Después de todo, eran cuestiones intelectuales de ese tipo las que habían desempeñado un papel importante para conducirme a mí a la fe.

—No, no fue nada de eso para mí —replicó ella.

—Entonces, ¿qué fue?

Sentí a través del teléfono como si se encogiera de hombros.

—Pues bien —dijo ella—, simplemente encontré a un montón de gente que fueron para mí como Jesús.

Solté un suspiro. Qué lección para mí y todo cristiano: después que Maggie oyó la evidencia a favor del cristianismo en el debate, lo que más necesitaba eran personas que fueran sal y luz para ella... tal como Jesús propuso en su estrategia asombrosa que todavía se mantiene vigente, después de dos mil años, para cambiar el mundo una vida a la vez.

>Principio de acción

Los buscadores espirituales no están buscando la perfección en los cristianos que se encuentran. No obstante, lo que sí quieren es autenticidad; es decir, una correspondencia entre sus creencias y su conducta, entre su carácter y su credo. Por desdicha, cuando carecemos de integridad les damos a las personas una excusa más para evadir a Dios. Más bien, para usar las palabras de Maggie, solo necesitamos ser *reales.*

>Adentrándonos en la aventura

Cuando Jesús les dijo a sus seguidores que fueran sal y luz, utilizó esas metáforas de una forma positiva: la sal hace que otros tengan sed de Dios, en tanto que la luz ilumina la verdad y hace brillar la compasión en los lugares oscuros de la desesperanza. Sin embargo, la sal y la luz pueden tener connotaciones negativas también. La sal produce ardor cuando se frota sobre una herida, y la luz hace que las personas desvíen los ojos cuando alguien no apaga los reflectores altos del auto en una carretera de dos carriles. De manera similar, los cristianos que no son auténticos pueden hacer que otros se alejen de Dios.

Antes de que Leslie y yo llegáramos a la fe, vivíamos en el mismo edificio de un condominio que Linda y Jerry, los cuales eran cristianos. En ese tiempo tal vez ellos no se daban cuenta de cuánto escudriñábamos nosotros sus vidas con nuestro «radar de hipocresía», pero nos manteníamos de modo instintivo tratando de discernir si eran genuinos.

Lo que vimos fue un espíritu gentil de aceptación hacia nosotros, mucho más humildad que orgullo, una disposición a reconocer cuándo se equivocaban, un afán de reconciliarse si surgía un conflicto, una voluntad de reconocer las aristas ásperas de su carácter y un esfuerzo sincero para limarlas, una negativa a fingir pretendiendo que la vida cristiana siempre era feliz, y un reconocimiento de que a veces luchaban con su fe. No obstante, por encima de todo, vimos un deseo honesto en ellos de llegar a ser poco a poco más como Jesús con el paso del tiempo. En los términos de Maggie, eran *reales*. Y como resultado, ambos fueron grandes influencias en nuestra jornada hacia Cristo.

Ahora bien, no quiero ponerlo nervioso, pero usted tiene que saber algo: *Lo están observando*. Sus amigos y vecinos están examinando su vida con su radar de hipocresía, ya que quieren saber si usted es auténtico. Lo que observan bien puede servirles de tropiezo o impulsarlos hacia adelante en su jornada espiritual.

Así que añada esta realidad a sus razones para andar con Jesús de una manera genuina y humilde, día tras día: sus amigos, vecinos y compañeros de trabajo cuentan con ello.

Inspiración para la jornada

Ustedes son la sal de la tierra ... Ustedes son la luz del mundo. Una ciudad en lo alto de una colina no puede esconderse. Ni se enciende una lámpara para cubrirla con un cajón. Por el contrario, se pone en la repisa para que alumbre a todos los que están en la casa.
—Mateo 5:13-15

UN CANDIDATO IMPROBABLE

MARK MITTELBERG

En los barrios alrededor de la iglesia donde Lee y yo estábamos sirviendo vivían personas con muchos trasfondos religiosos, incluyendo a unos cuantos judíos. Queríamos alcanzarlos, de una manera respetuosa pero directa, y darles la oportunidad de oír las afirmaciones de Jesús. Así que hicimos arreglos para utilizar el santuario principal de la iglesia, invitamos a un predicador, y promovimos la actividad por toda la comunidad.

Le llamamos: «Una sorpresa para el escéptico». El orador fue Stan Telchin, autor de un poderoso libro que había leído hacía poco, titulado *Betrayed!* [¡Traicionado!] (Chosen). El libro, así como también la charla de Stan esa noche, describió el impacto que él y su esposa Ethel recibieron cuando su hija mayor les llamó desde la universidad para decirles que había confiado en Cristo como su Mesías. Ellos se preguntaron: *¿Cómo pudo sucederle esto a la hija de unos padres judíos consagrados?*

Stan quedó tan devastado que suspendió su participación en su empresa de seguros el tiempo suficiente como para investigar los hechos. Quería reunir toda la información necesaria para ayudar a su hija a salir de cualquier «secta» que la hubiera seducido.

Tal vez usted adivine lo que sucedió: mientras más Stan estudiaba, más se convencía —contra sus expectativas, tradiciones y deseos— de que debía dar el mismo paso que su hija había dado. No solo él llegó a ser un seguidor de Cristo, sino que al final su esposa y su otra hija también lo fueron.

Yo había subestimado la reacción que una actividad de alcance como esta podía producir. Asistieron cientos de personas, trayendo consigo toda clase de preguntas y retos. Una de ellas era un hombre de negocios judío llamado Don Hart, que sintió una mezcla de curiosidad y escepticismo mientras escuchaba a Telchin relatar su historia. Más tarde, Don no podía quitarse de la mente el mensaje. De repente estaba considerando algunas preguntas espirituales en las que nunca antes había pensado, así que decidió llegar al fondo de todo encontrando a uno de los organizadores de la actividad: *A mi.*

De inmediato percibí la sinceridad de Don cuando nos reunimos en mi oficina. Él no venía para atacar lo que había oído; por el contrario, escuchó de un modo genuino mientras yo trataba de responder a sus preguntas. En realidad, anotó muchas de mis respuestas, tomando nota de los nombres de los libros que le animé a leer.

> Jesús dijo que si las personas buscan, hallarán, así que continué animándome con el hecho de que Don estaba buscando con sinceridad,

Cuando nos reunimos de nuevo, como una o dos semanas después, él trajo consigo uno o dos de esos libros, con las páginas marcadas y señaladas. Siempre llegaba a nuestras reuniones con un par de preguntas nuevas, y yo empezaba a pensar que si alguien buscara la palabra *inquisitivo* en el diccionario… ¡hallaría allí un retrato de Don!

Lo que más se destacaba en mi mente era que Don exhibía un interés muy intenso en las ideas nuevas y retadoras, mientras que al mismo tiempo albergaba una resistencia muy fuerte hacia lo que aprendía. Mientras más nos reuníamos, mayor era la tensión.

Tengo que admitir que hubo veces en que me preguntaba, aunque nunca en voz alta, si él alguna vez tomaría una decisión. Sabía que la combinación de la naturaleza escéptica de Don y su trasfondo no cristiano le convertían en un candidato improbable para abrazar a Cristo. A veces me vi tentado a darme por vencido, pero él siguió mostrando interés y siempre quería que nos reuniéramos de nuevo. Recordé que Jesús dijo que si las personas buscan, hallarán, así que continué animándome con el hecho de que Don estaba buscando con sinceridad, por lo que a la larga él debería llegar a la parte de hallar también.

De modo increíble, todo culminó cuando Don empezó a hablar, *entre todas las cosas*, acerca de ir a un seminario. Al principio pensé que estaba medio bromeando, considerando algo que sabía que jamás haría. Es decir, hasta el día que me preguntó si yo podía escribirle una carta de recomendación para ayudarle a ingresar en una universidad superior evangélica de primera categoría.

«Con gusto haré eso, Don», respondí, «excepto que pienso que usted tiene las cosas algo fuera de orden. ¿No piensa que sería una buena idea convertirse primero en cristiano y luego considerar ir al seminario?»

Don sonrió, y guiñándome el ojo admitió que había cierta lógica en ese enfoque. Esto condujo a una conversación sobre algunas de las preocupaciones que todavía estaban obstaculizando su progreso espiritual: *¿Pudiera ser que las profecías mesiánicas del Antiguo Testamento en realidad apuntaran a Jesús de Nazaret? ¿Proveyó Jesús en verdad evidencia de que él era el Mesías? ¿Hay razones sólidas para creer en los milagros de Jesús, en especial en la resurrección? ¿Podría ser que él, un hombre judío, se convirtiera en seguidor de Jesús sin perder su identidad?*

Por último, después de un diálogo que en su mayor parte incluyó una información que ya habíamos tratado previamente, Don reconoció que había hallado respuestas satisfactorias a la mayoría de sus preguntas. Aunque siempre habría más de qué hablar, él había llegado al punto de confiar en que la evidencia respaldaba las afirmaciones de Jesús. También entendió que no abandonaría su «calidad de judío» al convertirse en seguidor de Cristo. Así que al fin, con gozo y esperanza, oró conmigo para recibir a Jesús como su Mesías y Salvador.

Don ha estado viviendo una aventura emocionante desde ese día... ¡una que ni él ni yo esperábamos! Aunque tenía ya más de cincuenta años, se matriculó en un seminario, en donde amplió con rapidez su conocimiento acerca de Dios y la Biblia. Un par de años más tarde se graduó, y hoy trabaja a tiempo completo como asesor bíblico, animando a las personas en su desarrollo espiritual. De tiempo en tiempo incluso ora con alguien para que confíe en Jesús, tal como él lo ha hecho.

Hace poco llamé a Don, y aunque ahora vivimos separados por muchos kilómetros y no habíamos hablado en años, al instante sentimos de nuevo la misma camaradería espiritual que disfrutábamos entonces... esa que resulta de ser verdaderos hermanos en Cristo.

··········>Principio de acción

¿A quiénes en su vida ha descartado pensando que son «candidatos improbables» para Cristo? Tal vez usted está diciendo que no por ellos antes de que hayan tenido la oportunidad de decirle que sí a Dios. Pídale a Dios que le dé esperanza y una visión fresca para estas personas, y empiece a orar y actuar como si creyera lo que la Biblia dice: «Él tiene paciencia con ustedes, porque no quiere que nadie perezca sino que todos se arrepientan» (2 Pedro 3:9).

··········>Adentrándonos en la aventura

He conocido a deslumbrantes actores de Hollywood, atletas famosos, desaliñados astros de rock, intelectuales brillantes, ejecutivos acomodados de corporaciones y fiesteros consuetudinarios —así como también a uno de los individuos más interesantes que jamás he conocido: Lee Strobel— todos los cuales parecían en un momento personajes altamente improbables para llegar a ser seguidores de Jesús. Hoy son sus apasionados discípulos, participando con entusiasmo ellos mismos en aventuras evangelizadoras.

> ¿A quiénes en su vida ha descartado pensando que son «candidatos improbables» para Cristo?

Felizmente alguien no se dio por vencido con respecto a ellos, sino que más bien siguió orando, buscándolos, arriesgándose en las conversaciones, invitándoles a actividades de alcance, y amándolos incluso cuando eso era difícil. Con el tiempo el Espíritu de Dios prevaleció y su amor se abrió paso. Y si *ellos* pudieron seguir a Jesús, también lo podrán sus familiares y amigos que parecen tan lejos de él.

Traiga a su mente a las personas que usted conoce pero duda que puedan ser alcanzadas. Mejor todavía, anote sus nombres o imprima sus retratos y manténgalos es un lugar privado de oración. Pensando en estas personas una por una, considere:

1. Si sus pecados están cubiertos por la muerte de Cristo en la cruz cuando él se convirtió en «sacrificio por el perdón de nuestros pecados, y no sólo por los nuestros sino por los de todo el mundo» (1 Juan 2:2).

2. Si tal persona está incluida en el grupo que Dios tenía en mente cuando «tanto amó Dios al mundo, que dio a su Hijo unigénito, para que todo el que cree en él no se pierda, sino que tenga vida eterna» (Juan 3:16).

3. Si es una de las personas con respecto a las cuales Dios dijo: «Él tiene paciencia con ustedes, porque no quiere que nadie perezca sino que todos se arrepientan» (2 Pedro 3:9).

4. Si está entre aquellos en los que Jesús pensaba cuando dijo: «Ciertamente les aseguro que el que oye mi palabra y cree al que me envió, tiene vida eterna y no será juzgado, sino que ha pasado de la muerte a la vida» (Juan 5:24).

¡Es difícil imaginarse a alguien que estos versículos no incluyan! Note a quiénes se les hace la oferta: «todo el mundo», «todo el que cree», «todos» los que se humillan, admiten su pecado y se vuelven a Cristo.

¿Por qué no dar pasos hoy para cooperar con el Espíritu Santo a fin de alcanzar a las personas que usted ama y que tanto quiere que respondan al evangelio? No tiene nada que perder; y sus seres queridos tienen mucho que ganar.

·········>Inspiración para la jornada

A la verdad, no me avergüenzo del evangelio, pues es poder de Dios para la salvación de todos los que creen: de los judíos primeramente, pero también de los gentiles.
—ROMANOS 1:16

ORANDO CON PERSISTENCIA

LEE STROBEL

No estoy seguro de por qué hice la pregunta. Tal vez fue debido a mi curiosidad natural. O tal vez brotó producto de mis años de experiencia como un reportero que siempre está interrogando. De cualquier manera, me pareció que había sido estimulada por el Espíritu Santo.

El día empezó como una celebración de la gracia de Dios. Cientos de nuevos seguidores de Cristo se habían aglomerado en nuestra iglesia para afirmar públicamente su fe mediante el bautismo, mientras sus amigos, familiares y miembros de la comunidad los observaban. Cada candidato al bautismo llevaba un ramito de flores, y se les había dicho que podían invitar a alguien —tal vez a un familiar o a la persona que les condujo a Cristo— para que les acompañara mientras se dirigían a la plataforma.

Yo era uno de los pastores que celebrarían los bautismos, lo que siempre era algo muy satisfactorio para mí. Pocas cosas inspiran más que ver los ojos de alguien redimido hace poco tiempo atrás por la gracia de Dios y oírle reafirmar su decisión de seguir a Cristo. A veces la voz se les quiebra mientras tratan de aguantar las lágrimas; en otras ocasiones, no pueden evitar una sonrisa y sus rostros simplemente irradian gratitud.

Con sus más de sesenta años, una mujer, llevando su ramito, se acercó para que la bautizara. Junto a ella había un hombre fornido, de aspecto rústico, que parecía tener unos pocos años más que ella. Parecía un obrero de la construcción, con su piel curtida marcada profundamente por las arrugas. Apuesto que ni siquiera necesitaba un martillo para insertar un clavo... ¡posiblemente podía hacerlo con el puño! Era indudable que no llevaría un ramito.

Me dirigí a la mujer:

—Así que está aquí para ser bautizada —dije.

Ella rebosaba de alegría.

—Ah, sí, lo estoy —declaró.

Sonreí ante su respuesta.

—¿Ha recibido a Jesucristo como su Salvador y Señor? —le pregunté, aunque la pregunta era solo una formalidad después de haber visto a Jesús reflejado con tanta claridad en sus ojos.

—De todo corazón —respondió ella asintiendo con entusiasmo.

Estaba a punto de bautizarla cuando miré al hombre que estaba a su lado. Él había estado escuchando con atención lo que estaba diciendo.

—¿Es usted su esposo? —pregunté.

Él se enderezó.

—Pues sí, lo soy —dijo como si nada.

Fue ahí cuando la pregunta surgió en mi mente. En todos los cientos de bautismos que he celebrado, nunca había hecho esto antes. Sin embargo, para un periodista, esta habría sido la pregunta obvia para hacer. Así que le pregunté con un tono sincero e interesado:

—¿Le ha entregado *usted su* vida a Cristo?

Pareció sorprendido y ofendido. Por apenas un instante me clavó la vista. Luego su cara se retorció en una expresión de dolor, y no supe lo que iba a suceder. ¡Pensé que iba a darme un puñetazo! No obstante, de repente estalló en lágrimas, llorando de un modo incontrolable, con sus hombros temblando mientras trataba de recuperar el aliento.

—No, no lo he hecho —se las arregló para decir entre sollozos—. ¡Pero quiero hacerlo ahora mismo!

Mis rodillas casi me fallan. ¡No podía creer que esto estuviera sucediendo! Miré hacia el auditorio, buscando algo de dirección en cuanto a qué debía hacer.

—Pues bien, de acuerdo —dije al fin.

Y con eso, mientras miles de personas miraban, él confesó que era un pecador, recibió el perdón de Cristo, y tuve el privilegio de bautizarlo junto a su esposa.

¡Fue un momento glorioso en medio de una celebración fabulosa! Él casi ni parecía el mismo hombre mientras se encontraba parado junto a otras veintenas de personas que había sido bautizadas y cantaban: «Sublime gracia». Su sonrisa era tan amplia y entusiasta como la de su esposa.

Luego, al final del servicio, justo cuando bajaba de la plataforma, otra mujer que no conocía se me acercó a toda prisa y me echó los brazos al cuello. Mientras gimoteaba sobre mis hombros, todo lo que pude oír que decía era:

—Nueve años, nueve años, nueve años...

Como usted podrá imaginarse, me sentí algo abochornado.

—Discúlpeme, ¿quién es usted? —pregunté—. ¿Y qué quiere decir con eso de "nueve años"?

Alzó sus ojos para mirarme, los cuales estaban enrojecidos por las lágrimas.

—La señora que usted bautizó es mi cuñada, y fue a mi hermano al que condujo a Cristo y bautizó junto con ella —explicó—. He estado orando por ese hombre durante nueve largos años, y todo el tiempo jamás he visto ni el menor indicio de interés espiritual. Sin embargo, ¡mire lo que Dios hizo hoy!

Al instante un pensamiento me vino a la mente: *He aquí a una mujer que se alegra de no haber dejado de orar durante nueve años.*

Y no obstante, mientras usted lee esto, tal vez está diciéndose a sí mismo: *Pues bien, ella estaba apenas empezando.* Porque usted ha estado orando por un hijo descarriado durante diez años, o por un padre o una madre confundidos espiritualmente durante quince años, o por un buen amigo de la secundaria durante veinte años. Y en todo ese tiempo no ha visto ni la menor evidencia de algún despertamiento espiritual en ellos. Mil veces se ha visto tentado a dejar de orar por esas personas. ¿De qué sirve? ¡Nada sucede! Sin embargo, esta mujer le dirá que *nunca se dé por ven-*

149

cido. Nunca deje de orar. Nunca deje de llevar ante el trono de la gracia a sus seres queridos.

Yo soy el primero en admitir que no entiendo todo en cuanto a la oración. Sé que Dios permite que cada persona decida si debe o no seguirle, y no podemos imponerle a nadie nuestra voluntad, por más que nos gustaría. Con todo, soy lo suficiente ingenuo como para creer lo que la Biblia dice: «La oración del justo es poderosa y eficaz» (Santiago 5:16). En verdad, me gustaría citar una frase popular atribuida a una misionera: «Cuando oro, suceden coincidencias. Cuando no oro, no suceden».

> Nunca se dé por vencido. Nunca deje de orar. Nunca deje de llevar ante el trono de la gracia a sus seres queridos.

«Coincidencias» tales como que un antiguo periodista preguntón bautizara a una mujer y no pudiera resistirse a hacerle una pregunta crucial al esposo de esta.

▶Principio de acción

Después de cansarnos de orar que un cónyuge, amigo, vecino o pariente ponga su fe en Cristo, a menudo nos damos por vencidos y salimos en busca de algún «truco evangelizador» que pudiera funcionar mejor. No obstante, si la Biblia tiene razón cuando dice que la oración puede ser «poderosa y eficaz», nuestro mejor curso de acción es siempre darle prioridad a la oración, pidiendo de continuo que Dios intervenga en la vida de esa persona.

▶Adentrándonos en la aventura

¿Alguna vez se ha detenido a pensar en que las oraciones de Jesús por los perdidos espiritualmente continuaron justo hasta su aliento final en la cruz? Como el pastor británico John Stott observó en *The Message of the Sermon on the Mount* [El mensaje del Sermón del Monte] (IVP):

> Jesús parece haber orado por sus verdugos incluso mientras los clavos de hierro le atravesaban las manos y los pies; en verdad, el tiempo imperfecto [del relato

bíblico en griego] sugiere que él seguía orando, continuaba repitiendo su ruego: «Padre, perdónalos, porque no saben lo que hacen».

Si Jesús oró por sus enemigos todo el tiempo hasta llegar a la misma tortura de la crucifixión, ¿no es lo menos que podemos hacer orar por las personas que queremos y nos interesamos, pero que viven en callada rebelión contra Dios? Cuando dejamos de orar por las personas es como si ya hubiéramos tomado una decisión por ellas. En realidad, estamos decidiendo que tal individuo jamás le entregará su vida Cristo. Sin embargo, ¿cómo podemos posiblemente hacer eso cuando tantas personas improbables —¡incluyéndome a mí mismo!— de un modo inesperado han acabado formando parte de la familia de Dios? Estoy seguro de que algunos de mis amigos cristianos se habían dado por vencidos con respecto a mí, pero estoy agradecido de que mi esposa y Dios nunca lo hicieron.

Recuerdo haber hablado con un hombre que recibió a Cristo durante su adolescencia en una concentración de Billy Graham. Él trató de convencer a su obstinado hermano mayor para que siguiera a Cristo, pero este siempre lo rechazó. El hermano mayor se graduó en leyes en Harvard y llegó a ser un abogado de mucho éxito en Los Ángeles, rehusándose de forma persistente a considerar las afirmaciones de Cristo. El hombre me contó cómo había orado por su hermano durante cuarenta y ocho años y trescientos cuarenta y ocho días. ¡En realidad llevó la cuenta!

Finalmente le dio a su hermano un ejemplar de mi libro *El caso de Cristo* en Navidad, poco después de que al mismo le diagnosticaran cáncer terminal del hígado. Dios usó el libro para apelar a su mente de abogado, y acabó entregando su vida a Cristo en su lecho de muerte.

«¿Alguna vez sintió deseos de darse por vencido con respecto a su hermano?», le pregunté al hombre que había estado orando por él durante casi medio siglo.

La pregunta lo tomó de sorpresa. «No», dijo. «Por supuesto que no. Era mi hermano. Lo quería. *¿Qué más podía hacer que orar por él?*»

Así que permítame hacerle una pregunta: ¿Por quién ha dejado ya de interceder? ¿Por qué persona en su vida una vez oró de manera ferviente, constante y específica, y sin embargo, con el correr de los años simplemente dejó de orar? He aquí un ejercicio: traiga el rostro de ese individuo a su mente. Dedique un tiempo en este mismo momento para llevarlo a Dios en oración, y luego comprométase a interceder por él con regularidad.

> La oración no es solo una cosa más que podemos hacer. Es lo mejor que podemos hacer por alguien.

Después de todo, la oración no es solo una cosa más que podemos hacer. Es lo mejor que podemos hacer por alguien.

❯Inspiración para la jornada

La oración del justo es poderosa y eficaz.
—SANTIAGO 5:16

REDENCIÓN JUNTO AL CAMINO

MARK MITTELBERG

Detesto admitirlo, pero me intimidaba la inteligencia de Kyle. Él era uno de los estudiantes más inteligentes de nuestra secundaria en la que ambos nos graduamos hacía unos pocos años atrás. A la larga yo me fui a la universidad, tomando al fin un poco más en serio mis propios estudios, pero en el ínterin me sentía asombrado de Kyle, que parecía saber tanto de tantas cosas.

Por eso me sorprendió cuando él mostró tanto interés en mi fe hallada hacía un poco tiempo atrás. Debido a que lo admiraba tanto, no supe cómo responder. Felizmente él estaba buscando de una forma genuina, así que me llamó una noche y me preguntó si podíamos reunirnos para continuar la conversación espiritual que habíamos empezado con anterioridad. Acepté con algo de vacilación, ofreciéndome a ir a buscarlo y traerlo.

No me sentía seguro acerca de en qué me estaba involucrando. Al salir al aire frío de la noche, encender el auto y empezar a conducir hasta la casa de Kyle, le pedí a Dios sabiduría. Me imaginaba que necesitaría la ayuda divina solo para intentar entender las sabias preguntas de Kyle... ¡y luego *definitivamente* iba a necesitar la ayuda de Dios para pensar en algunas buenas respuestas!

Él subió a mi auto y decidimos dar un paseo y hablar. Esto proveyó una mezcla útil de privacidad y enfoque para nuestra conversación, sin experimentar demasiada intromisión. A menudo hacía tal cosa cuando hablaba de mi fe con mis amigos... ¡en especial en ese entonces que la gasolina era barata!

Al poco rato nos encontramos hablando de las materias que estábamos estudiando en la universidad. Él trató de explicarme una escuela filosófica en particular que le había interesado, pero yo nunca había oído hablar de ella.

—¿Exiten... *qué?* —le pregunté.

—No se deriva de la palabra *éxito* —explicó Kyle con paciencia— sino de la palabra *existir.* Se llama *existencialismo,* y lo promovían pensadores tales como Jean-Paul Sartre, Federico Nietzsche, e incluso el filósofo cristiano Søren Kierkegaard.

Decidimos dar un paseo y hablar. Esto proveyó una mezcla útil de privacidad y enfoque para nuestra conversación, sin experimentar demasiada intromisión.

—Está bien —dije, haciendo el esfuerzo por entender de qué estaba hablando—. ¿Y de qué manera se relaciona eso con tus preguntas acerca de Dios?

Kyle hizo otro esfuerzo por aclarar su posición, pero al final decidí que debía procurar encaminar la conversación en una dirección diferente.

—Permíteme decirte algo, Kyle —interrumpí—. Tal vez tú puedas ayudarme a entender lo que es el *exitenci...* ese, la filosofía que estás estudiando, y quizás yo podría entonces darte unas cuantas ideas con relación a algunas de tus preguntas. Sin embargo, en este momento me parece que hay una información más amplia acerca de Jesús y el mensaje central de la Biblia que es importante que entiendas. Y puesto que soy relativamente nuevo en todo esto, me gustaría que escucharas una cinta de una charla que un predicador cristiano dio hace poco, la cual pensé que en realidad sería clara y útil. ¿Te parece bien?

—Seguro —respondió Kyle.

Aliviado, introduje el casete en el reproductor de cintas de mi auto (un equipo estándar en ese entonces) y dejé que la grabación explicara el mensaje por mí. Eso me dejó en libertad para conducir por todas partes durante cuarenta y cinco minutos a través de las carreteras rurales en las afueras de la ciudad, mientras oraba que el evangelio le llegara.

Cuando se acabó la cinta, apagué el equipo y dejé transcurrir un minuto de silencio a fin de permitir que el poderoso mensaje surtiera efecto. Luego dije:

—Pues bien, Kyle, ¿qué piensas?

Pude decir por la expresión de su cara que la cinta le había impactado de un modo profundo.

—Nunca he oído nada como eso —dijo con un gran asombro en su voz—. En realidad un mensaje poderoso.

Me sorprendió que no quisiera discutir nada de lo que había dicho el predicador. Puesto que parecía tan receptivo, decidí preguntarle de forma directa:

—¿En dónde te ves a ti mismo ahora en términos de tu relación personal con Dios?

Sus próximas palabras me asombraron.

—Pienso que debo hacer lo que ese hombre decía y pedirle a Dios perdón y dirección para mi vida.

Vaya, pensé, *¿qué pasó con todas las preguntas filosóficas?* Ahora que tales preguntas parecían haberse disipado y todo indicaba que Dios estaba obrando, solo seguí la corriente.

—Pues bien, Kyle, en realidad no es difícil de hacer. Puedo estacionarme y podemos orar aquí mismo —dije.

¡Como si fuera perfectamente normal que la gente se detuviera al borde de una carretera a las once de la noche y le entregara su vida a Cristo! No había querido decir justo eso, sino que mi tono fue como si indicara: *¡Oye, no hay problemas con eso!* Sin embargo, él respondió de inmediato:

—Está bien, hagámoslo.

¡Y lo hicimos! Detuve el carro cerca del próximo cruce, y bajo el suave resplandor de la luna dirigí a Kyle en una oración sencilla. Con sus propias palabras pidió perdón y la dirección de Cristo. Cuando dijo «amén» al final, lo felicité por hacer la decisión más importante de su vida.

En las semanas que siguieron hice todo lo que pude para ayudarle a Kyle a estudiar la Biblia, pasar un tiempo con Dios y asistir a una buena iglesia, así como también a nuestro grupo de estudio bíblico cuando estuviera en la ciudad. También lo animé para que le hablara de su fe a sus amigos en la universidad. Apenas habían pasado unos pocos meses cuando me contó que había decidido inscribirse para un viaje del ministerio al extranjero, en el cual tendría la oportunidad de servir a personas de una cultura diferente y hablarles de lo que significa seguir a Jesús.

> No deje que lo que usted piensa que no puede hacer, le impida llevar a cabo lo que sabe que sí puede hacer.

Kyle se marchó en ese viaje y yo me mudé poco después. No lo he visto durante años, pero sé que cuando nos encontremos de nuevo, él tendrá la sorpresa de su vida cuando sepa que yo también estudié para conseguir mi maestría en —*de todas las cosas*— filosofía de la religión.

¡Ahora hasta yo sé lo que quiere decir *existencialismo!*

>Principio de acción

¿No se siente listo para hablar de su fe en ciertas situaciones? ¡Bienvenido al club! Sin embargo, ¿puede conducir un auto y tal vez colocar una grabación de un mensaje apropiado en un disco compacto? ¿O indicarle a su amigo un sitio en la Internet, un foro, o un ministerio eficaz a través de un programa de radio o televisión? ¿O invitarlo a su iglesia o a alguna conferencia, clase, concierto, actividad de alcance o película cristiana? ¿O darle a su amigo un buen libro, tal vez *el* Buen Libro? *No deje que lo que usted piensa que no puede hacer, le impida llevar a cabo lo que sabe que sí puede hacer.* El principio de acción de hoy es realizar alguna acción... ¡hoy!

>Adentrándonos en la aventura

La aventura inesperada no es algo en lo que usted tiene que embarcarse a solas. Hay una variedad de maneras, directas e indirectas, en que puede asociarse con otros cristianos para alcanzar a sus amigos.

Mateo, que había sido cobrador de impuestos, hizo esto cuando «le ofreció a Jesús un gran banquete en su casa, y había allí un grupo numeroso de recaudadores de impuestos y otras personas que estaban comiendo con ellos» (Lucas 5:29). Si se lee entre líneas, puede verse que Mateo quería hablarle a sus antiguos amigos y compañeros de trabajo acerca de su nueva fe, pero necesitaba alguna ayuda durante el proceso. Así que organizó una fiesta para reunirlos con Jesús y sus nuevos amigos, los demás discípulos. De esta manera la tarea de evangelización se convirtió en un esfuerzo de equipo.

La mujer samaritana, después de hablar con Jesús junto al pozo, aprovechó la oportunidad para alcanzar a sus amigos ayudada por él. En Juan 4 dice que ella «volvió al pueblo y le decía a la gente:

—Vengan a ver a un hombre que me ha dicho todo lo que he hecho. ¿No será éste el Cristo?

Salieron del pueblo y fueron a ver a Jesús ... y muchos más llegaron a creer por lo que él mismo decía.

—Ya no creemos sólo por lo que tú dijiste —le decían a la mujer—; ahora lo hemos oído nosotros mismos, y sabemos que verdaderamente éste es el Salvador del mundo» (Juan 4:28-30, 40-42). Ella hizo lo mejor que pudo para explicarles el mensaje de forma personal, pero sabía que no había nada mejor que permitirles que lo oyeran directamente del supremo comunicador: Jesús.

He aquí una conclusión sencilla: Mientras aprende a hablar de su fe, procure que otros cristianos apoyen sus esfuerzos. Lleve a sus amigos a la iglesia a fin de que puedan oír a un maestro conocedor de la Palabra, pero si no quieren ir, busque maneras creativas para llevar la iglesia a ellos. Eso es algo que usted puede hacer esta semana, tal vez incluso hoy. Los resultados, como comprobé cuando puse la cinta con la grabación para Kyle, puede ser increíbles.

Inspiración para la jornada◀ · · · · · · · · · · ·
Hay diversas maneras de servir, pero un mismo Señor.
Hay diversas funciones, pero es un mismo Dios el que hace
todas las cosas en todos.

—1 Corintios 12:5-6

CÓMO VER POR ENTRE LAS CORTINAS DE HUMO

LEE STROBEL

Hay un dicho en la India («Sunt vaahate Krishnamaai» en maratí) que quiere decir que las personas deben permanecer tan tranquilas como el flujo del río Krishna. En realidad, el río se mostraba pacífico y lánguido cuando visite su orilla cerca del pueblito de Penumudi en el sureste del país. Sin embargo, en ese día yo fui parte de una misión especial a fin de agitar esas aguas que llevan el nombre de una deidad hindú.

Parado en la orilla del río, vi como más de una docena de hombres y mujeres entraban en hilera a las anchas y turbias corrientes hasta quedar con el agua a la cintura. Luego, uno por uno, afirmaron públicamente su decisión de seguir a Cristo y se les dio un nuevo nombre de la Biblia, como es la costumbre en esa región.

Al hacer esto, el pastor los sumergió para bautizarlos. El acontecimiento se convirtió con rapidez en una celebración gozosa, con las risas y las lágrimas de alegría de los participantes y los que se habían reunido para observarlos. Como periodista enviado allí para reportar los sucesos que se desarrollaban, yo tomaba una foto tras otra.

Más tarde ese mismo día visité una comunidad agrícola cercana, en donde mi piel pálida pronto atrajo la curiosidad de los nativos. Un joven agricultor hindú me hizo una pregunta en telugú. «Quiere saber por qué usted está aquí», dijo mi traductor.

Con un poco de aprehensión, le describí la ceremonia del bautismo, esperando que tal vez reaccionara de forma negativa a las personas que abandonaban la fe hindú. Por el contrario, pareció intrigado por el cristianismo.

—Usted dice que estas personas "decidieron seguir a Jesús" —dijo—. ¿Qué quiere decir eso?

Sonreí.

—Gran pregunta —contesté.

Y procedí a describirle cómo todos los individuos que se habían bautizado habían confesado sus pecados, recibido el perdón como una dádiva del único Dios verdadero, y se habían comprometido a seguir el camino de Cristo con la ayuda del Espíritu Santo.

Mientras el traductor le repetía mis palabras, tuve tiempo para estudiar la cara del agricultor curtida por el tiempo. Parecía genuinamente cautivado por el evangelio, con su frente un poco tensa mientras analizaba con intensidad cada frase que se le traducía. Parecía sincero y receptivo.

Pronto estaba presentando objeciones poco entusiastas y más bien risibles al cristianismo, como si estuviera tratando con desesperación de hallar alguna razón para no creer en Cristo.

El agricultor hizo unas cuantas buenas preguntas de seguimiento, las cuales respondí lo mejor que pude. Él se concentró en algunas de las diferencias entre el hinduismo y el cristianismo, en particular en el concepto de la gracia, que parecía fascinarlo en específico. Me preguntó de qué manera la resurrección era diferente a la reencarnación. Fue una conversación estimulante, y me sentí optimista al pensar que él tal vez pudiera recibir a Cristo allí mismo y en ese momento.

No obstante, después de un tiempo poco a poco empecé a notar un cambio. Sus preguntas empezaron a alejarse cada vez más de los asuntos básicos. Pronto estaba presentando objeciones poco entusiastas y más bien risibles al cristianismo, como si estuviera tratando con desesperación de hallar alguna razón para *no* creer en Cristo.

Me quedé perplejo por el cambio en su expresión. Se veía cada vez más nervioso y agitado. Por último se me ocurrió que a lo mejor había alguna razón subyacente para mantener a Cristo a la distancia.

—Permítame hacerle una pregunta —dije—. ¿Hay algo en su vida que usted tiene miedo de dejar si se convierte en seguidor de Cristo?

Sacudió su cabeza de lado a lado, un ademán típico en esa parte de India, y empezó a titubear. Luego dijo algo que hizo que mi traductor indicara:

—Ah, entiendo.

—¿De qué se trata? —pregunté.

—De las peleas de gallos —explicó el traductor—. Él participa en peleas de gallos, y sabe que tendría que dejarlo si se convierte en cristiano.

Por fin su pantalla de humo se había disipado y su razón real para rechazar a Dios salió a la luz. Mientras el traductor me daba esta explicación, el agricultor bajó la vista hacia sus pies polvorientos, al parecer avergonzado de que su secreto se supiera. Se encogió de hombros y lentamente se alejó, sin escuchar nuestras súplicas de que continuáramos la conversación.

Mientras desaparecía por el sendero, recordé al joven rico de Lucas 18 que prometía mucho cuando le preguntó a Jesús lo que debía hacer para heredar la vida eterna... pero que se alejó arrastrando los pies, entristecido porque no podía convencerse de pagar el precio.

Las peleas de gallos eran una cosa nueva para mí; las pantallas de humo no. Mientras que muchos buscadores espirituales tienen preguntas auténticas y sinceras en cuanto al cristianismo, algunos usan objeciones para esquivar la fe. Insisten en que hay barreras intelectuales que les impiden poner su fe en Cristo, cuando en realidad hay algo en sus vidas que ellos atesoran más que el perdón y la vida eterna que Jesús ofrece.

No estoy simplemente señalando con el dedo a otros, pues esto también era cierto acerca de mí mismo cuando era ateo. Sí, tenía toda una variedad de cuestiones legítimas que se interponían entre Dios y yo. Sin embargo, mientras más hallaba respuestas satisfactorias a esas cuestiones, más fabricaba nuevas objeciones.

Mi resistencia crecía conforme me acercaba a Dios y sentía el poder de convicción del Espíritu Santo. De modo similar a cuando los soldados detonan granadas de humo a fin de esconderse detrás de una nube espesa, yo esgrimía objeciones irrelevantes y mal concebidas en un esfuerzo desesperado de ensombrecer la cuestión real: una parte de mí no quería hallar a Dios porque no deseaba que se me exigiera cuentas por la forma en que estaba viviendo mi vida.

Mi amigo Cliffe Knechtle cuenta que conoció a un estudiante de la Universidad Estatal de Nueva York que afirmaba que la Biblia era pura mitología, aunque jamás la había leído. Knechtle le presentó el reto de que leyera Isaías, el cual predice al Mesías, y el Evangelio de Mateo, que registra el cumplimiento de esas predicciones sobre Jesús cientos de años después.

> A menudo, muchos tienen preguntas válidas en cuanto al cristianismo. Sin embargo, otras veces presentan preguntas a medias en un esfuerzo desesperado para rechazar la fe.

«Fue una lectura interesante», dijo el universitario al día siguiente. «Pienso que dice la verdad».

No obstante, cuando Knechtle le preguntó si estaba listo para poner su fe en Cristo, el estudiante se rehusó. «Ni en sueños», insistió. «Tengo una vida sexual muy activa. Sé que Cristo va a querer que sea otro hombre. Yo no quiero que nadie cambie eso».

Por lo menos este estudiante universitario fue honesto en cuanto a sus motivos. Por lo general las personas no son tan sinceras con los demás, y a menudo ni siquiera consigo mismas. Escogen más bien usar objeciones como una táctica de distracción para esconder su preocupación real de que Cristo sencillamente exige demasiado.

Principio de acción

A menudo, muchos tienen preguntas válidas en cuanto al cristianismo. Sin embargo, otras veces presentan preguntas a medias en un esfuerzo desesperado para rechazar la fe. Tienen motivos ocultos —en su mayoría cuestiones de estilo de vida— para *no* buscar a Dios. Una manera en que podemos diagnosticar esta pantalla de humo es preguntando: «¿Hay algo que teme que tendrá que cambiar o dejar si se convierte en cristiano?»

Adentrándonos en la aventura

El famoso ateo Aldous Huxley era franco en cuanto a sus razones para mantener a Dios a distancia. Como lo explica en su libro *End and Means* [Fines y medios] (Chatto & Windus):

> Yo tenía motivos para no querer que el mundo tuviera significado, así que como consecuencia daba por sentado que no lo tenía, y pude sin ninguna dificultad hallar razones satisfactorias para esta suposición ... Para mí mismo, tanto como sin dudas para la mayoría de mis contemporáneos, la filosofía de la falta de significado era en esencia un instrumento de liberación. La liberación que deseábamos era simultáneamente la liberación de un cierto sistema político y económico y la liberación de un cierto sistema de moralidad. Objetábamos la moralidad porque interfería con nuestra libertad sexual.

En otras palabras, él escogía no creer en Dios —y hallaba razones para justificar su escepticismo— a fin de poder continuar practicando su estilo de vida inmoral.

Quisiera haberle podido decir a Huxley que estaba perdiéndose el punto: Dios ofrece una liberación *real*. Dios no es un cascarrabias que inventa formas de entorpecer nuestra vida. Él nos ama y desea ampliar al máximo nuestro potencial y protegernos de conductas que sabe que a la larga son autodestructivas. Dios fue quien nos creó, para empezar; así que en realidad quiere vernos florecer y que lleguemos a ser todo lo que se propuso que fuéramos.

Cuando encuentro personas con motivos subyacentes para evadir a Dios, ya sean ocultos o confesados, a veces sugiero que hagan un análisis de los costos y los beneficios. Les animo a que tomen una hoja de papel, la dividan por la mitad, y comparen los beneficios y los costos de cómo están viviendo al presente con las ventajas y desventajas de seguir a Cristo.

Piense en el lado de Cristo de la hoja de papel. Él gratuitamente ofrece perdón, una conciencia limpia, seguridad, dirección, satisfacción, relaciones personales, paz mental, libertad de la culpa y la vergüenza, un marco mental moral íntegro, la promesa de la vida eterna, poder sobre las tendencias autodestructivas, y la esperanza suprema que viene de estar conectado de modo íntimo con el Dios del universo. ¡Ah, y toda clase de aventuras emocionantes e inesperadas también!

Les animo a que sigan la trayectoria de su estilo de vida actual hasta su conclusión lógica. «¿En dónde van a terminar?», pregunto. «Cómo van a hacerle frente a las tragedias que van a encontrar en el camino? ¿Cómo se van a sentir con respecto a sí mismos? ¿Y de dónde van a obtener esperanza al final?»

Entonces les cuento mi propia experiencia. Desde que le dije a Dios: «Toma mi vida», he estado en una aventura que supera en mucho la forma en que solía encontrar diversión. «Pero, adelante», les digo. «Compruébenlo ustedes mismos sobre el papel».

Esta clase de reto puede ser útil para ayudar a las personas a ver sus pasadas tácticas de distracción y empezar a considerar en serio los beneficios de una vida —y una eternidad— con Cristo.

·········>Inspiración para la jornada

Porque el que quiera salvar su vida, la perderá; pero el que pierda su vida por mi causa, la salvará.
—JESÚS EN LUCAS 9:24

POTENCIAL EN EL COMPAÑERISMO

MARK MITTELBERG

Fue una conversación en la que no me hubiera inmiscuido por mi cuenta. Es más, admitiré que casi ni noté al individuo detrás del mostrador mientras esa tarde entraba a la heladería. Me dirigí con rapidez hacia el extremo del local, y mientras leía que el sabor del día era chocolate blanco, oí a mi amigo Karl hacerle al hombre la pregunta.

Karl es un empresario franco y directo, decidido, de los mejores, que compra y vende empresas con la misma facilidad que la mayoría de nosotros nos cambiamos de calcetines. Él tiene mucho éxito y está acostumbrado a tener el control. También ama apasionadamente a Dios y a la gente, y de continuo está buscando maneras de llevar a las personas a Dios.

Karl es además un ejemplo clásico del «estilo directo» de evangelización que hemos enseñado como uno de los seis métodos bíblicos en el libro y el curso de capacitación *Conviértase en un cristiano contagioso* Editorial Vida Zondervan. A él no le gusta andar por las ramas, prefiriendo más bien ir directo al grano. Le encanta promover la acción, ya sea al participar en las reuniones de juntas de corporaciones, zanjar negocios, ofrecer ideas en los retiros para el planeamiento del ministerio, o como en ese momento, entablar una conversación con el individuo que estaba detrás del mostrador de la heladería.

> Fue una conversación en la que no me hubiera inmiscuido por mi cuenta

—Por su apariencia y acento —oí que Karl le decía al hombre después del intercambio de saludos iniciales— pienso que usted proviene de alguna parte del Medio Oriente...

Eso captó mi atención, pero lo que Karl dijo luego me sorprendió tanto como sorprendió al individuo con el que estaba hablando.

—Así que eso despierta mi curiosidad: ¿es usted musulmán o cristiano?

A esas alturas empecé a pensar que el helado Rocky Road (camino pedregoso) tal vez sería un sabor más apropiado para ese día. No obstante, antes de que pudiera preocuparme demasiado sobre la forma en que el individuo reaccionaría, él le contestó a Karl.

—Esa es una pregunta interesante —respondió—. Crecí en un país musulmán y me crié en la fe islámica. Pero he estado aquí en los Estados Unidos América durante un par de años y he conocido a algunos cristianos en realidad fenomenales. No sé qué pensar. Supongo que para ser honesto con usted le diré que estoy en un punto medio ahora mismo, tratando de imaginarme qué creer.

¡Vaya! ¡Olvídate del helado!

Con su dominio característico, Karl dijo:

—Eso es fascinante.

Él averiguó con rapidez el nombre del hombre y me hizo señas para que me acercara. Karl sabía que mi método favorito de evangelización es el «estilo intelectual», que es otro de los seis estilos que enseñamos en el curso *Contagious* [Contagioso].

—Mark, quiero presentarte a mi nuevo amigo, Fayz. Y Fayz, le presentó a Mark. A él le gusta estudiar y hablar sobre esos temas.

Mientras nos dábamos la mano, Karl se volvió hacia mí y añadió:

—Fayz quiere saber más acerca de Jesús y por qué confiamos en él en lugar de en Mahoma.

¿Lo quiere?, pensé para mis adentros, probablemente así como Fayz pensó para sí mismo: *¿Lo quiero?*

—Está bien —dije, tratando de pensar en lo que podría decir para explicarle de forma breve las diferencias más importantes.

Al poco rato de empezar mi explicación, alguien entró en el local para ordenar un helado. Conforme la gente entraba y salía del lugar, hice lo mejor que pude para explicarle quién era Jesús en realidad, pero las personas que entraban y salían nos distraían cada vez más.

—Voy a decirle una cosa, Fayz —señalé por último —. Es difícil ahondar más sobre el tema aquí, pero tengo un amigo, Lee Strobel, que escribió un libro que se relaciona con esto y se titula *The Case for Christ* [El caso de Cristo]. Si usted está dispuesto a echarle un vistazo, le traeré un ejemplar.

Aceptó con cortesía, al parecer aliviado de que no fuéramos a tratar de continuar la conversación allí mismo. Así que compramos los helados, preguntamos cuándo sería conveniente que volviéramos, y nos fuimos.

Un par de días más tarde le llevé a Fayz un ejemplar del libro de Lee y lo animé de nuevo a que lo leyera. Poco después volé de regreso a Chicago.

Sin embargo, Karl no permitió que mi partida lo detuviera. Él llevó a la heladería a Bárbara, su esposa, para que conociera a Fayz. Ella es un gran ejemplo de las personas a las que nos referimos en el curso de capacitación *Contagious* [Contagioso] como de un «estilo interpersonal», lo cual quiere decir que ella es una experta en cultivar relaciones personales. De forma natural entabló amistad con él y supo de inmediato acerca de su esposa y su hija. Antes de que pasara mucho tiempo las parejas se estaban invitando la una a la otra a comer en su casa, y Karl animó a Fayz y a su familia a visitar también su iglesia.

La cosa no se detuvo allí. Karl y Bárbara eran parte de una clase grande de adultos en su iglesia, y le contaron al grupo cómo estaban alcanzando a Fayz y a su esposa. Les pidieron a sus amigos que oraran y les presentaron el reto de que ellos mismos hicieran también unas cuantas salidas para tomar helados con un propósito evangelizador... ¡una proposición peligrosa para hacérsela a un grupo de bautistas con hambre!

En breve hubo muchos más creyentes conociendo a Fayz, cultivando una amistad con él y su esposa, invitándolos a varias actividades, contándoles sus testimonios y respondiendo a sus preguntas espirituales. Cuando el grupo descubrió que Fayz era un estudiante de medicina que vendía helados para pagarse sus gastos mientras estudiaba, algunos le ayudaron a establecer conexiones con la comunidad médica local. Dentro de poco tiempo, todos los seis estilos de evangelización que enseñamos en el curso *Contagious* [Contagioso] —directo, testimonial, intelectual, interpersonal, de servicio y de invitación— estaban siendo expresados por un grupo de creyentes que se encontraban unidos de un modo poderoso en sus esfuerzos de alcance.

Mientras tanto algo sorprendente estaba sucediendo. Fayz empezaba a abrirse a Jesús. Por último, casi un año después de la conversación original, Fayz, su esposa y su hija de seis años le entregaron sus vidas a Cristo en un servicio en la iglesia de Karl y Bárbara.

Desde entonces, Fayz se ha graduado en la facultad de medicina, convirtiéndose en doctor, y se ha mudado a otra parte del país. Hemos mantenido el contacto con él, ayudándole a integrarse junto con su familia a una iglesia cerca de su nueva casa. Fayz ha continuado creciendo en su relación personal con Cristo, e incluso subió conmigo a la plataforma durante una conferencia de pastores para contar su experiencia de cómo llegó a ser un seguidor de Cristo mediante los esfuerzos colectivos de Kart, Bárbara, míos y de muchos otros.

En verdad fue un esfuerzo de equipo: una variedad de cristianos con personalidades y estilos muy diferentes, todos cooperando los unos con los otros y con el Espíritu Santo para alcanzar a un musulmán y a su familia, los cuales son muy importantes para Dios.

·········· >Principio de acción

Dos de los mayores impedimentos para lanzarse a la aventura de la evangelización son pensar que usted tiene que ser como todos los demás y creer que tiene que hacerlo todo. Ni lo uno ni lo otro es verdad. Puede ser usted mismo, usando su estilo y personalidad únicos que Dios le dio. Y puede asociarse con otros cristianos de su iglesia o grupo pequeño, orando y trabajando juntos para tratar de alcanzar de manera más eficaz a todos sus familiares y amigos para Cristo.

Adentrándonos en la aventura

Jesús dijo que «vino a buscar y a salvar lo que se había perdido» (Lucas 19:10), pero también incluyó a doce compañeros en sus esfuerzos ministeriales. Y cuando envió a un equipo de setenta a esparcir su mensaje, les instruyó que fueran en grupos de a dos (Lucas 10:1).

En realidad, hay fuerza en los números

En realidad, hay fuerza en los números, y cuando se trata de esparcir nuestra fe, eso es mucho más cierto cuando cada uno identificamos y edificamos sobre nuestros propios estilos especiales de evangelización. Karl es como Pedro en Hechos 2: intrépido y directo. Yo soy más como Pablo en Hechos 17, usando la razón y la lógica para presentar la fe. Bárbara es similar a Mateo, que según Lucas 5:29 organizó una gran fiesta como una manera de cultivar sus relaciones con sus antiguos compañeros de trabajo. Lee, cuyo libro le regalamos a Fayz, combina el estilo testimonial basado en los relatos, como el del ciego que Jesús sanó en Juan 9, con las respuestas intelectuales.

Otras personas que formaban parte de la clase de Karl y Bárbara se inclinan más a la invitación, como la samaritana en Juan 4, y se orientan al servicio, como Tabita, que hacía ropas para los necesitados según Hechos 9. La combinación de todos estos métodos, trabajando en compañerismo, fue poderosa en las manos de Dios… y en las vidas de Fayz y su familia.

Así que, ¿cómo puede aplicar usted a su propia vida los principios de este relato? Considere cuál de los seis estilos bíblicos, o una combinación de ellos, le sirve mejor. Experimente con varios de los mismos para descubrir cuál se corresponde de forma más natural con la personalidad que Dios le ha dado. Para más información sobre estos estilos lea el libro *Becoming a Contagious*

Christian [Conviértase en un cristiano contagioso], o mejor todavía, conduzca a su clase o grupo pequeño a través de un curso de capacitación actualizado (véanse los «Recursos recomendados» para mayor información; el plan de estudios ahora está en DVD, así que Lee y yo podemos llegar hasta su grupo y enseñarlo por usted).

Al descubrir su propio estilo de evangelización, así como también los estilos de otros miembros de su iglesia o grupo, usted podrá asociarse de manera intencional con aquellos cuyos métodos suplementan mejor el suyo y ajustarse a las necesidades de las personas que están tratando de alcanzar. Juntos, como equipo, experimentarán la emoción de impactar a otros para Cristo.

>Inspiración para la jornada

Más valen dos que uno, porque obtienen más fruto de su esfuerzo. Si caen, el uno levanta al otro. ¡Ay del que cae y no tiene quien lo levante!

—ECLESIASTÉS 4:9-10

JUSTO A TIEMPO

LEE STROBEL

Confieso que siempre le tuve algo de miedo al padre de Leslie. Al era un producto tosco y curtido de Cicero, Illinois (el antiguo territorio de Capone, según él me recordaba) y un barbero fornido, brusco y ferozmente terco que halló su lugar tarde en la vida recortando pelo en una base militar. Sin embargo, cuando uno lograba penetrar su exterior duro como una coraza, hallaba un corazón de oro... ¡pero al que no siempre era fácil llegar!

Con todo, disfrutábamos de una cosa en común: ambos éramos ateos satisfechos. Eso fue hasta que Leslie se convirtió en seguidora de Cristo, y dos años más tarde, yo también. Una de las primeras cosas que le dije a Leslie después que me hice cristiano fue: «¡Debemos decírselo a tu padre!»

En la mismísima próxima ocasión en que nos reunimos, en un arrebato de entusiasmo ingenuo, le conté emocionado a Al mi jornada espiritual. Mi implicación no expresada fue: *¡Oiga, Al, usted también debería convertirse en cristiano!*

La expresión de Al permaneció impasible. «Mira, eso está bien para ti, pero jamás vuelvas hablarme de Jesús, ¿lo oyes?», me dijo, apuntándome con el dedo para recalcar su punto.

Para crédito suyo, en los años que siguieron Al nunca criticó ni trató de impedir o inhibir mi fe de alguna manera. Es más, cuando más tarde le conté con gran inquietud que iba a dejar mi carrera en el periódico y a aceptar un recorte del sesenta por ciento en mi salario a fin de trabajar en una iglesia, me sorprendió respaldándome. «Si eso es lo que sientes que quieres hacer con tu vida», dijo, «debes hacerlo».

Durante los próximos veinte años, todo lo que Leslie y yo pudimos hacer por Al fue vivir en la práctica nuestra fe de un modo auténtico y orar por él constantemente. Sin embargo, a través de todo ese tiempo no veíamos ni el más mínimo vislumbre de interés en los asuntos espirituales. Su lenguaje seguía igual de soez, su escepticismo hacia la iglesia nunca se ablandó, y continuó firme en su indiferencia hacia Dios.

Entonces un día Al sufrió un derrame cerebral. Leslie y yo nos reunimos con su médico en la enfermería que se encontraba a un extremo del pasillo de su habitación del hospital. Después de recibir una compleja explicación médica que ninguno de nosotros entendió bien, el médico nos dio este funesto pronóstico: «Al va a tener una serie de estos derrames cerebrales durante los próximos meses hasta que uno de ellos resulte fatal».

Cuando le dieron de alta del hospital, Leslie y yo hicimos los arreglos para que él y su esposa Helen, que era cristiana, se mudaran a una casa cerca de la nuestra. La mente de Al continuaba aguda, pero él se ponía cada vez más apático. Evadía el incómodo tema de su diagnóstico, sin disponerse jamás a hablar de forma explícita de su enfermedad. Sencillamente era evidente que Al estaba debilitándose.

Por último, no pude aguantar más. Mi estilo usual de evangelización es a través del testimonio; en otras palabras, tengo la tendencia a contar mi peregrinación de fe como una manera de interactuar con las personas que tienen curiosidad espiritual. También uso el método intelectual, analizando ciertas preguntas u objeciones con los buscadores. Otros cristianos tienden a ser más directos en sus esfuerzos evangelizadores de acuerdo a su personalidad. En cuanto a mí, por lo general me siento incómodo con las confrontaciones personales y trato de evadirlas siempre que pueda.

No obstante, en el caso de mi suegro, no podía seguir eludiendo el asunto. Un día animé a Leslie y a Helen para que se fueran de compras a fin de que Al y yo pudiéramos estar solos. Después que se fueron acerqué una silla para sentarme frente a Al, que estaba sentado en una mecedora en la sala.

—Al —dije con intensidad—. ¿Se da cuenta de que se está muriendo? ¿Entiende que no le queda mucho tiempo en este mundo?

Al me miró con tristeza en los ojos, pero no dijo nada.

—Yo no quiero estar en el cielo sin usted. Leslie, Helen y los nietos, ninguno de nosotros queremos estar en el cielo sin usted. *Por favor,* Al —supliqué.

A pesar de todo, no hubo respuesta. Él permaneció mirando al frente, con sus brazos cruzados. Se quedó sentado muy quieto.

—Al, usted puede ir al cielo con todos nosotros. Jesús pagó el precio por sus pecados. Si admite sus errores, y usted sabe que no siempre ha vivido como debería haber vivido, puede recibir el perdón de Cristo por todo lo que ha hecho mal. El borrará

> No supe qué más decir... y ahí fue cuando hice algo que nunca antes había hecho

la pizarra y le abrirá la puerta del cielo. Es una dádiva, Al. ¿Por qué no quiere recibirla?

Podría decir que él estaba escuchando con atención toda palabra que yo decía, pero continuó en silencio. No supe qué más decir... y ahí fue cuando hice algo que nunca antes había hecho, pero que me pareció muy necesario en el momento.

Me enderecé en mi silla y dije entre dientes algo de modo que Al, que tenía dificultades para oír, no pudiera entender lo que estaba diciendo: «¡Satanás, suéltalo! ¡Suéltalo! ¡Él *no* es tuyo!» Sentí como si el maligno en realidad lo hubiera tenido en sus garras y fuera a arrastrarlo.

Me volví hacia Al y continué implorándole que recibiera a Jesús. Le expliqué el arrepentimiento lo mejor que pude. Recalqué que a pesar de sus mejores intenciones de vivir una vida buena, era un pecador que necesitaba de la gracia de Dios. Lentamente empecé a ver una grieta en la máscara de Al. Algo en su cara me dijo que su corazón se estaba abriendo.

—Al, usted quiere confesar sus pecados y recibir a Cristo ahora mismo, ¿verdad? —pregunté.

Luego contuve la respiración.

Al instante, las lágrimas afloraron a sus ojos y Al lentamente asintió. Lancé un suspiro de alivio, y entonces lo dirigí frase por frase en una sencilla oración de arrepentimiento y fe. ¡Todo el tiempo mi corazón parecía como si fuera a estallar!

Al final, una sonrisa apareció en la comisura de la boca de Al. Me acerqué y lo abracé como nunca antes.

—¡Bienvenido a casa, Al! —declaré—. ¡Bienvenido!

Casi como por una señal, Leslie y Helen volvieron de sus compras y les conté todo. Ellas comenzaron a celebrar, y Al relucía mientras lo abrazaban y lo besaban.

¡Era tiempo de festejar! Leslie comenzó a preparar una cena especial, pero después de unos momentos notamos que algo andaba mal con Al. Su lado derecho de repente se debilitó.

—¡Está teniendo otro derrame cerebral! —gritó Leslie.

Llamamos al número telefónico de emergencia, y cuando llegaron los paramédicos lo colocaron con rapidez en una ambulancia. Leslie se fue con él, mientras yo llevaba a Helen en nuestro auto hasta el hospital. La ambulancia llegó primero. Mientras empujaban a Al hacia la sala de emergencia, miró a Leslie y le dijo suavemente: «Dale las gracias a Lee».

> Nuestra incomodidad no importa tanto como la eternidad de ellos.

Resultó que ese derrame fue el que destruyó la mente de Al. Lo dejó en un estado de confusión constante. Él se mantuvo resistiendo durante varias semanas, y finalmente se fue.

Así que en la última conversación coherente de su vida, después de más de ocho décadas de ardiente ateísmo, Al Hirdler, una de las personas que jamás pensé que recibiría a Cristo, por fin le abrió su corazón a la estupenda dádiva de la gracia de Dios.

Justo a tiempo.

·········❯Principio de acción

Todos tenemos un estilo de evangelización que va bien con nuestra personalidad, sin embargo, hay circunstancias en las que tenemos que avanzar más allá de nuestro método acostumbrado a fin de alcanzar a alguien que necesita con urgencia a Cristo. Sí, eso nos hace sentir un poco incómodos, *pero nuestra incomodidad no importa tanto como la eternidad de ellos.*

Adentrándonos en la aventura

A veces no nos queda alternativa: *tenemos* que actuar... y rápido. Recuerdo una ocasión en que Mark Mittelberg y yo estábamos en el sótano de la iglesia, y a él se le trabó una píldora enorme en su faringe. Con su flujo de aire bloqueado, me miró con los ojos abiertos por el pánico.

Yo no tenía experiencia en emergencias médicas. Nunca había tomado un curso de primeros auxilios. Podía llamar al número telefónico de emergencias, pero él se habría asfixiado para cuando llegaran los paramédicos. Así que le apliqué a Mark la maniobra de Heimlich y felizmente resultó en el segundo esfuerzo... justo a tiempo.

En otra oportunidad, cuando yo tenía catorce años, quedé atrapado en un incendio en el sótano de la casa de nuestra familia en un suburbio de Chicago. Un agente de policía llegó antes que los bomberos, y ese policía sabía que tenía que actuar al instante. Así que sin el entrenamiento especializado de los bomberos, entró en el sótano incendiado y lleno de humo, conduciéndome a un lugar seguro... justo a tiempo.

Hay ocasiones en las que Dios puede usarlo para rescatar a alguien de una suerte incluso peor. Usted tal vez conozca a una persona a la que le queda poco tiempo de vida, o a alguien que parte en una misión peligrosa que pudiera poner en peligro su seguridad, o a un individuo a quien tal vez nunca tenga oportunidad de ver de nuevo y que no cuenta con otra influencia cristiana en su vida. En tales ocasiones, solo plantar una semilla espiritual no basta. Tenemos que dejar a un lado nuestra incomodidad y adoptar algo del estilo directo o confrontacional de Pedro, aunque tal vez no sea el nuestro.

Sin embargo, tenga confianza: cuando surjan esas circunstancias, usted no estará solo. Mientras estaba tratando con desesperación de rescatar a Al de una eternidad lejos de Dios, descubrí que hay alguien que le amaba incluso más que yo. El Espíritu Santo me mostró que reprendiera a Satanás e hizo que mis palabras de otra manera ineficaces penetraran profundamente en el corazón de Al... justo a tiempo.

Usted puede confiar en que una vez que haga todo lo que pueda en la aventura de la evangelización, en ese instante crítico, él va a acompañarlo también.

· · · · · · · · · · · ·>Inspiración para la jornada

Asegúrense de que nadie deje de alcanzar la gracia de Dios.

—HEBREOS 12:15

PERMITIENDO ALGUNAS PREGUNTAS

MARK MITTELBERG

—**En un tiempo fui cristiano.**

Esas fueron las primeras palabras que salieron de la boca del joven. Nunca le había visto, pero me había llamado porque alguien le dijo que yo tomaría en serio sus preguntas espirituales. ¡Sobra decir que su línea de apertura captó mi atención! Conforme se desarrollaba nuestra conversación telefónica, pronto me di cuenta de que yo era su recurso final en un esfuerzo desesperado para buscar algunas respuestas antes de abandonar de modo permanente su fe.

—Mire, estas cuestiones que plantea son serias. No quiero ofrecer respuestas rápidas por el teléfono —le dije—. ¿Qué tal si viene a mi oficina para poder sentarnos y hablar en realidad con relación a algunas de sus preguntas?

Pareció sorprendido.

—¿Estaría usted dispuesto a hacer eso? —preguntó.

—Por supuesto. ¿Cuándo puede venir? —respondí, extrañado de que se sorprendiera de mi disposición a reunirme con él cuando había tanto en juego.

Acordamos una fecha y a la hora convenida llegó con un amigo que, según pronto descubrí, tenía muchos de los mismos escollos espirituales.

Conforme me relataba su historia, me enteré de que habían formado parte de una congregación cercana que tenía un enfoque bastante autoritario. La iglesia declaraba la verdad y esperaba que sus miembros la aceptaran… sin hacer preguntas. El problema era que mis dos amigos de secundaria *tenían* preguntas, y se mantenían haciéndolas.

La primera vez que presentaron sus objeciones durante una clase en la iglesia, su maestro hizo que se callaran la boca. «Esas son cosas que las personas de fe deben aceptar *por* fe», insistió. «Ustedes simplemente tienen que creer, y entonces sabrán que es verdad».

Para mis amigos, y también para mí, esto sonaba a una admisión de que no hay buenas razones para creer, así que uno tiene que aceptar las cosas como parte de un salto a ciegas en la oscuridad. Es como decir: «¡Salta antes de mirar, a lo mejor tienes suerte!»

> Mis dos amigos de secundaria tenían preguntas, y se mantenían haciéndolas.

Cuando les pregunté cómo reaccionaron ante eso, me explicaron que trataron de obedecer, pero que sus dudas solo crecieron. Más tarde, durante las vacaciones, habían ido a un campamento de su iglesia en donde tuvieron diferentes líderes. Decidieron intentar otra vez, pero de nuevo los que estaban a cargo los silenciaron. «No deben plantear estas cuestiones aquí», les advirtieron. «Todo lo que van a hacer es confundir a sus compañeros».

Así que se guardaron sus preguntas, mientras sus dudas continuaban fastidiándolos y envenenando su fe.

—¿Entonces, qué hicieron? —pregunté, tratando de revelar mis sentimientos reales por la manera tan horrible en que los habían tratado.

—Pues bien, por último decidimos que no se puede confiar en la Biblia y que la fe cristiana enseña cosas que no se pueden probar. Así que, básicamente, abandonamos nuestra creencia en Dios —dijeron.

Por perturbador que esto fuera, lo que oí luego casi hizo que me caiga de la silla.

—Y luego a fines de este año convertimos lo que había sido nuestro estudio bíblico en un "grupo de escépticos". Es un lugar al que invitamos a nuestros amigos del colegio para que vengan a oír la evidencia *en contra* de la Biblia y el cristianismo.

—Eso es... fascinante —dije, tratando de mantener la calma—. Pero bueno, ¿qué les hizo venir y contarme todo esto?

—**Un amigo nos presentó un reto,** diciéndonos que antes de que avanzáramos más debíamos detenernos por un momento y comprobar nuestras ideas una vez más. Nos dio su nombre y dijo que tal vez usted pudiera ayudarnos a resolver el asunto.

—Pues bien, en realidad me alegro de que hayan venido, y estoy dispuesto a hacer lo que sea para ayudarles a hallar respuestas a sus objeciones —señalé, esperando animarlos con una buena información así como también con mi interés personal—. Además, quiero decirles desde el principio que tengo confianza en la verdad del cristianismo y estoy listo para conversar sobre cualquier cosa que haya estado haciéndole daño a su fe.

Con eso empezamos una conversación de tres horas sobre sus principales temas de preocupación, los cuales incluyeron muchas de las objeciones habituales en cuanto a por qué Dios permite el mal y el sufrimiento, preguntas acerca de la confiabilidad de la Biblia, y los problemas de hipocresía entre los que se dicen religiosos... tanto pasados como presentes. En ningún caso cuestiones fáciles, pero por cierto tampoco nuevas.

Cuando terminamos esa conversación, podría decirse que sus dudas empezaban a disolverse. No obstante, lo que vino luego en realidad me entusiasmó.

—Antes de irnos, ¿podríamos pedirle algo? —preguntó mi nuevo amigo.

—Seguro. ¿De que se trata?

—Me preguntaba si estaría dispuesto a venir a la reunión de nuestro grupo de escépticos en mi casa para explicarle algo de esta información a mis otros amigos. Pienso que les interesará lo que usted tiene que decir.

—¡Sí! —exclamé, sin necesitar más que un nanosegundo para pensarlo—. ¿Cuando se reúnen?

Me dio los detalles, y entonces yo también le hice una pregunta.

—Cuando lo invité a que viniera a reunirse conmigo, usted trajo a un amigo, lo cual es grandioso. Ahora me invita a ir a su casa y reunirme con ustedes. ¿Está bien si llevó conmigo a un amigo?

—¡Por supuesto! —contestó.

Nos despedimos hasta la próxima vez en que nos veríamos en la siguiente reunión del grupo de escépticos.

¡A la siguiente semana fui a su casa, llevando conmigo a Lee *The Case For Christ* Strobel! Tuvimos una gran reunión, hablando durante horas con este círculo de adolescentes sinceros, pero espiritualmente confundidos, dándoles nuestro testimonio, respondiendo a sus preguntas y desafiando su manera de pensar.

> Nuestra fe no es verdad porque creamos en ella; más bien, creemos en ella porque es verdad.

Dios en realidad obró durante nuestro tiempo juntos, tanto que para el final de la noche el estudiante inicial le había vuelto a consagrar su vida a Cristo. Y a las dos semanas el amigo que había traído a mi oficina se había convertido en cristiano.

Juntos convirtieron de nuevo a su grupo de escépticos en un estudio bíblico legítimo, y empezaron a alcanzar a sus amigos en el colegio, mostrándole las verdades que respaldaban su fe y animándolos a seguir a Cristo, tal como ellos lo estaban haciéndolo.

Todo porque alguien estuvo dispuesto a permitir que hicieran algunas preguntas.

>Principio de acción

Cuando alguien alberga dudas en cuanto a la fe, de nada sirve decirle que simplemente debe esforzarse más por creer. La confianza espiritual —la nuestra y la de los que queremos alcanzar— viene cuando hacemos preguntas honestas, enfrentamos las objeciones de forma directa y presentamos la información con precisión. A fin de cuentas, nuestra fe no es verdad porque creamos en ella; más bien, creemos en ella porque es verdad. Los cristianos, y todo el que busca a Dios, deben amar la verdad que basa sus creencias en lo que es real. No tenemos nada que temer, porque nuestra fe descansa en un cimiento sólido de hechos genuinos.

Adentrándonos en la aventura

Es fácil decir que nuestra fe está edificada sobre hechos, pero es otra cosa *en realidad* creer eso. No podemos trasmitirles confianza espiritual a otros si no la poseemos nosotros mismos. Por lo tanto, ¿qué podemos hacer para tener seguridad en cuanto a nuestras creencias?

No hay manera de esquivarlo: *¡Uno tiene que hacer su tarea!* Piense en la última vez en que rindió un examen serio. De nada le sirvió que supiera que el instructor entendía la información o que el estudiante sentado a su lado podía sacar sobresaliente en el examen. La única manera en que usted pudo ir al examen con confianza fue llevando a cabo la dura tarea de aprender y revisar la información por sí mismo hasta estar seguro de que en realidad la sabía. La confianza propia no vino a través de otros ni por ósmosis intelectual. Usted tuvo que acudir al método antiguo: *el estudio dedicado.*

De manera similar, usted no va a estar seguro de sus creencias solo porque su pastor, maestro o líder de grupo pequeño está seguro de las suyas. Sí, la confianza de ellos puede afianzar la suya, pero solo de forma temporal mientras usted se esfuerza por aprender lo que ellos ya han descubierto. Y la única manera de aprender esto es haciendo unas cuantas tareas orientadas a la fe.

El apóstol Pablo dijo: «Esfuérzate por presentarte a Dios aprobado, como obrero que no tiene de qué avergonzarse y que interpreta rectamente la palabra de verdad» (2 Timoteo 2:15). Esto incluye pasar un tiempo leyendo, estudiando, e incluso memorizando partes de la Biblia. No hay sustituto para conocer la Palabra de Dios de modo que podamos trasmitir con precisión y de forma convincente las verdades de Dios a las personas con las que hablamos.

Con todo, eso no es suficiente en una cultura secular como la nuestra. Hoy, si usted responde la pregunta de alguien citando un versículo bíblico, lo más probable es que le preguntarán por qué cree en la Biblia. Cuando eso suceda, no basta con entonar el canto de la Escuela Dominical: «La B-I-B-L-I-A es el libro de mi Dios». Usted necesita saber *por qué* es el libro esencial para usted antes que algún otro texto religioso... o ningún otro.

Esa información puede obtenerse al leer obras tales como *The Case for Christ* [El caso de Cristo] y *The Case for Faith* [El caso de la fe] (Zondervan), así como mi libro *Choosing Your Faith... In a World of Spiritual Options* [Cómo escoger su fe... en un mundo de opciones espirituales] (Tyndale), los cuales le muestran los mejores criterios para seleccionar qué creer y presentan veinte argumentos para escoger el cristianismo.

La lectura de esos libros y el estudio de las Escrituras le harán avanzar un gran trecho a fin de ampliar su confianza espiritual y prepararle para responder a las preguntas del próximo colegial escéptico o vecino curioso con el que se encuentre.

· · · · · · · · · · · ·>Inspiración para la jornada

Más bien, honren en su corazón a Cristo como Señor.
Estén siempre preparados para responder a todo el que les
pida razón de la esperanza que hay en ustedes.

—1 PEDRO 3:15

LAS GRANDES TRASTADAS

LEE STROBEL

Me sentía eufórico porque una conferencia que Mark y yo habíamos llevado a cabo en otra ciudad del país resultó mucho mejor de lo que habíamos esperado. La mañana después de la actividad, decidimos caminar hasta un restaurante junto a nuestro hotel y disfrutar de un desayuno de celebración antes de volar de regreso a California.

El restaurante tenía un porche grande de madera y una hilera de merecedoras en las que los visitantes podían sentarse y ver a la gente pasar. En una de las sillas estaba una muchacha como de dieciocho años con el pelo oscuro y ojos negros, y sentado junto a ella se encontraba un joven como de la misma edad.

Teníamos que caminar frente a ellos para llegar a la puerta, y justo cuando pasábamos por delante de la joven le oí decir: «¿Qué es un deísta?»

¡No podía creerlo, acababa de escribir un libro sobre el tema! Al instante giré sobre mis talones y quedé frente a la adolescente.

«Un deísta es alguien que cree que Dios creó el universo y luego desapareció», declaré, exponiendo

> Justo cuando pasábamos por delante de la joven le oí decir: «¿Qué es un deísta?»

algún material de mi reciente investigación y escritos. «Un deísta cree que Dios le dio cuerda al universo como si fuera un reloj gigantesco y meramente está dejando que se le acabe la cuerda. Un deísta cree que Dios es distante, indiferente y desinteresado. ¡Pero eso *no* es lo que la evidencia muestra!», recalqué.

A esas alturas en realidad me estaba inspirando. Me entusiasmaba mucho hallar a una joven que en verdad se preocupara por estos asuntos importantes. Casi sin detenerme para respirar, expuse una serie de hechos e información que demostraban la intervención continúa de Dios en el cosmos mucho después del momento inicial de la creación.

Hablé de cosmología, física y astronomía, recalcando lo increíblemente bien sintonizado que está el universo y el funcionamiento intrincado de nuestro planeta que continúa hasta este día de maneras que desafían cualquier explicación naturalista.

Los ojos de la muchacha se abrieron más.

Sin perder el impulso, me lancé a un soliloquio sobre la evidencia biológica en cuanto a la creación de la vida, describiendo cómo Dios debe haber intervenido en el diseño de la primera célula viviente en algún punto después que el universo llegó a existir.

Sus ojos se abrieron más

Cambiando de velocidad sin usar el embrague, de inmediato pasé a hablar de la historia, señalando que Dios demostró de la manera más enfática su interés continuo por la humanidad al enviar a su Hijo al mundo a fin de abrirnos el camino al cielo.

Me clavó la mirada, boquiabierta.

Pasé a una perorata tipo *staccato* de la evidencia en cuanto la resurrección de Jesús, incluyendo informes tempranos que no pueden ser leyendas, una tumba que incluso sus críticos concedieron que estaba vacía y el relato de los testigos oculares, para luego enfatizar el punto de que debido a que Jesús volvió de los muertos sus seguidores un día también lo harán.

Ella no dijo ni media palabra.

Sin detenerme, recalqué que Mark y yo nos contábamos entre millones de personas alrededor de todo el mundo y a través de toda la historia que han sentido personalmente la presencia de Dios, su dirección, su estímulo, e incluso sus aturdidoras respuestas a las oraciones que se pueden describir solo como milagrosas. Con certeza, dije, esto muestra su continuo amor e interacción con sus seguidores.

Sabía que en medio de mi exuberancia me había extendido demasiado sin siquiera darle a esta joven una posibilidad de decir algo o hacer alguna pregunta. Con honestidad, nunca me había dejado llevar de esa manera, ni antes ni después. Estaba tan alegre por el éxito de nuestra conferencia y tan entusiasmado al oír que alguien hacía una pregunta que estaba preparado para responder, que simplemente no pude contenerme.

Por último me volví hacia Mark y le dije: «¿Puedes creerlo? Resultó que justo estábamos pasando y ella dijo: "¿Qué es un deísta?"»

Mark tenía una mirada de reproche en su cara. «Lee», respondió vacilando. «Pienso que lo que ella dijo fue: "¡Buenos días!"»

Oh, no. ¡Ahora fueron *mis* ojos los que se abrieron a más no poder! Abochornado por completo, y por primera vez sin saber qué decir, miré de nuevo a la joven y a su novio. ¡Y en ese momento los cuatro nos echamos a reír!

«¡Ay!», fue todo lo que pude farfullar mientras nos desternillábamos de la risa.

Sin lugar a dudas fue un momento bochornoso. No obstante, felizmente no fue el final de nuestro encuentro. ¡Después de todo, el hielo ya se había roto! ¿Cómo *no* tener una conversación espiritual en ese punto? Por humillante que fuera esa experiencia para mí, no molestó a la joven ni a su amigo. Por el contrario, se mostraron dispuestos a hablar acerca de Dios.

Resultó que el joven era un estudiante del último año de secundaria que se encontraba en la ciudad para una competencia deportiva importante y su compañera era su novia que lo acompañaba para animarlo. Nos presentamos, tratando de establecer que éramos en verdad *normales,* y empezamos a hablar de cómo una persona puede conocer a Dios.

Después de un rato la muchacha dijo: «¿Por qué no vienen para conocer al resto del equipo? Pienso que les interesará esto».

Estuvimos de acuerdo y los dos nos llevaron hasta el salón de reunión de un hotel cercano, donde hallamos al entrenador y a otros varios atletas descansando antes de la competencia. Cuando les contamos cómo habíamos conocido a sus dos amigos, ellos también se echaron a reír. Después algunos empezaron a hacernos preguntas en cuanto al cristianismo.

Al final hablamos como por media hora sobre varios asuntos espirituales. Lo que había empezado como una gran «metida de pata» emergió como una gran oportunidad para hablarles acerca de Dios a personas que de otra manera nunca habríamos conocido.

Hay algo refrescante en la risa. Si esos jóvenes hubieran respondido con enojo a mi monólogo impositivo o yo me hubiese alejado avergonzado en lugar de reírme de mi propia trastada, eso habría sido el fin de toda oportunidad para tener una interacción significativa. Estuve agradecido porque en su lugar todos disfrutamos de un momento de alegría y luego pudimos utilizarlo como un punto de partida para hablar de temas más profundos.

> Lo que había empezado como una gran «metida de pata» emergió como una gran oportunidad para hablarles acerca de Dios a personas que de otra manera nunca habríamos conocido.

El músico y comediante Víctor Borge tenía razón. «La risa», observó, «es la distancia más corta entre dos personas».

⋯⋯⋯⋯⋯❯Principio de acción

¡Relájese! Aunque tenemos un mensaje serio e incluso convincente, no tenemos que tomarnos nosotros mismos demasiado en serio. El humor puede lubricar las conversaciones, forjar un lazo instantáneo entre extraños, y hacer que surja con rapidez la empatía donde no existía... ¡incluso cuando el chiste sea a costa nuestra!

⋯⋯⋯⋯⋯❯Adentrándonos en la aventura

Como Sheldon Vanauken notoriamente indicó, cuando las cristianos son «sombríos y mustios, cuando son santurrones y se envanecen en una consagración complaciente, cuando son estrechos y represivos, entonces el cristianismo muere mil muertes».

Pues bien, esto no tiene que ser así. En verdad, *no debe* serlo. Si alguien debe sentirse gozoso y optimista, lleno de vida y entusiasmo, es la persona cuya culpa ha sido quitada de sus hombros de forma permanente, que tiene una relación personal con su Creador y posee la seguridad de pasar la eternidad en su perfecta presencia. ¿Qué hay que no guste en eso? Debemos estar listos para reírnos, hacer un comentario atractivo y ver el lado alegre de la vida.

El humor es importante en la aventura de la evangelización personal porque desmantela los estereotipos relacionados con los cristianos, mostrando que somos personas normales y que nos gusta divertirnos (con la clase de diversión que no produce remordimiento), lo cual establece un terreno común. En otras palabras, de modo usual nos reímos porque podemos identificarnos personalmente con la situación que se presenta.

Todavía más, el humor derriba las defensas. Durante años había escuchado el principio psicológico de que las personas se muestran más receptivas a ciertas nuevas ideas que son falsas cuando están riéndose, pero lo comprobé con mis propios ojos mientras veía un programa por televisión. Aunque el programa aprobaba una conducta con la que no puedo concordar, el humor me hizo reír tanto que en realidad empecé a considerar de una manera positiva lo que se promovía.

Por último tuve que detenerme, pensar y decir: *Un momento, esto es solo propaganda. ¡Yo no creo nada de eso!* Mi risa había disminuido mis defensas hasta el punto en que ideas con las cuales no concuerdo estaban empezando a ganar terreno.

Por supuesto, eso no quiere decir que debemos emplear con cinismo un humor calculado para obtener una ventaja psicológica. Sin embargo, ilustra el poder de la risa como un elemento esencial en la interacción humana. No hay necesidad de que seamos un cascarrabias como el que representa W. C. Fields, cuya filosofía era «sonríe como primera cosa en la mañana y termina con eso».

No, el apóstol Pablo nos insta a que tengamos una perspectiva diferente. A pesar de sufrir terribles privaciones, azotes, naufragios y estar en prisión, nos anima: «Estén siempre alegres» (1 Tesalonicenses 5:16). Ese es buen consejo, en especial cuando estamos tratando de ayudar a los buscadores a comprender que la vida cristiana no es solo la única manera de morir... también es la mejor manera de vivir.

· · · · · · · · · · · ·>Inspiración para la jornada

[Hay] un tiempo para llorar, y un tiempo para reír; un tiempo para estar de luto, y un tiempo para saltar de gusto.
—ECLESIASTÉS 3:4

EL IMPACTO DE LA EVIDENCIA

MARK MITTELBERG

—**Me gustaría llegar a ser cristiano**, pero todavía tengo unas cuantas preguntas que me lo impiden —dijo John Swift, un banquero comercial severo y de hablar rápido que trabajaba en el centro de Chicago.

Me había reunido con John por primera vez a petición de Ernie, un líder de uno de los grupos pequeños para buscadores de nuestra iglesia, el cual por algún tiempo había estado lidiando con la lista de dudas y objeciones espirituales de John.

—Hablemos de cualquier cosa que se lo esté impidiendo —le dije—. Aunque espero que usted sepa que no necesita tener una respuesta para toda pregunta a fin de entregarse a Cristo.

—Me doy cuenta de eso —respondió John—. Pero si los entiendo a ustedes de un modo correcto, mi problema principal tiene que ver con algo que todos ustedes consideran bastante importante.

—Tal vez sí, tal vez no —dije—. ¿De qué se trata?

—*¡Yo no creo en la resurrección de Cristo!* —replicó John con énfasis.

En ese momento tuve que reconocer que, sí, esa cuestión es algo bien importante para nosotros en la iglesia.

> —Me gustaría llegar a ser cristiano, pero todavía tengo unas cuantas preguntas que me lo impiden —dijo John Swift

—Admito, John, que cuando fui al seminario, la resurrección de Cristo se encontraba bajo el encabezamiento de *las cosas más importantes*. Eso se debe a que la Biblia enseña con claridad que esta es una de las verdades esenciales para ser un seguidor de Cristo. Sin embargo, me siento curioso. ¿Por qué usted no cree que Jesús resucitó de los muertos?

—Simplemente para mí no tiene sentido el que un muerto pueda volver a vivir —explicó—. Todo lo que he visto respalda al hecho de que los muertos solo permanecen en la tumba, y que sus cuerpos se pudren allí o se los comen los perros salvajes. ¿Por qué iba a creer que ocurrió algo diferente con Jesús?

Era una gran pregunta. ¿Por qué debemos poner nuestra fe en una afirmación que contradice todo lo que hemos visto o experimentado? No obstante, antes de aventurarme a dar una respuesta, decidí preguntarle qué había estado haciendo para estudiar el asunto por cuenta propia.

—Principalmente —respondió— he leído y escuchado a los eruditos que presentan los medios de comunicación.

—¿A cuáles? —pregunté, temiendo la respuesta que iba a oír.

—No recuerdo sus nombres —replicó John—, pero son parte de algo que llaman El Seminario de Jesús, y tengo que informarle que esos individuos tienen toda una variedad de cosas negativas que decir en cuanto a la idea de que Jesús resucitó de los muertos.

—Tengo buen conocimiento de eso —dije, sonando un tanto más impaciente de lo que me proponía—. ¿Ha leído usted alguno de los grandes libros que presentan la evidencia histórica real para la resurrección, tales como los escritos de Norman Geisler, Josh McDowell o Gary Habermas?

—Con franqueza, Mark, no sé nada de esos libros, y en realidad nunca he oído nada que parezca una evidencia genuina para la resurrección de Jesús. Tal vez usted pueda ponerme al tanto.

—Con gusto —respondí, empezando así un diálogo de más de una hora en cuanto a algunos puntos claves de la evidencia.

Mientras más hablábamos, más animado me sentía por la receptividad de John. Al mismo tiempo, estaba asombrado y frustrado de que tantos buscadores espirituales inquisitivos desconocieran por completo esa información tan vital e importante, aunque la misma ha estado presente durante dos mil años.

Los minutos volaron, y pronto se nos acabó el tiempo.

—Antes de que se vaya —le dije a John—, me gustaría prestarle un libro que pienso que le ayudará a profundizar su comprensión de la abrumadora cantidad de evidencia existente que respalda la resurrección.

Dándole un ejemplar de *Jesus Under Fire* [Jesús bajo fuego], editado por Michael Wilkins y J. P. Moreland (Zondervan), añadí:

—Estoy seguro de que todo el libro le será útil, pero quisiera animarle en especial a que lea el capítulo titulado: "¿Resucitó Jesús en efecto de los muertos?" de William Lane Craig. Pienso que trata directamente con su pregunta.

Luego añadí otro pensamiento que me sorprendió incluso a mí.

—John, sé que usted es un hombre de negocios que se identifica con los retos y las metas. Así que permítame animarle a que lea ese capítulo de inmediato y les dé un vistazo a algunos de los otros libros que le he mencionado, para que pueda ver lo fuerte que es la evidencia en realidad. Luego, dando por sentado que confirme que todo es verdad, quiero presentarle el reto de que se convierta a Cristo antes de la Pascua de Resurrección, para la cual falta alrededor de un mes. De esa manera podrá al fin celebrar la fiesta por su significado real.

La intensidad de la mirada en los ojos de John me dijo que estaba tomando en serio mi reto. No pasaron ni dos semanas antes de que me devolviera el libro con una nota informándome que ya había examinado el capítulo de Bill Craig varias veces, había leído todo el libro, y luego había ido a comprar varios ejemplares para él mismo y unos cuantos amigos que estaban haciéndose preguntas similares. (¡Me encanta cuando los *no cristianos* intervienen en la aventura de la evangelización!)

Como dos semanas más tarde, mientras andaba por Australia dictando conferencias, llamé por teléfono para escuchar mis correos de voz y oí un mensaje que casi me quita la respiración. ¡Ernie, el líder del grupo pequeño de buscadores al que pertenecía John, me informaba con entusiasmo que John había confiado en Cristo *justo pocos días antes de la Pascua de Resurrección!* Cuando volví, llamé por teléfono a John para felicitarlo y animarlo. Poco después tuve el privilegio de bautizarlo en el lago que está cerca de nuestra iglesia.

> Debemos estar listos para esgrimir la lógica y la evidencia a fin de mostrar que la fe cristiana es verdad y plenamente digna de ser abrazada.

Para mí, esta fue otra ilustración vívida de cómo Dios usa las respuestas a las preguntas difíciles para eliminar los obstáculos y disponer el corazón de una persona a fin de que reciba el evangelio. Con el correr de los años hemos perdido la cuenta de las veces en que hemos visto al Espíritu Santo emplear este tipo de técnica espiritual, utilizando la lógica y la evidencia para convertir una objeción al cristianismo en otra razón para creer.

⟩Principio de acción

Muchas personas, tal vez algunos de sus propios familiares y amigos, solo necesitan unas pocas buenas respuestas para tomar a Cristo en serio. Sí, otras preocupaciones surgen a veces, incluyendo ciertas cuestiones de estilo de vida y una falta de disposición a entregarles sus vidas a Dios. Pero siempre que las personas tengan objeciones intelectuales que les sirvan de obstáculos, usarán eso como una razón para no considerar los cambios en otros aspectos de sus vidas. Así que debemos estar listos para esgrimir la lógica y la evidencia a fin de mostrar que la fe cristiana es verdad y plenamente digna de ser abrazada.

⟩Adentrándonos en la aventura

¿Sabría usted qué decirle a un amigo que le hace una pregunta como la que John me hizo? Por desdicha, muchos creyentes responden diciendo: «Pues bien, tienes que aceptarlo por fe» o «La Biblia dice que es verdad, y eso lo resuelve todo». Algunos incluso a lo mejor dan por sentado que la persona debe estar destinada al castigo de Dios y es incapaz de ver la verdad, por lo tanto, ¿para qué siquiera intentarlo?

La Biblia nos dice que debemos estar listos para dar una respuesta clara y sensata. En 1 Pedro 3:15 se nos indica: «Estén siempre preparados para responder a todo el que les pida razón de la esperanza que hay en ustedes». La palabra griega que la NVI traduce como «responder» en ese versículo es *apologia*, que significa «discurso de defensa». De este vocablo obtenemos nuestro término *apologética*, que implica una defensa razonada de nuestra fe.

Es importante saber que esta directiva no es solo para pastores, profesores y teólogos. El versículo nos dice que *todos nosotros* como seguidores de Cristo debemos estar listos para explicar y respaldar nuestra fe. Como consecuencia, es imperativo que leamos buenos libros, nos inscribamos en clases y seminarios apropiados, escuchemos discos compactos con enseñanzas y programas de radio confiables, tomemos notas en la iglesia, y hagamos cualquier «tarea en casa» que sea necesaria para llegar a estar bien versados en la información que respalda nuestras creencias.

Con todo, ninguno de nosotros se siente jamás por completo a la altura de la tarea. Incluso cuando en efecto tenemos una buena respuesta, la situación no siempre se brinda para que la demos. Por eso usted notará que en varios de estos relatos, incluyendo este, Lee y yo recomendamos un libro que tenemos la confianza le ayudará a responder la pregunta de la persona. Hacemos esto porque hemos visto una y otra vez cómo la combinación de las conversaciones personales y algunos recursos impresos fidedignos pueden llevar a las personas, como John, más allá de sus barreras intelectuales hasta el punto de confiar en Cristo.

A fin de saber qué sugerirles a las personas uno tiene que leer los libros primero, y para poder en realidad proveerle a alguien un ejemplar hay que invertir en copias adicionales para tenerlas a mano (véase en los «Recursos recomendados» una lista de sugerencias). En lo personal, he descubierto que cuando tengo ejemplares disponibles, en especial cuando estoy viajando, me inclino más a entablar conversaciones espirituales. Eso se debe a que sé que no tengo que responder a toda pregunta, pues tengo un respaldo.

Así que, ¿cómo puede usted ser parte de la aventura, dando buenas respuestas y mostrando la evidencia existente, a fin de ayudar a las personas en sus peregrinajes espirituales? Lea, escuche, estudie, prepárese e invierta en recursos que pueden equiparle a usted y ayudar a su amigo a dar pasos hacia Cristo.

>Inspiración para la jornada

Las armas con que luchamos no son del mundo, sino que tienen el poder divino para derribar fortalezas. Destruimos argumentos y toda altivez que se levanta contra el conocimiento de Dios, y llevamos cautivo todo pensamiento para que se someta a Cristo.

—2 Corintios 10:4-5

VIDA ORDINARIA, IMPACTO EXTRAORDINARIO

LEE STROBEL

Bill McMillen no había estudiado teología. No formaba parte del personal ministerial de alguna iglesia. Era un moderadamente exitoso consultante financiero que usaba anteojos, de aspecto promedio, con una vida atareada y llena de compromisos.

Sin embargo, como alguien a quien Jesús había rescatado de una vida bastante desenfrenada en 1982, Bill estaba comprometido a llevar el mensaje de Cristo lleno de esperanza y redención a tantas personas como pudiera. Por lo que sé, él vivía una vida de impacto máximo.

Mark y yo éramos amigos de Bill, y cuando asistimos a su funeral hace unos años, la iglesia hizo algo inusual en la ceremonia. Se colocaron micrófonos para que cualquiera pudiera contar algo personal acerca de Bill. Mientras escuchábamos asombrados, una persona tras otra pasaba al micrófono para contar cómo Dios usó a este hombre de negocios ordinario para ejercer una influencia extraordinaria en su vida.

> una persona tras otra pasaba al micrófono para contar cómo Dios usó a este hombre de negocios ordinario para ejercer una influencia extraordinaria en su vida.

John, uno de los amigos de la infancia de Bill, describió cómo había atravesado una crisis en su edad madura, divorciándose y volviendo al área de Chicago. «Allí fue cuando Bill me encontró y no me soltó», dijo John. Las personas asintieron, conociendo la reputación de Bill en cuanto a ser tenaz.

Todos los sábados por la noche Bill recogía a John y lo llevaba a la iglesia para que oyera el evangelio. Invitó a John a un estudio bíblico para que aprendiera más en cuanto a Dios. Lo llamaba por teléfono y conversaba con él mientras tomaban café. No pasó mucho tiempo antes de que John le entregara su vida a Cristo. Luego, en una rápida sucesión, también lo hicieron su hija e hijo adolescentes.

Conteniendo las lágrimas, John describió cómo los tres fueron bautizados juntos en un lago cerca de su iglesia. «Todo esto resultó», dijo, «debido a que Bill McMillen fue fiel y leal a Jesucristo».

Luego una mujer llamada Maggie contó cómo ella había estado atravesando dificultades financieras, por lo que hizo una cita para hablar con Bill. Cuando él salió para saludarla en la sala de espera, ella estaba leyendo la literatura cristiana que Bill siempre tenía allí.

—¿Es usted cristiana? —le preguntó.

—Bueno, en realidad, no —dijo ella.

—Mire, conversaremos más tarde de sus finanzas. Hablemos en cuanto a Dios primero. ¿Qué piensa acerca de Dios ahora mismo?

Sus cejas se elevaron.

—Pues bien...

Él le dio una Biblia y le mostró cómo estudiarla. Dibujaba ilustraciones para hacer comprensible el evangelio. Poco tiempo después ella recibió a Cristo y pronto se convirtió en una voluntaria destacada en la iglesia altamente evangelizadora de Bill.

Un abogado llamado Jim habló de cómo su vida se derrumbaba a su alrededor.

—Tengo que salir de la ciudad, librarme de mi matrimonio, abandonar mi profesión y tal vez escaparme de mi propia vida —le dijo a Bill.

Bill sugirió que fueran de viaje juntos.

—Está bien —dijo Jim—. Vamos en mi vehículo.

—¿Tiene reproductor de cinta? —preguntó Bill.

—No —dijo Jim—. Es mi vehículo de pesca. Es una chatarra destartalada.

Bill se presentó para el viaje cargando dos reproductores de cintas y treinta y siete casetes cristianos de enseñanza.

«¡Recuerdo que eran treinta y siete porque Bill no dejó que me apeara del vehículo sin haber oído todas las cintas!», recordaba Jim con una sonrisa. Luego añadió con una voz que se quebraba por la emoción. «Y así fue como llegué a Cristo y él cambió mi vida para siempre».

Un hombre de negocios pasó al frente para decir que lo había conocido cuando su compañía estaba enredada en un conflicto financiero y solicitó el consejo de Bill. «A las cuatro de la tarde él se presentó con un cuaderno de papel amarillo y un lápiz y empezó a disparar preguntas», señaló. «Para las cinco de la tarde, había salvado mi negocio y me hallé inscribiéndome para un estudio bíblico el lunes por la mañana en su oficina. Y antes de que pasara mucho tiempo, Jesús me salvó».

Un hombre llamado Lou dijo que él también había acudido a Bill debido a sus dificultades financieras. «Sin embargo, la agenda de Bill era por completo diferente», indicó. «Él pospuso sus obligaciones por cuatro o cinco días y se convirtió en algo más que un consultante de negocios, se convirtió en ministro. Nos subimos al auto y condujimos hasta Arizona, pasando mucho tiempo recorriendo el desierto y buscando lugares de ventas de hamburguesas no frecuentados que probar. Durante todo ese tiempo comentamos varios libros cristianos, escuchamos cintas y pasajes bíblicos, y hablamos constantemente de Jesús. Fue durante ese viaje que me entregué a Cristo».

El siguiente en hablar fue el socio de negocios de Bill. «Bill era un hombre que nunca tuvo la intención de dejar las cosas para el futuro», dijo. «Él lo hacía todo allí mismo y al instante. El tiempo para actuar era ahora. Si alguien necesita ayuda, ayúdalo... *ahora*. Si alguien necesita a Cristo, háblale de él... *ahora*. Nunca fui a una junta de negocios en la que Bill no lanzara en algún momento durante la reunión el anzuelo para que alguien fuera con él a la iglesia».

Más tarde vinieron los comentarios más conmovedores del día. El socio de negocios de Bill explicó que pasó un montón de tiempo con él durante su lucha contra el cáncer que a la larga le costaría la vida. «Acompañaba a Bill a las sesiones de quimioterapia», dijo. «Él detestaba la quimio, detestaba las agujas... ¡pero le encantaban las oportunidades de hablarles de Cristo a otros que tenían cáncer!»

Describió la visita que le hizo a Bill en el hospital cierta noche un poco antes de que muriera. «Entré, y allí estaba Bill en un sopor inducido por las drogas. En realidad él no sabía dónde estaba. Ni siquiera sabía qué día era. Una enfermera llamada Sofía se encontraba con él. Y Bill McMillen, yaciendo en su lecho de muerte, le estaba diciendo con voz gentil: "Así que, Sofía, ¿sabes con certeza que vas a ir al cielo cuando mueras?"»

El hombre hizo una pausa conteniendo las lágrimas, luego recuperó su compostura y añadió: «Bill se mantuvo tratando de alcanzar a Sofía justo hasta el mismo fin».

Esas fueron unas pocas de las historias que la gente contó ese día. Fue necesario pasar cajas de pañuelitos de papel debido a las lágrimas que fluían, aunque también estuvieron mezcladas con abundantes risas. Me asombré por el número de las personas que van a estar en el cielo durante toda la eternidad debido a que Dios halló a un hombre de negocios ordinario pero dispuesto llamado Bill McMillen para sorprenderlas con su gracia.

¿Era Bill algo peculiar? Ni lo dude. Sin embargo, de una manera atractiva, con un guiño en el ojo y un abundante interés a la antigua, Bill vivía en la práctica una vida que desbordaba de aventuras evangelizadoras todos los días.

Y apostaría a que hoy él no lamenta ni un instante todo eso.

Principio de acción

No tenemos que ser predicadores o teólogos para producir un impacto eterno en la vida de otros. En realidad solo tenemos que estar dispuestos. Podemos ser personas ordinarias porque tenemos un mensaje extraordinario respaldado por un Dios extraordinario.

Adentrándonos en la aventura

Cuando Bill McMillen veía una necesidad espiritual en la vida de alguien, su respuesta instintiva era actuar, hacer algo al respecto de inmediato. Aunque siempre se vio a sí mismo como un individuo común que nunca se sintió apto por completo para la tarea, aprendió que si actuaba, Dios le daba poder según se necesitara.

> No tenemos que ser predicadores o teólogos para producir un impacto eterno en la vida de otros. En realidad solo tenemos que estar dispuestos.

Considere a Jesús en el huerto de Getsemaní. Él estaba abrumado por la emoción debido a su muerte inminente y todo lo que eso supondría. Se sentía débil y temeroso, pero después de asegurarse de estar alineado con la voluntad de su Padre, salió obediente de ese huerto hacia los brazos del traidor y avanzó todo el camino hacia el Calvario. Y Dios Padre se aseguró de que su Hijo tuviera justo lo que necesitaba para realizar su misión redentora.

Cuando usted y yo obedecemos a Dios, estamos demostrando tener fe. La fe no significa solo creer en algo; significa creer en algo y actuar de acuerdo a esa creencia. Hebreos 11:6 dice: «Sin fe es imposible agradar a Dios». No obstante, también es cierto que con fe —es decir, con la apropiada clase de creencia y obediencia— recibimos poder según sea necesario.

Bill McMillen sabía cuál era la voluntad de Dios en lo que tenía que ver con la evangelización. Había leído todos los versículos en cuanto a ser portadores de la luz en un mundo espiritualmente necesitado. Así que cuando encontraba a alguien que necesitaba a Jesús, ponía su fe en acción. Al cumplir con la voluntad de Dios, se encontró a sí mismo fortalecido en el camino para producir un impacto extraordinario.

¿Que tal en cuanto a usted? ¿Es una persona ordinaria? ¿Está dispuesto? ¿Dará un paso hoy a fin de alcanzar a alguien para

Cristo? Al hacerlo hallará que Dios va a su lado y le ayuda a causar ese impacto eterno que nadie puede lograr por cuenta propia.

··········>Inspiración para la jornada

He peleado la buena batalla, he terminado la carrera, me he mantenido en la fe. Por lo demás me espera la corona de justicia que el Señor, el juez justo, me otorgará en aquel día; y no sólo a mí, sino también a todos los que con amor hayan esperado su venida.

—2 Timoteo 4:7-8

ADORACIÓN CON CLASE

MARK MITTELBERG

«Probemos alguna cosa diferente para hacer de este encuentro algo más que una reunión típica de clase», me dijo Fred por el teléfono.

«Estaba pensando lo mismo», respondí, sintiendo que mi entusiasmo crecía. «Muchos de nuestros compañeros de clase se han convertido a Cristo desde que nos graduamos, incluyéndonos a nosotros dos. Busquemos una manera en que podamos contar nuestras historias y animar a nuestros amigos a que consideren también confiar en Cristo».

Esta fue la primera de varias conversaciones a larga distancia a través del país con mi amigo de la secundaria, Fred Allen. Luego de un giro dramático en el curso de los acontecimientos, él se había convertido en seguidor de Cristo luego de varios años de haber terminado el colegio, como dos años después de mi conversión. Ahora nos acercábamos a nuestra reunión de diez años de la clase y pensábamos que sería un buen momento para difundir la noticia.

Nos dábamos cuenta de que la mayoría de las reuniones de clase están llenas de charlas sobre los tiempos antiguos, conversaciones para ponernos al día en cuanto a los antiguos amigos, un banquete formal y unas cuantas fiestas no oficiales… y por lo general licor por todas partes para ayudar a todos a tener un «buen tiempo». Sin embargo, las interacciones a

«Probemos alguna cosa diferente para hacer de este encuentro algo más que una reunión típica de clase», me dijo Fred

menudo eran superficiales, sin que nadie ahondara en busca de la verdad honesta de cómo les va *en realidad*, incluyendo lo que está resultando en sus vidas y lo que no.

Como consecuencia, las reuniones pueden implicar una gran diversión, pero también pueden llegar a ser experiencias de soledad que dejan a la gente sintiéndose vacía. Queríamos prevenir eso y convertir nuestro encuentro en una oportunidad para animar, ahondar y encaminar a nuestros antiguos compañeros de colegio hacia Jesús, el mejor amigo que alguien puede tener.

Al mirar un bosquejo del calendario de la reunión, vimos un gran vacío en el horario de ese fin de semana: *el domingo por la mañana.* Al parecer este espacio se veía como un tiempo libre después del banquete y las fiestas hasta altas horas de la noche del día anterior. Permitía que todos pudieran dormir (o «librarse de la resaca») y volver descansados para la reunión final durante el paseo campestre del domingo por la tarde.

> Nuestro mensaje bíblico nunca debe cambiar, pero nuestras maneras de comunicarlo sí deben hacerlo.

«Esto es perfecto», dijo Fred. «Han dejado el domingo por la mañana libre por completo para nosotros. ¡Planeemos algo que pueda convertirse en la mejor parte de toda la reunión!»

Puesto que la ciudad se hallaba en una región bastante tradicional, en donde asistir a la iglesia era algo que uno hacía o se sentiría culpable por no hacerlo, decidimos asumir un enfoque directo y organizar un servicio de la iglesia el domingo por la mañana. No obstante, queríamos hacer algo con lo que nuestros amigos pudieran identificarse, independientemente de su trasfondo eclesiástico particular (o de si no tenían ninguno). Así que lo programamos lo más tarde posible el domingo por la mañana, a fin de hacerlo accesible para nuestros compañeros más fiesteros.

Pensamos en cómo lo íbamos a llamar, y por último quedamos en «Adoración con clase». ¡Esto parecía decirlo todo! Incluso pudimos conseguir el teatro de nuestra antigua escuela, lo que hizo de nuestro servicio la única actividad que en realidad tendría lugar en el plantel del colegio, dándole a la gente otra razón para asistir.

Necesitábamos conseguir la aprobación del comité de la reunión para que nuestro servicio fuera parte de las actividades oficiales. Una vez que los miembros del comité supieron que nosotros cubriríamos los gastos y haríamos todo el trabajo, convinieron en añadirlo al calendario impreso y nos permitieron insertar un volante en los paquetes que se repartirían en el momento de la inscripción.

Incluso le pidieron a Fred, que había sido nuestro presidente en el colegio, que hiciera un llamamiento durante el banquete del sábado por la noche, animándolo a que mientras estaba al frente invitara a todos para que asistieran a *Adoración con clase.* ¡Pienso que estaban en parte tratando de respaldarnos, pero también tenían ganas de ver las miradas en las caras de todos cuando Fred, a quien le gustaba divertirse y nunca había tenido una reputación por nada remotamente religioso, se pusiera de pie para hablar de Dios!

En realidad el asunto captó la atención de la gente, y a la siguiente mañana cientos de nuestros compañeros, casi dos terceras partes de los que asistieron a la reunión, vinieron al servicio. Algunos vinieron luciendo sus mejores galas, mientras que otros compañeros con cara de sueño llegaron como si no hubieran pegado los ojos ni por un minuto. La llegada de este último grupo fue para mí lo más satisfactorio de la mañana.

Yo dirigí el servicio y Laud, un músico de nuestra clase que hacía poco había llegado a ser pastor de adoración en una iglesia, dirigió la música. Chuck, uno de los mejores atletas del colegio, y varios otros reunieron con rapidez a un grupo de vocalistas locales y una banda. Sherry, que había sido la reina de nuestro baile de graduación, y Susie, una de nuestras porristas más populares, dieron testimonios breves —así como también Fred y yo y otra media docena de compañeros— acerca de cómo Cristo había cambiado nuestras vidas. Por último, Fred ofreció un sermón contundente y atractivo sobre por qué necesitamos el amor, el perdón y el liderazgo de Jesús en nuestras vidas.

Todos parecieron quedar conmovidos de una manera u otra por la experiencia. Más tarde, durante el paseo campestre, oímos muchas historias de cómo las personas habían recibido estímulo y lo significativo que había sido oír lo que en realidad estaba pasando en la vida de sus amigos. Algunos incluso señalaron de forma confidencial que el servicio les había dado mucho en qué pensar al considerar el curso de sus propias vidas.

Al final del día todos los que organizaron la actividad estaban agotados. Sin embargo, nos sentíamos «felizmente cansados», porque sabíamos que habíamos aprovechado una rara oportunidad para hablarles del amor y la gracia de Dios a unos amigos que de veras queríamos y a los que en algunos casos tal vez nunca más volveríamos a ver.

En realidad, los comentarios fueron tan positivos que decidimos hacer algo parecido en cada reunión. Desde entonces hemos organizado *Adoración con clase II* y *Adoración con clase III* en reuniones subsiguientes, y en todo servicio animamos a tantos de nuestros compañeros como sea posible para que pasen al frente y les cuenten a sus amigos del amor y la verdad de Cristo.

Y todo empezó por el deseo de «intentar algo diferente».

❯Principio de acción

Cuando se trata de alcanzar con el evangelio a las personas, «intentar algo diferente» no es un mal lema. Demasiadas veces las iglesias y los creyentes individuales se apegan a métodos gastados para hablarles a los que no han sido alcanzados usando la misma estrategia de la última vez. Nuestro mensaje bíblico nunca debe cambiar, pero nuestras maneras de comunicarlo sí deben hacerlo. La innovación sabia y la evangelización eficaz van de la mano. Antes de aferrarnos demasiado a volver a emplear lo viejo, debemos considerar lo que quiere decir seguir de un modo genuino al que dijo: «¡Yo hago nuevas todas las cosas!» (Apocalipsis 21:5).

Adentrándonos en la aventura ◄ · · · · · · · · · · ·

El apóstol Pablo dijo de forma contundente:

> Aunque soy libre respecto a todos, de todos me he hecho esclavo *para ganar a tantos como sea posible.* Entre los judíos me volví judío, *a fin de ganarlos a ellos.* Entre los que viven bajo la ley me volví como los que están sometidos a ella (aunque yo mismo no vivo bajo la ley), *a fin de ganar a éstos.* Entre los que no tienen la ley me volví como los que están sin ley (aunque no estoy libre de la ley de Dios sino comprometido con la ley de Cristo), *a fin de ganar a los que están sin ley.* Entre los débiles me hice débil, *a fin de ganar a los débiles.* Me hice todo para todos, *a fin de salvar a algunos por todos los medios posibles.* Todo esto lo hago por causa del evangelio, para participar de sus frutos (1 Corintios 9:19-23, énfasis añadido).

Note que Pablo tenía muy clara su meta de ganar para la fe en Cristo a todo el que fuera posible. No había ambigüedad en cuanto a lo que trataba de lograr, ni tampoco la había en Jesús, el cual dijo que «vino a buscar y a salvar lo que se había perdido» (Lucas 19:10).

Necesitamos embarcarnos en nuestro peregrinaje con la misma claridad. Nuestra meta en esta gran aventura debe ser comunicarles con amor el evangelio a nuestros familiares, amigos y otras personas mediante nuestras acciones y palabras, en maneras que Dios pueda usar para atraerlos a Cristo. Nunca se trata de manipular a alguien para que haga algo, sino más bien de animar con gentileza a las personas a considerar el perdón, la amistad y la dirección que Dios ofrece en su gracia.

Una vez que tenemos clara la misión, Dios nos da una gran libertad en cuanto a cómo lograrla. Las instrucciones básicas son estas: manténgase dentro de los parámetros bíblicos y morales de Dios, busque su sabiduría y dirección, actúe con amor, y haga todo lo que pueda a fin de alcanzar para él a las personas.

Así que, haga innovaciones. Experimente. Extiéndase. Salga de su zona de comunidad. Pruebe, caiga e intente de nuevo. Busque métodos que le permitan establecer relaciones y úselos tan a menudo como pueda. Como Pablo, necesitamos hacernos «todo para todos, a fin de [con la ayuda de Dios] salvar a algunos por todos los medios posibles».

·············>Inspiración para la jornada

Porque ustedes antes eran oscuridad, pero ahora son luz en el Señor. Vivan como hijos de luz (el fruto de la luz consiste en toda bondad, justicia y verdad) y comprueben lo que agrada al Señor ... Así que tengan cuidado de su manera de vivir. No vivan como necios sino como sabios, aprovechando al máximo cada momento oportuno, porque los días son malos.

—EFESIOS 5:8-10, 15-16

LISTO PARA PRODUCIR UN IMPACTO

LEE STROBEL

Acababa de regresar de la India, donde había tomado como unas dos mil fotografías a color mientras nuestro equipo viajaba de Bombay (ahora Mumbai) a la provincia suroccidental de Andhra Pradesh para participar en concentraciones evangelizadoras y esfuerzos de atención médica.

El personal del periódico en donde era editor no sabía qué pensar con exactitud sobre mi aventura extracurricular. Pocos de ellos eran cristianos consagrados, así que no tenía ningún contexto para comprender por qué su jefe iba a pasar sus vacaciones en un sector empobrecido al otro lado del globo. Sin embargo, como todos los buenos periodistas exhibieron una saludable curiosidad.

—¿Por qué no nos muestras tus diapositivas? —me preguntó un reportero un día.

—Está bien, buena idea —dije—. Reservaré el salón de conferencias durante el almuerzo un día de la próxima semana. Todo el que tenga interés puede traer algo para comer y yo proyectaré las imágenes en la pared.

El reportero titubeó.

—Bueno, no quiero decir *todas* tus transparencias —explicó solo para asegurarse.

—De acuerdo —respondí—. Buscaré las mejores.

Más de una docena de miembros del personal se presentaron ese día, con sus bolsas de almuerzo en la mano, y nos sentamos alrededor de una mesa alargada para comer. Parecían genuinamente interesados en saber qué sucedió durante mi viaje de un mes... ¡en especial debido a que había regresado pesando diez kilos menos!

Una por una, empecé a proyectar las diapositivas. Hermosas escenas de la selva vasta y espesa. Imágenes deprimentes de niños desnudos jugando en los desagües abiertos de los tugurios de Bombay, y un número al parecer incontable de personas indigentes envueltas en tenues frazadas mientras dormían en las veredas de Hyderabad. Cuadros a colores de atiborrados mercados. Vívidos retratos de mujeres vestidas con saris rojos, amarillos o azules, acarreando cántaros de agua en un pueblo rural. Fotos perturbadores de las víctimas de la polio en el piso de tierra de sus chozas de barro.

Iba haciendo comentarios conforme las diapositivas aparecían en la pared, aunque traté de evitar las referencias espirituales. No quería que se me acusara de abusar de mi cargo como supervisor para hacer proselitismo entre mi personal en el edificio de la empresa. No obstante, lo que sí hice fue sentirme en libertad para responder cualquier pregunta que me hicieron.

Hacia el final de la presentación, mostré varias diapositivas de las miles de personas que se atiborraron en varios lugares al aire libre para nuestras concentraciones nocturnas. Luego terminé con las fotografías de jubilosos nuevos creyentes con el agua hasta la cintura en el gris río Krishna.

«Estas personas acaban de convertirse a Cristo», dije, mostrando una sucesión de imágenes en las que eran sumergidas en el agua y luego emergían de forma triunfal. «Aquí están siendo bautizadas, de modo irónico, en un río que lleva el nombre de una deidad hindú».

Dejé que la última transparencia permaneciera por unos pocos momentos y luego encendí las luces bajo una lluvia de aplausos. «Pues bien, eso es todo», dije. «¿Alguna pregunta antes de que volvamos al trabajo?»

No sabía con seguridad qué esperar. Entonces uno de los reporteros, un ávido y tenaz periodista, levantó la mano a medias. Tenía una mirada de perplejidad en su rostro.

«Dijiste que todas esas personas que estaban en el agua "se habían hecho cristianas"», empezó, recalcando esas últimas palabras. «¿Qué quiere decir eso de convertirse en cristiano? Pensé que uno nacía así. Como en los Estados Unidos... uno nace aquí, así que automáticamente es cristiano, ¿verdad?»

¡Vaya! ¡Qué oportunidad tan increíble! Todos los ojos en el salón se clavaron en mí. Todos, al parecer, tenían ganas de oír la respuesta.

> Tenía ciento veinte segundos para explicarle a un grupo de periodistas inquisitivos, pero por lo general irreligiosos, lo que quiere decir convertirse en cristiano.

Miré al reloj: faltaban dos minutos para la una, lo que quería decir que tenía ciento veinte segundos para explicarle a un grupo de periodistas inquisitivos, pero por lo general irreligiosos, lo que quiere decir convertirse en cristiano.

Congele ese momento. Póngase en mis zapatos. ¿Qué hubiera dicho usted?

Mientras piensa en eso, déjeme adelantar la cinta con rapidez unos pocos años hasta otra escena. Para ese entonces ya había dejado mi carrera de periodista y era un nuevo miembro del personal de una iglesia grande en las afueras de Chicago, donde una de mis responsabilidades era atender las peticiones de los medios de prensa. Un día un reportero del periódico en el que había trabajado vino a la iglesia para preparar un artículo sobre el rápido crecimiento de nuestra congregación. Organicé una entrevista entre él y nuestro pastor asociado, el cual me pidió que estuviera presente en el salón durante su conversación para que pudiera darme cuenta de la clase de temas que el reportero estaba persiguiendo.

La entrevista marchó bien. Durante algo así como veinte minutos el periodista hizo algunas buenas preguntas, aunque predecibles. Me encontraba sentado en una silla cerca de la puerta, y después de un rato estaba oyendo solo a medias y luchando por no dormirme.

Sin ninguna advertencia, el reportero me sorprendió al voltear de repente su silla para mirarme de frente. «Así que, Lee», dijo. «¿Cuál es *tu* historia?»

Mientras mejor equipados estamos, Dios más nos usa. *Congele ese momento también.* Imagínese que un entrevistador inquisitivo, sin venir al caso, le pide que cuente su testimonio de cómo llegó a ser un seguidor de Cristo. Él tiene su lápiz en la mano, listo para anotar sus palabras e imprimirlas para que las lean miles de personas. Rápido, ¿qué diría usted?

Estoy agradecido de que antes de que esos dos reporteros me hicieran esas preguntas, alguien me haya dado un entrenamiento básico en cuanto a cómo hablarles a otros de mi fe. Sin ese trasfondo y la confianza que viene con eso, me hubiera hallado en dificultades para responder, frustrando de modo inevitable a la persona que tenía la oportunidad de alcanzar.

Por lo general estas oportunidades surgen sin advertencia. No hay manera de pedir un «tiempo libre». Así como los aventureros sabios se preparan por completo antes de encaminarse a escalar una montaña o explorar un barco hundido, necesitamos prepararnos con anticipación de modo que estemos instintivamente listos para hablarles a nuestros amigos cuando se abre la puerta para tener una conversación espiritual.

Principio de acción

Las aventuras inesperadas son, pues bien, *inesperadas.* Así que el tiempo para prepararse es *ahora*, y no cuando uno ya está conversando con alguien que nos sorprende con su súbita receptividad al evangelio. Es más, he aquí una ley poco conocida de la evangelización: *Mientras mejor equipados estamos, Dios más nos usa.* ¡Es casi como si él estuviera renuente a permitirnos influir en otros cuando no estamos capacitados de manera apropiada!

Adentrándonos en la aventura

Recuerdo cuando a Mark y a mí nos pidieron que les enseñáramos una clase a los estudiantes del seminario acerca de cómo hablarles de Jesús a otros de maneras sencillas y cotidianas. Nos asombramos de que aunque estaban a punto de graduarse y llegar a ser pastores, muchos no podían articular con claridad su testimonio en tres minutos y con un vocabulario sencillo.

Un estudiante se sintió muy desconcertado mientras trabajábamos con él para descartar de su relato el «vocabulario eclesiástico». Por último declaró frustrado: «¡Si elimino todos los clichés cristianos, no queda nada que decir!»

La clave es la *capacitación*, no simplemente la información o la inspiración. Leer un libro como este puede incrementar su motivación para la evangelización, pero el próximo paso es prepararse uno mismo de un modo sistemático para las oportunidades inesperadas de hablarles sobre Cristo a otros.

Mark y yo nos asociamos con Bill Hybels para preparar un curso actualizado y basado en DVD, *Becoming a Contagious Christian Training Course* [Curso de capacitación: Conviértase en un cristiano contagioso] (Zondervan), a fin de equiparle para que exponga su testimonio con claridad y de forma breve... no como una presentación preestablecida, sino como una historia natural y fácil de seguir con la que otra persona puede identificarse. También aprenderá cómo hacerlo todo, desde iniciar conversaciones espirituales y dirigir a alguien a cruzar la línea de fe, hasta explicar el evangelio de maneras directas que todos puedan entender. Una de las ilustraciones que el curso enseña es la que usé para responder a la pregunta del reportero sobre cómo una persona llega a ser cristiana.

«El cristianismo es diferente a todas las otras creencias», empecé. «Las demás religiones se deletrean HAZ, lo cual quiere decir que las personas tienen que *hacer* buenas obras, como orar de cierta manera, ser muy corteses con otros o darles dinero a los pobres para tratar de ganarse su entrada a Dios. El problema es que nunca saben cuántas buenas obras tienen que hacer; e incluso peor, la Biblia dice que jamás pueden hacer lo suficiente como para merecerse la vida eterna.

»Sin embargo, el cristianismo se deletrea HECHO. Jesús ha *hecho* por nosotros lo que no podíamos hacer por nosotros mismos. Él vivió una vida perfecta y murió como nuestro sustituto a fin de pagar por todos nuestros pecados. Él ofrece el perdón y la vida eterna como una dádiva que nadie puede ganarse. No obstante, simplemente saber esto no basta. Debemos recibir a Cristo como nuestro Señor y Salvador. *Así* es como una persona llega ser cristiana».

Me alegro de que me enseñaran esa ilustración y otras más en un ambiente seguro donde podía practicar con los amigos y corregir mis equivocaciones. En eso radica la belleza de seguir el curso de entrenamiento *Contagious* [Contagioso] o algún otro curso en un grupo pequeño o seminario.

A Mark le gusta comparar esta capacitación con la preparación que un piloto recibe antes de asumir el mando de un avión comercial. «Cuando le confías tu vida a alguien que está piloteando la aeronave», dice, «¿no te alegras de que él se halla estrellado primero todas las veces en el simulador de vuelos?»

De modo similar, su amigo curioso va a sentirse agradecido de que usted «se estrellara e incendiara» unas cuanta veces al practicar su testimonio y varias ilustraciones del evangelio en medio de la seguridad de un curso de entrenamiento. De esa manera usted estará preparado y tendrá confianza para ayudarle en ese momento crucial cuando él se sienta dispuesto a oír hablar de Cristo.

· · · · · · · · · · · ·⟩Inspiración para la jornada

Por eso, dispónganse para actuar con inteligencia; tengan dominio propio; pongan su esperanza completamente en la gracia que se les dará cuando se revele Jesucristo.
—1 Pedro 1:13

RESPALDO ESPIRITUAL

MARK MITTELBERG

Habíamos estado en Orlando dirigiendo una actividad llamada *Contagious Evangelism Conference* [Conferencia de evangelización contagiosa]. Después de un par de días enseñando, animando a los líderes, respondiendo preguntas y lidiando con incontables detalles, nuestro equipo necesitaba con urgencia un descanso. El problema era que teníamos que correr hasta el aeropuerto para tomar un vuelo tarde en la noche de regreso a Chicago, así que no había manera de reducir el paso hasta que al fin estuviéramos en el avión.

Al subir a bordo sentí alivio al descubrir que a Lee y a mí nos habían asignado asientos adyacentes. En realidad estábamos demasiados fatigados como para sentirnos con ganas de conversar con extraños. Fue bueno saber que podríamos relajarnos, hablar sobre la conferencia y descansar un poco.

Nuestro amigo Andy, que nos había ayudado a dirigir la conferencia, no tuvo tanta «suerte». Se encontraba en la fila justo frente a la nuestra, sentado junto a un extraño que resultó ser en extremo extrovertido y tenía ganas de hablar y hablar. De manera habitual eso es bueno, pero sabíamos que Andy también debería estar tan cansado como nosotros.

Lee y yo no les prestamos mucha atención ni a ellos ni a su conversación, en su mayor parte ahogada por el ruido y la charla de las personas en el avión. Simplemente conversamos entre nosotros dos sobre cómo habían resultado las cosas en Florida, nos deleitamos con nuestra «comida» de rosquillas y refresco, y poco a poco nos preparamos para disfrutar de las siestas que inevitablemente seguirían.

Me acomode en mi asiento, preparándome para echar una cabezada. Cuando el ruido del aeroplano cedió un poco, no pude dejar de oír algo de la interacción que Andy tenía con su nuevo amigo.

Al prestar atención por un momento, me di cuenta de que estaban enfrascados en una conversación espiritual bastante profunda. En realidad, el hombre —que resultó ser un ateo— estaba presentando una variedad de preguntas y objeciones relativas a la fe cristiana, y Andy con paciencia respondía a cada uno de sus retos.

¡Así se hace, Andy!, pensé, entretanto una oleada de agotamiento empezaba a apoderarse de mí. *Señor, por favor, usa a Andy para tratar de dirigir a este individuo hacia tu amor y verdad,* oré mientras me quedaba dormido. No estoy seguro de haber siquiera completado el pensamiento o dicho el debido «amén». Más tarde me enteré de que Lee había atravesado por el mismo proceso.

Mientas tanto, Andy estaba con toda fidelidad haciendo lo mejor que podía para lidiar con el mayor número de retos espirituales con los que se hubiera encontrado en largo tiempo... aunque tal vez nunca habían sido presentados de una manera tan vertiginosa. Se halló buscando en los más recónditos recovecos de su memoria para recordar cosas que había leído en la Biblia y varios libros de apologética, aprendido en la clase de filosofía en su universidad bíblica, y oído en los sermones de la iglesia.

Se recordaba a sí mismo que no estaba solo.

Durante toda esta conversación, según Andy nos informó después, se recordaba a sí mismo que no estaba solo. *Tengo a Lee Strobel y a Mark Mittelberg en los asientos justo detrás de mí,* se decía. *Si este individuo presenta alguna objeción que nunca haya oído o hace alguna pregunta que no pueda responder, los dos —que probablemente están escuchando con atención en este mismo momento— se inclinarán hacia delante y me proporcionarán cualquier información o respuesta que sea necesaria. ¡Lee y Mark son conocidos por escribir y hablar sobre estas cosas alrededor de todo el mundo, y ahora tengo a los dos respaldándome!*

No estoy seguro de si Andy se dio la vuelta esperando recibir una señal de aprobación o un pulgar levantado a modo de afirmación, o si finalmente oyó que alguno de nosotros roncábamos, pero cuando él miró de modo casual sobre su hombro... ¡se desilusionó al descubrir que sus compañeros de armas espirituales estaban comatosos!

Al principio Andy se sintió decepcionado. *Valiente ayuda son estos individuos,* pensó. *Les enseñan a multitudes sobre la evangelización y luego ni siquiera pueden quedarse despiertos lo suficiente para darle a un amigo algo de respaldo espiritual.*

Sin embargo, más tarde se le ocurrió algo: Acababa de responder a las preguntas del hombre y le había presentado él mismo el mensaje del cristianismo. Tal vez no lo hizo exactamente de la manera en que Lee o Mark lo hubieran hecho, *¿pero qué importaba eso?* ¡Quizás lo había hecho mejor!

Más importante todavía, con seguridad el «respaldo» evangelizador en el que había estado confiando ya había sido provisto por Dios, pero de una manera mucho más directa y poderosa de la que nosotros jamás podíamos haberle ofrecido. Tal vez lo que Andy necesitaba no era la ayuda de un par de individuos que enseñan sobre cómo alcanzar a otros, sino más bien la dirección y la afirmación del que inventó el concepto y nos dio la comisión para empezar. Él conocía el corazón y la mente de este ateo que estaba sentado junto a Andy... ¡y lo amaba más de lo que cualquiera de nosotros jamás podría hacerlo!

Jesús les dijo a sus seguidores:

Pero el Consolador, el Espíritu Santo, a quien el Padre enviará en mi nombre, les enseñará todas las cosas y les hará recordar todo lo que les he dicho. La paz les dejo; mi paz les doy. Yo no se la doy a ustedes como la da el mundo. No se angustien ni se acobarden ...

Pero les digo la verdad: Les conviene que me vaya porque, si no lo hago, el Consolador no vendrá a ustedes; en cambio, si me voy, se lo enviaré a ustedes. Y cuando él venga, convencerá al mundo de su error en cuanto al pecado, a la justicia y al juicio.

—JUAN 14:26-27; 16:7-8

No sé si el hombre habrá dado algunos pasos adicionales para imaginarse cómo eran las cosas o consideró las verdades que oyó durante el vuelo esa noche. Con todo, me alegro de que Andy estuviera allí cuando Lee y yo no estábamos, así como también de que cada uno de nosotros tenga la promesa del poder, la dirección y la sabiduría del Espíritu Santo para ayudarnos a aprovechar al máximo toda aventura espiritual inesperada.

> Cualquier cosa que Dios espera, Dios la hace posible.

>Principio de acción

Cuando nos aventuramos apoyados en la oración y les contamos la historia de Dios a los que nos rodean, nunca estamos solos. Tenemos el «respaldo espiritual» del omnisciente, todopoderoso, omnipresente y superamante Creador del universo. Así que hable con intrepidez, confiando en que él no solo está *con* usted, sino que se encuentra más que dispuesto a *ayudarle* a comunicar su mensaje dador de vida a las personas que le rodean.

>Adentrándonos en la aventura

Hay un dicho viejo pero cierto que vale la pena repetir: *Cualquier cosa que Dios espera, Dios la hace posible.* En otras palabras, él no nos pide que hagamos algo para lo que no nos da la capacidad y los recursos.

Si esto es cierto, ¿qué nos dice en cuanto a las famosas instrucciones que Jesús les dio a sus discípulos, y por consiguiente a nosotros, justo antes de su ascensión al cielo? Él dijo en Mateo 28:19-20: «Por tanto, vayan y hagan discípulos de todas las naciones, bautizándolos en el nombre del Padre y del Hijo y del Espíritu Santo, enseñándoles a obedecer todo lo que les he mandado a ustedes». Estas palabras conforman lo que de modo habitual se conoce como la Gran Comisión. Sin embargo, ¿fueron solo una expresión elocuente de un pensamiento ilusorio pero irreal, o en efecto Jesús respaldó su Gran Comisión con la Gran Provisión a fin de que lo pudiéramos lograr?

Podemos hallar respuestas al aplicar la regla básica del estudio bíblico correcto: examinar *el contexto*, lo cual se refiere a los versículos inmediatos al pasaje que estamos estudiando. Cuando hacemos esto, encontramos estímulo en las palabras de Jesús justo antes y después de su famoso mandamiento.

El primer ejemplo se encuentra en el versículo 18, donde él empieza diciendo: «Se me ha dado toda autoridad en el cielo y en la tierra», lo que edifica grandemente nuestra confianza en cuanto a su comisión: «Por tanto, vayan y hagan discípulos». En el versículo justo después de este mandamiento, Jesús nos reafirma añadiendo esta promesa: «Y les aseguro que estaré con ustedes siempre, hasta el fin del mundo».

¿Qué significa eso para nosotros hoy? Sencillamente que conforme obedecemos la Gran Comisión, nunca lo hacemos con nuestra propia fuerza o autoridad. El mismo que nos manda también nos provee, y literalmente estará con nosotros, capacitándonos para obedecer sus palabras y dándonos la seguridad de que produciremos un impacto conforme nos embarquemos en la aventura de hablarles a otros de su asombroso amor y su verdad.

Inspiración para la jornada

Su divino poder, al darnos el conocimiento de aquel que nos llamó por su propia gloria y potencia, nos ha concedido todas las cosas que necesitamos para vivir como Dios manda.

—2 PEDRO 1:3

PASIÓN POR LAS PERSONAS

LEE STROBEL

Él era judío, comediante de profesión, pero la situación en ese momento distaba mucho de ser divertida. Es más, conforme nuestro debate improvisado se acaloraba, con nuestras voces haciéndose cada vez más estridentes y la multitud que nos rodeaba creciendo a cada momento, un agente del FBI que no estaba de turno se sintió obligado a intervenir porque temió que fuéramos a liarnos a golpes.

¡Ah, bueno, era solo otra noche en una actividad de alcance cristiana!

En realidad, esa noche había sido inusual desde el principio. Debido a que se acercaba la Pascua de Resurrección, Mark y yo habíamos invitado a uno de los más destacados expertos del mundo en cuanto a la resurrección de Jesús para que hablara en nuestra iglesia un domingo por la noche.

Animamos a los creyentes a que trajeran a sus amigos interesados espiritualmente para que oyeran al Dr. Gary Habermas, que escribió *The Historic Jesus* [El Jesús histórico] y más tarde *El caso de la resurrección de Cristo*. Sin embargo, nos sentíamos escépticos al pensar en cuántos tendrían ganas de asistir a una conferencia dictada por un catedrático universitario durante un fin de semana. El auditorio tenía capacidad para unas cuatro mil quinientas personas, y nosotros acordonamos todo excepto quinientas sillas justo frente a la plataforma. Luego oramos fervientemente para que pudiéramos llenarlas.

Poco antes de la actividad, nuestras oraciones fueron contestadas. Un reportero del *Chicago Tribune* citó a un notorio ateo local que decía que iba a asistir y bombardear a Habermas con objeciones difíciles durante el tiempo de preguntas y respuestas. Eso desató un increíble revuelo en la comunidad, el cual destaqué con toda intención durante los servicios del domingo en la mañana. «Esta noche vamos a tener un tiempo candente en el viejo auditorio», les aseguré.

Al llegar la noche, observamos asombrados cómo multitudes de personas llenaban el auditorio hasta más allá de su capacidad. ¡Había más de cinco mil personas! Habermas paseó la vista por el vasto público antes de subir a la plataforma. «¡Nunca he hablado ante tanta gente!», informó.

De modo irónico, el intrépido ateo acabó quedándose dormido y se perdió todo el suceso. No obstante, más tarde le envié una nota agradeciéndole por atraer a tantas personas para que oyeran la evidencia a favor de que Jesús resucitó de los muertos. «Influiste en más personas a favor de Cristo que muchos cristianos que conozco», le dije con sarcasmo. (¡Él era un viejo amigo de mis días de ateo, así que sabía que podía tolerar la broma!)

Todo en la reunión había marchado sin contratiempos. Habermas ofreció una excelente presentación de la información histórica a favor de la resurrección, respondiendo luego preguntas con toda destreza como por media hora. Al final, Mark animó a los visitantes a que continuaran investigando la poderosa evidencia que habían oído y llegaran a su propio veredicto sobre si el caso a favor de la resurrección era creíble.

Más tarde, la gente permaneció conversando en grupitos por todo el auditorio. Me encontraba en uno de los pasillos, buscando a un amigo, cuando el comediante judío me hostigó. Él había llegado atrasado, perdiéndose casi toda la conferencia, pero exigía que se le dieran respuestas a sus objeciones con respecto a la resurrección.

—Oiga, usted fue parte de este evento —me dijo en tono acusatorio y beligerante—. ¿Cómo se atreve a propagar esta mitología en cuanto a una resurrección? ¿Cómo puede aducir que hay evidencia que respalde lo que obviamente es una fábula? ¡Es ridículo!

—¡Vamos! —respondí tratando de calmarlo—. ¿Tiene usted alguna pregunta específica en la que pudiera ayudarlo?

—¿Pregunta específica? —dijo casi gritándome—. ¡Sí, como un centenar de ellas! ¿Estás diciendo que voy a irme al infierno porque no creo en un cuento de hadas de hace alrededor de dos mil años?

Su actitud agresiva y contenciosa atrajo con rapidez la atención de los que nos rodeaban. Pronto empezó a formarse un grupo, rodeándonos como si fuéramos dos escolares a punto de enredarnos a puñetazos en el patio de la escuela primaria.

Hice lo mejor que pude para contestar sus preguntas, pero tan pronto como lograba que de mi boca saliera una respuesta elemental, él rápidamente pasaba a otras objeciones: *La gente no puede volver de los muertos, esto es médicamente imposible. Tal vez Jesús ni siquiera murió en la cruz. O los discípulos se robaron el cuerpo. No se puede confiar en los Evangelios, fueron escritos mucho después de que Jesús murió.* Y otras cosas así por el estilo.

Empecé a igualar su tono de pelea más de lo que hubiera querido al tratar de responder a sus preguntas. Mi voz subió de volumen para estar a la par de la suya. La multitud crecía y crecía. Fue ahí cuando uno de los ujieres, un agente del FBI que se había ofrecido como voluntario para ayudar con la seguridad, se acercó listo para intervenir al pensar que iba a estallar una pelea.

El comediante y yo discutimos como por media hora. Luego hizo algo inesperado: sonrió de un modo abrupto y extendió su mano en un gesto de amistad.

—Gracias por estar dispuesto a discutir conmigo —dijo—. En realidad aprecio que defendiera lo que cree.

—¿Qué quiere decir? —le pregunté.

—He conversado con un montón de sacerdotes, pastores y ministros, y cuando les presento un argumento en contra de la resurrección, ellos simplemente sonríen y dicen: "Pues bien, es un buen punto", y luego se alejan. No defienden lo que creen, y eso me enfurece. Si van a enseñar algo, ¿por qué no lo defienden? Empezaba a preguntarme si alguien creía en estas cosas del cristianismo lo suficiente como para debatirlas.

—Mire —dije mientras le estrechaba la mano—, lamento haber sido algo impositivo.

—No —exclamó él—. ¡Eso es lo que yo necesitaba! *Necesitaba* discutir esto. En realidad aprecio el hecho de que usted se haya mostrado apasionado en cuanto a lo que cree.

Y ahora, según indicó, iba a estar más dispuesto a buscar con calma las respuestas.

Miro hacia atrás a ese incidente y tengo emociones mezcladas. Al mirar en retrospectiva, veo que no manejé la confrontación con la plena medida de gentileza que 1 Pedro 3:15 dice que debemos exhibir al responder determinadas preguntas. Sin embargo, pienso que compensé lo que le faltó a mi actitud con la pasión que mostré, y resultó que eso era justo lo que el hombre había estado buscando. Y con franqueza, él tiene razón: si el cristianismo *es* verdad —y si Jesús *en efecto* confirmó su divinidad al resucitar de los muertos— los cristianos debemos sentir entusiasmo por la resurrección y ser fervorosos en nuestra defensa de esta piedra angular de nuestra fe.

De otra manera, les damos a personas como este comediante señales de que simplemente no nos importa demasiado lo uno o lo otro. Y si a nosotros no nos importa, ¿por qué debería importarles *a ellos*?

· · · · · · · · · · · · **>Principio de acción**

Los cristianos que carecen de convicción tienen poco que comunicarles a los demás. Las personas no ven razón para sentir entusiasmo por Jesús si los cristianos no lo sienten. No obstante, cuando nos apasionamos por nuestra fe, esto les dice a los buscadores y escépticos que en verdad Cristo nos ha cautivado. Como el filósofo alemán George Hegel dijo: «Absolutamente nada grande en el mundo se ha logrado jamás sin pasión».

Adentrándonos en la aventura‹ · · · · · · · · · · ·

Mark y yo estábamos sentados en la primera fila durante un servicio dominical en una gran catedral de Europa. La arquitectura y los vitrales eran imponentes. La rica música del órgano retumbaba por todo el gigantesco santuario. El pastor, vestido con opulentos ropajes, predicaba desde un púlpito elevado. No obstante, era evidente que algo faltaba.

Mi incliné hacia Mark. «Él no cree ni media palabra de lo que está diciendo», le dije al oído.

Tal vez esto fue un poco injusto, pero todo en la manera en que él hablaba sobre Jesús —con una voz insípida y monótona, desprovista de energía, emoción o convicción— me decía que él solo estaba cumpliendo con las formalidades. Dudo que algún buscador espiritual se entusiasmara por su mensaje, puesto que él mismo no lo estaba.

Cuando era niño, mis padres me llevaban a su iglesia. El organista tocaba las notas precisas, pero no había pasión en la música. Los sermones eran monótonos. La gente repetía al pie de la letra el Credo de los Apóstoles como si estuvieran recitando las estadísticas de béisbol de equipos que no les importaban.

Nada de esto tenía sentido para mí. Si la historia cristiana es verdad en todo su esplendor, gloria y maravilla, ¿no deberían los cristianos sentirse entusiasmados al respecto? ¿No deberían tener deseos de hablarles de Cristo a otros? ¿No debería por lo menos *sonreír*? Más bien, la expresión en sus caras me convencía de que estaban simplemente cumpliendo algún tipo de requisito religioso anticuado y obligatorio. Si su fe parecía tan muerta, me decía a mí mismo, tal vez se debía a que Jesús en realidad estaba muerto.

No estoy diciendo que debamos fabricar emociones falsas o fingir pasión. Sin embargo, si luego de nuestra experiencia diaria con Jesús no nos sentimos emocionados por su presencia en nuestras vidas, algo anda mal. Si no nos entusiasma el mensaje más singular e importante dado por siempre a la humanidad, ¿qué va a entusiasmarnos?

Podemos ser apasionado sin ser antipáticos; podemos sentirnos entusiasmados por Cristo sin hacer el ridículo. No obstante,

> Nuestra fe no va a ser muy contagiosa si nuestras vidas no se desbordan por completo de pasión por seguir a Cristo.

nuestra fe no va a ser muy contagiosa si nuestras vidas no se desbordan por completo de pasión por seguir a Cristo.

«Los buscadores sienten poco respeto por los cristianos débiles», decían Bill Hybels y Mark Mittelberg en *Becoming a Contagious Christian* [Conviértase en un cristiano contagioso] (Zondervan). «Muy adentro están buscando a alguien, sin importar quién sea, que pase frente y proclame la verdad y luego la viva con intrepidez. Yo simplemente tengo que preguntar: *¿Por qué no puede esa persona ser usted o yo?*»

>Inspiración para la jornada

Pues Cristo no me envió a bautizar sino a predicar el evangelio, y eso sin discursos de sabiduría humana, para que la cruz de Cristo no perdiera su eficacia.
—1 Corintios 1:17

EL LADO INVISIBLE
DE LA JORNADA

MARK MITTELBERG

—**Tuve un extraño sueño anoche** —me confió Barb mientras nos disponíamos a cerrar el almacén. Ella estaba tratando de parecer casual al respecto, pero pude percatarme de que se trataba de algo serio—. Tú y tu amigo que viene al almacén de vez en cuando, el muchacho amistoso de pelo negro, estaban en el sueño.

—¿En serio? —respondí, mostrando más interés del que probablemente ella esperaba—. ¿Qué estábamos haciendo en tu sueño?

—Eso es lo más interesante —dijo Barb—. Todo lo que sé es que ambos me estaban hablando. No recuerdo lo que estaban diciendo, pero parecía *en verdad* importante.

En ese momento solo había sido un seguidor de Cristo desde hacía apenas unos pocos días, así que en cierto sentido esperaba milagros por dondequiera que mirara. Trabajando en un almacén de artefactos electrónicos y apenas empezando a imaginarme lo que quiere decir ser cristiano en el mercado laboral, deseaba hacer bien mi trabajo, pero más que nada quería producir un impacto a favor de Dios.

> Tuve un extraño sueño anoche —me confió Barb mientras nos disponíamos a cerrar el almacén

—¿Estás hablando de David, el que vino hace unos días para conversar conmigo en el mostrador? —le pregunté, queriendo asegurarme de que estábamos hablando del mismo amigo.

—Ese mismo —dijo ella—. ¿No es extraño que haya soñado en ustedes dos, en especial cuando apenas conozco a David y ni siquiera sabía su nombre?

—Puede ser inusual, Barb, pero no pienso que sea extraño. En realidad puede querer decir algo —señalé.

—¿Cómo qué? —preguntó ella.

—Escucha, tengo que cerrar la caja registradora y apagar las luces y el equipo. Esta conversación es importante, así que retomémosla después del trabajo para que podamos hablar en serio al respecto.

La expresión casual de Barb había desaparecido, siendo reemplazada por una mezcla de curiosidad y preocupación.

—Está bien —respondió con indecisión.

Ambos atendimos nuestras obligaciones y luego salimos a tomar un refresco.

—Escucha, Barb —le dije, intentando ser sensible—, no estoy tratando de reaccionar de modo exagerado a un sueño, pero hay algo que me parece interesante. Ese amigo que mencionaste, David, es un cristiano en realidad consagrado. ¿Lo sabías?

—No —respondió ella mirándome perpleja—. Pero bueno, ¿qué quiere decir eso?

—Pues bien, hay algo más que pienso que no sabes. Le entregué mi vida a Cristo hace unos días, y en realidad ahora tomo en serio el hecho de seguir y servir a Dios.

Esto fue una sorpresa real para Barb, en parte porque ella había observado algo de mi lado desenfrenado y fiestero... sin embargo, también hizo que se percatara de que existía un eslabón común entre David y yo.

—Y no solo eso —añadí—, sino que David fue uno de los que influyeron en mi decisión de convertirme en cristiano.

—Así que tuve un sueño con ustedes dos —dijo ella— y no me di cuenta de que alguno fuera un cristiano serio.

—¡Y lo que te dijimos en el sueño era *en verdad* importante! —intervine.

—¿Qué me dijeron? —preguntó ella inocentemente.

—Pues bien, no lo sé. Yo no estaba en realidad allí, en tu sueño —le recordé con una sonrisa, tratando de darle un tono más ligero a las cosas.

—¿Pero pudiera ser que Dios te estuviera hablando, dándote una señal para decirte que debes prestarle atención a nuestro mensaje?

—¡Vaya! —fue todo lo que Barb pudo decir por el siguiente minuto o dos.

—Y nuestro mensaje —añadí— sería sobre el amor de Dios por ti. Acerca de su deseo de que vengas a él y recibas el perdón que Jesús logró al morir en la cruz. Él lo hizo por todos nosotros, por David, por mí y por ti. En verdad, por todo el que se lo pide y humildemente deja sus caminos para seguirle.

—¡Asombroso! —se las arregló ella para decir de nuevo—. Hay mucho que pensar en cuanto a todo eso.

—Lo hay, Barb —dije—. Yo quería hablarte de esto, aunque no pensaba decirte todo tan rápido. Pero tal vez Dios quería que lo hiciera algo más temprano, así que te dio ese sorprendente sueño.

Barb asintió.

—Te animo a que hagas lo que acabas de decir: piensa en serio al respecto. Y también ora en cuanto a ello, pidiéndole a Dios que te muestre la verdad. Si quieres, puedes venir al estudio bíblico al que he empezado a asistir los lunes por la noche con David y otras estupendas personas, y podemos hablar de tus preguntas y...

—¡Espera, muchacho, detente! —interrumpió Barb, divertida por mí celo incontenible—. Todavía estoy tratando de entender la parte del sueño.

—Lo lamento. Es solo que estoy entusiasmado por lo que he hallado y cómo me siento, sabiendo que he sido perdonado y que Dios está usándome para que les hable a otros de él —expliqué—. Trataré de ir más despacio. Oraré por ti mientras tratas de entender todo el asunto. Yo soy nuevo en esto, pero con gusto hablaremos de nuevo cuando quieras.

—Estoy encontrándole sentido a todo —dijo Barb con alegría, pero todavía con un ápice de precaución—. Gracias.

Terminamos nuestro refresco y la conversación, y nos despedimos hasta el siguiente día de trabajo.

Barb le entregó su vida a Cristo unas pocas semanas más tarde, llegando a ser una buena amiga conforme nos imaginábamos juntos cómo vivir para Cristo y hablar de él con los que nos rodeaban. De forma extraña, todo empezó con un sueño que estoy convencido provino del mismo autor de la evangelización. La aventura inesperada fue *su* idea. Nosotros nos unimos a él para llevar a cabo lo que ya había planeado, tomando parte en la aventura de nuestras vidas conforme él obraba detrás de bastidores de maneras asombrosas para producir un impacto eterno.

·············>Principio de acción

El Espíritu Santo es nuestro guía invisible en esta asombrosa jornada de hablarles a otros de nuestra fe. El despierta el interés de las personas, dispone sus corazones, informa sus mentes, abre sus ojos, y a veces incluso pone en sus imaginaciones sueños e ideas redentoras... brindándonos luego oportunidades y guiándonos para que las aprovechemos de la mejor manera. Por eso podemos orar, prepararnos y salir con intrepidez. Simplemente nos estamos uniendo a Dios en su misión evangelizadora, alcanzando a un mundo lleno de personas con las cuales «él tiene paciencia ... porque no quiere que nadie perezca sino que todos se arrepientan» (2 Pedro 3:9).

···········>Adentrándonos en la aventura

Me encanta la idea de las actividades espirituales de Dios detrás de bastidores, pero con honestidad encuentro difícil esperarlas día tras día. No sé si es nuestra cultura secular lo que me hace escéptico o mi propio trasfondo evangélico, el cual tiende a relegar lo sobrenatural a las páginas de la Biblia. De cualquier manera, es fácil para mí —y tal vez también para usted— pensar que la transformación espiritual tiene que ver solo con nosotros, que se reduce a lo que *nosotros* decimos y hacemos para conducir a las personas a la fe en Cristo.

Por eso necesitamos oír relatos como este acerca de Barb para acordarnos de que hay mucho más en la aventura que aquello que ven nuestros ojos. Somos parte de un drama cósmico que se desenvuelve en el planeta, y nos encontramos en el centro de la acción, en las líneas del frente de la actividad *de Dios.* Él «de forma rutinaria» obra de maneras que nos asombrarían si en realidad las comprendiéramos. Sí, el usa nuestras palabras y acciones, pero sus actividades van mucho más allá de lo que nosotros podemos decir o hacer.

Solo mire Hechos 10, donde Dios inició una aventura por completo inesperada al enviar a un ángel para que preparara a Cornelio, y luego usó un sueño para indicarle a Pedro que fuera a verlo y le explicara el evangelio. El resultado fue que todos los miembros de la casa de Cornelio pusieron su fe en Cristo, fueron llenos del Espíritu Santo y se bautizaron... todo el mismo día.

Recuerde que servimos a un Dios sobrenatural que no está limitado a las maneras en que nosotros podemos obrar.

Dios todavía usa los sueños para alcanzar a las personas. «He dado conferencias en muchas naciones islámicas, en donde es difícil hablar de Jesús», le dijo el apologista Ravi Zacharias, que nació en la India, a Lee Strobel para su libro *The Case for Faith* [El caso de la fe] (Zondervan). «Prácticamente todo musulmán que ha llegado a seguir a Cristo lo ha hecho, primero, por el amor de Cristo expresado por medio de un cristiano, o segundo, debido a una visión, un sueño u otra intervención sobrenatural». En verdad, Sadhu Sundar Singh, uno de los nativos de la India más famosos que se convirtió del sikismo, el cual una vez arrancó las páginas de la Biblia una por una y las quemó, se convirtió en misionero cristiano después de que Cristo se le apareció en un sueño.

Recuerde que servimos a un Dios sobrenatural que no está limitado a las maneras en que nosotros podemos obrar. Si él lo ha hecho antes, puede hacerlo de nuevo... ¡excepto que esta vez va a usarlo a usted en medio de la acción!

⋯⋯⋯⋯⋯>Inspiración para la jornada

Pero les digo la verdad: Les conviene que me vaya porque, si no lo hago, el Consolador no vendrá a ustedes; en cambio, si me voy, se lo enviaré a ustedes. Y cuando él venga, convencerá al mundo de su error en cuanto al pecado, a la justicia y al juicio.

—Juan 16:7-8

GRACIA EXTRAVAGANTE

LEE STROBEL

—**Es una vergüenza** —me dijo mi amigo por el teléfono.

—No te preocupes —le aseguré—. Adelante, puedes decírmelo.

Lanzó un suspiro.

—Pues bien, descubrí que nuestra hijita se robó un libro de la biblioteca de la iglesia. En realidad nos sorprendió porque ella es una niña buena. De cualquier manera, me preguntaba si pudieras ayudarnos de alguna forma.

En verdad, me sentí aliviado de que las noticias no fueran más serias.

—Seguro —dije—. ¿Qué puedo hacer?

—Quisiéramos que representaras a la iglesia para que ella pueda ir y disculparse —respondió—. Tal vez puedes imaginarte alguna forma de restitución. Queremos usar esto como una oportunidad de enseñanza.

Convine en ayudarlos, pero debo admitir que yo tenía en mente una lección incluso mayor.

Al día siguiente, los padres y su hija de ocho años entraron vacilando a mi oficina y tomaron asiento. La niña era tan pequeña que casi se perdió en la silla. Sus ojos estaban alicaídos; su semblante se mostraba sombrío.

Después de intercambiar cortesías con sus padres, me senté en el borde de mi escritorio de modo que pudiera mirarla de frente.

—Cuéntame qué pasó —le dije con la mayor gentileza que pude.

Ella titubeó, mientras sus labios temblaban un poco.

—Pues bien —explicó mientras empezaba a gimotear— yo estaba en la biblioteca después del servicio, y vi un libro que en realidad quería, pero no tenía dinero.

Ahora las lágrimas llenaban sus ojos y le corrían por las mejillas. Le di un pañuelito de papel, con el cual se secó los ojos antes de continuar.

—Así que puse el libro debajo de mi abrigo y me lo llevé —indicó de repente, casi como si quisiera decir las palabras lo más rápido que pudiera para que no se atascaran—. Sabía que era malo. Sabía que no debía hacerlo, pero lo hice. Lo lamento. Nunca más lo volveré a hacer. ¡De verdad!

Ella estaba tan contrita que me partió el corazón.

—Me alegro de que estés dispuesta a admitir lo que hiciste y lo lamentes —le dije—. Eso es algo muy valiente, y es lo que se debe hacer.

Ella asintió ligeramente.

—Sin embargo —continué—, ¿cuál piensas que sería un castigo apropiado?

La niña se encogió de hombros. Sus padres ya me habían contado que había botado el libro para esconder la evidencia. Me detuve por un momento y luego dije:

—Entiendo que el libro costó cinco dólares. Pienso que sería justo que le pagues cinco dólares a la biblioteca, más tres veces esa cantidad, lo que haría un total de veinte dólares. ¿Piensas que eso sería justo?

—Sí —murmuró ella.

No obstante, pude ver miedo, casi pánico, en sus ojos. Su mente trabajaba febrilmente. *¿De qué manera iba a poder conseguir veinte dólares?* Eso es una montaña de dinero para una niña. Para empezar, ni siquiera tenía los cinco dólares para comprar el libro, y de repente su deuda se había elevado más allá de las nubes.

En ese momento me levanté y caminé hasta detrás de mi escritorio. Sentándome, abrí el cajón superior. Los ojos de la niña se entrecerraron. Ella no podía imaginarse lo que estaba haciendo.

Saqué mi chequera, tomé una pluma, y escribí un cheque de mi cuenta personal por la cantidad total que ella debía. Desprendí el cheque y lo sostuve en la mano. La niña me miraba boquiabierta.

—Sé que no hay manera en que puedas pagar el castigo que mereces —le dije—. Así que voy a pagarlo por ti. ¿Y sabes por qué lo hago?

Aturdida, ella meneó la cabeza.

—**Porque te quiero** —le expliqué—. Porque me preocupo por ti. Porque eres importante para mí. Y por favor, recuerda esto: así es como Jesús te ama también. *Excepto que lo hace incluso más.*

Con eso le entregué el cheque, el cual asió y apretó contra su corazón. Ella floreció con una mirada de absoluto alivio, alegría y asombro. ¡Casi se sentía aturdida por tanta gratitud!

> Una vez que una persona, incluso a tan tierna edad, experimenta la clase de gracia que Cristo ofrece, tal cosa dejará una marca indeleble en su alma

La misma niñita que llegó a mi oficina doblegada por el peso de la vergüenza, ahora se iba con el corazón aliviado y saltando de alegría.

No sé cómo Dios en última instancia usó ese momento de enseñanza en su vida. Pero sí sé algo: una vez que una persona, incluso a tan tierna edad, experimenta la clase de gracia que Cristo ofrece, tal cosa dejará una marca indeleble en su alma. ¿Quién puede resistirse y no sentirse atraído por el perdón y el favor inmerecido que Cristo ofrece?

Esta es una de las más grandes dimensiones de la aventura inesperada. El mensaje que llevamos no se basa en la condenación o la vergüenza. No estamos ofreciéndoles a las personas una sentencia de por vida para realizar trabajos forzados a fin de tratar de alguna manera de lograr ser dignas del cielo. Más bien, tenemos el privilegio de decirles a las personas cómo pueden hallar el perdón completo como una dádiva que fue comprada cuando Cristo murió como nuestro sustituto para pagar por todos nuestros pecados… pasados, presentes y futuros.

«Gracia quiere decir que no hay nada que podamos hacer para lograr que Dios nos ame más», escribe Philip Yancey en su libro clásico *Gracia Divina vs. Condena Humana, Editorial Vida-Zondervan.* «Y gracia quiere decir que no hay nada que podamos hacer para que Dios nos ame menos ... La gracia significa que Dios ya nos ama tanto como un Dios infinito posiblemente puede amar».

¡Vaya! ¡Cuando trato de que esto penetre en mi mente, me abruma una gratitud similar a la de esa niñita! Al mismo tiempo siento un deseo renovado de darles a conocer a los demás este increíble mensaje de redención y reconciliación. Después de todo, con noticias tan buenas como estas, ¿cómo podríamos guardárnoslas?

⟩Principio de acción

Algunos son portadores de malas noticias: el cirujano después de una operación que no resultó, el agente de impuestos anunciando una auditoría, el empleado del banco que nos niega un préstamo. Sin embargo, felizmente, no tenemos que llevar desilusión y aflicción a otras personas, más bien tenemos un mensaje de esperanza y optimismo, perdón, gracia, una vida significativa y el cielo. ¡Eso debería ser suficiente para hacer de la tarea de la evangelización una misión llena de gozo!

⟩Adentrándonos en la aventura

A menudo cuando hemos sido cristianos por largo tiempo empezamos a perder nuestro asombro similar al de los niños por la gracia de Dios. La *sublime* gracia se convierte en una gracia *interesante*, y luego, pues bien... llega a ser solo una palabra en un verso. No obstante, a veces captamos un vislumbre fresco de la magnitud del perdón de Dios y de nuevo experimentamos de modo indirecto lo que significa que se nos quite de los hombros toda una vida de culpabilidad.

Esto me sucedió una vez en nuestros servicios de bautismo en la iglesia donde era pastor. Durante la ceremonia les pedíamos a los participantes que escribieran sus pecados en un papel. Cuando venían a la plataforma, sujetaban el papel a una cruz gigante. Tal acción tiene su fundamento en Colosenses 2:14, que dice de Dios: «Él anuló esa deuda que nos era adversa, clavándola en la cruz».

Después del servicio, una mujer escribió una carta en la que contaba su experiencia:

> Recuerdo mi miedo, *el miedo más grande que jamás recuerde*, mientras escribía con la letra más chiquita que podía en el papel la palabra *aborto*. Tenía miedo de que alguien abriera el papel y lo leyera, descubriendo que era mío. Casi quería escapar del auditorio durante el servicio, porque la culpa y el temor eran demasiado fuertes.
>
> Cuando llegó mi turno, me dirigí al centro del escenario hacia la cruz y clavé el papel allí, luego me encaminé hacia el pastor para que me bautizara. Él me miró directo a los ojos. Estaba segura de que iba a leer en mis ojos el terrible secreto que les había escondido a todos por tanto tiempo.
>
> Sin embargo, más bien sentí como si Dios estuviera diciéndome: *Te amo. Todo está bien. Estás perdonada. ¡Estás perdonada!* Sentí su gran amor hacia mí… una terrible pecadora. Esa fue la primera vez que en realidad experimenté el perdón y el amor incondicional. Fue increíble, y es algo indescriptible.

Ella tiene razón… ¡es increíble! Piense en el momento en que usted sintió por primera vez que el perdón completo y total de Dios lo bañaba, limpiándolo de su vergüenza y su culpa. ¿Recuerda la emoción? ¿Recuerda cuán aliviado y redimido se sintió una vez que se le libró del peso del pecado? Piense en cómo reaccionó cuando la promesa de Dios en Isaías 1:18 inundó su alma por primera vez: «¿Son sus pecados como escarlata?

¡Quedarán blancos como la nieve! ¿Son rojos como la púrpura? ¡Quedarán como la lana!»

Mantenga vivo en usted este increíble sentimiento, y permita que lo anime en su aventura inesperada de extender a otros la gracia de Dios.

· · · · · · · · · · ·>Inspiración para la jornada

Porque por gracia ustedes han sido salvados mediante la fe; esto no procede de ustedes, sino que es el regalo de Dios, no por obras, para que nadie se jacte. Porque somos hechura de Dios, creados en Cristo Jesús para buenas obras, las cuales Dios dispuso de antemano a fin de que las pongamos en práctica.

—Efesios 2:8-10

EL PODER DEL EVANGELIO

MARK MITTELBERG

Había estado enseñándole a un grupo de líderes de la iglesia provenientes de todas partes de la nación y el mundo durante un par de horas antes de que tomáramos un receso a media mañana. El tema de la clase era cómo los pastores y líderes pueden ayudar a todos los miembros de la iglesia a clarificar su propia historia espiritual, incluyendo cómo se entregaron a Cristo y el cambio que eso ha producido en sus vidas.

Disfrutamos de excelentes interacciones, incluyendo un animado tiempo de preguntas y respuestas, y luego durante el receso conversé con algunos que querían ahondar más sobre ciertas cosas. Cuando nos acercábamos a la hora de empezar de nuevo la clase, un hombre que había estado esperando se acercó para decirme algo.

—Me preocupa algo de lo que usted ha estado enseñando —empezó Steve—, y me pregunto si podría ayudarme a resolverlo.

—Me encantará intentarlo —dije—. ¿Cuál es su preocupación?

—Pues bien —respondió—, usted ha estado describiendo la vida cristiana con frases como "convertirse en creyente" y "el punto en que la persona confía en Cristo". Sin embargo, algunos provenimos de tradiciones de fe que en realidad no hablan de esa manera. Nosotros no recalcamos las experiencias de conversión o los puntos de crisis espirituales en la vida de una persona. Tendemos a hablar más acerca de simplemente crecer en la fe, creer en

Dios, participar en la iglesia y cosas así. Por lo tanto, dado nuestro énfasis, ¿cómo aplicaría usted a nuestra situación lo que ha estado enseñando esta mañana?

—**Excelente pregunta** —empecé—, pues sé que hay en verdad una diferencia en la forma en que los varios grupos de cristianos describen lo que debe suceder en la vida de una persona. En algunas partes del mundo la iglesia recalca la importancia de que una persona tenga un momento dramático de conversión del pecado para seguir a Cristo. Otros resaltan la necesidad de que las personas entiendan esto cada vez más con el tiempo, llevándolas a abrazar a Cristo durante el proceso de aprender las verdades del cristianismo. Si esto puede suceder de modo natural conforme el niño crece, tal cosa puede conducir a una fe consecuente y estable.

Steve asintió con la cabeza.

—Sin embargo —añadí—, debo advertirle que no siempre es una cuestión de semántica o énfasis. A veces pienso que las personas se sienten incómodas al hablar de una conversión o de "entregarse a Cristo" porque en realidad nunca han dado ese paso ellas mismas. En verdad, pienso que hay muchos en la iglesia que solo están siguiendo la corriente, lo que es fácil de hacer en estos días en los que tantas iglesias tienen tan buenas bandas musicales. No obstante, en realidad estas personas nunca han interiorizado el mensaje ni le han pedido a Jesús que llegue a ser su Señor y Salvador.

Mientras estaba a punto de terminar mi explicación, Steve me sorprendió… *¡echándose de repente a llorar!* Fue bastante discreto al respecto, pero no trató de ocultar que yo había tocado una llaga viva. Recuperando su compostura, intentó explicar por qué pensaba que mis palabras le habían llegado tan hondo. Le animé y le escuché por un momento mientras hablaba.

A pesar de mi deseo de conversar con él, pronto me di cuenta de que ya había pasado el tiempo del receso y la mayoría del grupo había regresado al salón, aguardando que empezara la clase de nuevo.

Así que le dije a mi nuevo amigo:

—Steve, es obvio que esto es una conversión muy importante y no quiero abreviarla tratando de terminarla de prisa en este momento. Después de la próxima sesión tendremos un receso más largo para almorzar. ¿Podemos reunirnos y continuar hablando?

Steve estuvo de acuerdo, por lo que tan pronto como el grupo se dividió para almorzar, él y yo corrimos a mi auto para ir hasta un restaurante cercano. Sabiendo que el tiempo pasaría con rapidez, reanudamos de inmediato nuestra conversación.

Steve me contó lo que había estado preocupándole durante toda la mañana, que era lo mismo que yo sospechaba. Él había participado por años en una variedad de programas y actividades de la iglesia, pero en realidad nunca le había pedido a Jesús que fuera su Salvador. Steve era religioso, pero no tenía una relación personal real con Cristo. Esto era algo que ahora estaba claro en su mente, y por razones obvias le preocupaba mucho.

Mientras estacionaba el auto junto al restaurante, traté de explicarle que muchos se hallan en esa situación y que no tenía razón para sentirse avergonzado. No obstante, también le animé a no permanecer por más tiempo en esa situación. Le dije que creía que Dios lo había traído a nuestra clase para oír esta verdad, y que en su gracia le estaba abriendo los ojos para que viera su necesidad de recibir la salvación por la que Jesús pagó al morir en la cruz.

Cuando le expliqué el evangelio, Steve de buen grado estuvo de acuerdo con todo lo que dije y las lágrimas afloraron de nuevo a sus ojos mientras afirmaba que quería saber que sus pecados habían sido perdonados y que había llegado a ser un miembro verdadero de la familia de Dios.

> Steve era religioso, pero no tenía una relación personal real con Cristo

—Steve —le dije—, usted puede sellar esa decisión aquí mismo orando conmigo, en este preciso instante, para recibir la dádiva divina de gracia y salvación.

Él estaba más que listo, así que juntos, sentados en mi auto en el estacionamiento de ese restaurante, oramos y Steve le pidió a Jesús que fuera su Salvador y Señor.

¡Fue un momento asombroso! (Usted tal vez se pregunte cómo celebrar algo así. Nosotros nos preguntamos lo mismo... ¡pero mientras considerábamos la cuestión entramos de prisa y ordenamos un sándwich!)

Cuando regresamos de nuevo a la iglesia, oré una vez más en voz alta pidiéndole a Dios que le diera a Steve la seguridad de que ahora era hijo de Dios y permitiera que eso lo llenara de gozo. Más tarde me dijo que conforme yo oraba él se mantenía diciendo: «Sí, Señor Jesús». Me explicó que «de repente la palabra "Señor" cobró un significado nuevo por completo. Era como si la misma irradiara los colores rojo, azul y dorado. Yo continué diciendo: "SEÑOR Jesús", solo esas dos palabras una y otra vez. Por último entendí la palabra "Señor", y me reí y lloré».

Ese fue un momento decisivo en la vida de Steve. Con el correr de los años, él ha crecido inmensamente en la fe, escribiendo un par de libros devocionales e incluso sirviendo durante una temporada como pastor de una iglesia. Pasé solo como una hora con él ese día, pero felizmente Dios me dio la claridad para desafiarlo con las verdades incisivas del evangelio. Luego me tocó observar cómo Dios hacía el resto.

¡Hablando de *aventura!*

·········>Principio de acción

A veces nos sentimos obstaculizados en nuestros esfuerzos evangelísticos porque estamos convencidos de que necesitamos estar mejor preparados, conocer la Biblia por completo y tener respuestas a toda pregunta posible. A menudo olvidamos dos cosas: primero, que el Espíritu Santo está con nosotros, dirigiéndonos y usando lo que decimos; y segundo, que la Palabra de Dios tiene poder divino para penetrar hasta el corazón y desafiar a las personas con la verdad de Cristo. Debemos prepararnos lo mejor que podamos, pero luego es necesario confiar en la dirección de Dios y el poder del evangelio, aprovechando toda oportunidad que tengamos.

Adentrándonos en la aventura ◄ · · · · · · · · · ·

Nadie quiere ofender a los demás. Sin embargo, decir la verdad de Dios es arriesgarse a hacer justo eso: alterando y posiblemente insultando a las personas, y en algunos casos incluso poniendo en peligro nuestra relación con ellas. No obstante, ese es el riesgo que debemos correr para hacerles saber lo que Dios dice y darle a la Palabra de Dios la oportunidad de que demuestre que es «viva y poderosa, y más cortante que cualquier espada de dos filos. Penetra hasta lo más profundo del alma y del espíritu, hasta la médula de los huesos, y juzga los pensamientos y las intenciones del corazón» (Hebreos 4:12).

De modo similar, a ningún médico le gusta decirles a sus pacientes que tienen una enfermedad que amenaza su vida. Hacer esto es arriesgarse a que se enojen y tal vez se depriman, e incluso puede resultar en que rechacen su consejo y decidan buscar a un médico diferente. Con todo, esta es una situación que ningún buen médico va a esquivar.

El paciente *tiene* que oír las malas noticias a fin de tener la oportunidad de enfrentar los hechos y buscar un remedio. La «curación» puede venir por medio de una mejor nutrición y el ejercicio, una medicina, la radiación o la cirugía, pero nadie está dispuesto a aplicar esas soluciones a menos que esté convencido de que en realidad tiene un problema.

De igual manera, el mensaje de la Biblia es una mezcla de noticias buenas y malas. Las *malas noticias* son que somos pecadores que rompen las leyes de Dios, nos quedamos cortos en cuanto a sus normas, y por consiguiente merecemos su castigo, el cual radica en la separación espiritual y la muerte por toda la eternidad. Ese es el dilema espiritual irremediable en el que nos hallamos, y somos moralmente impotentes para cambiarlo por cuenta propia, como los tres primeros capítulos de Romanos lo dicen con abundante claridad.

Como dije, esas son noticias en efecto malas. Sin embargo, cuando las personas asimilan esas realidades, se muestran mucho más dispuestas a escuchar las *buenas noticias*, que son que Jesús vino para ocupar nuestro lugar y recibir el castigo que nos correspondía. Él murió voluntariamente en la cruz para llevar sobre sí el castigo por nuestros pecados, a fin de que podamos canjear nuestro pecado y vergüenza por su perdón, liderazgo y vida eterna (véase Romanos 4—8).

Cuando les comunicamos con amor tal mensaje a los demás —las malas y buenas noticias— este tiene el poder de impactar para siempre sus vidas. Así que conforme el Espíritu Santo le brinde oportunidades, no se cohíba de proclamar la verdad de Dios con humildad y claridad. Luego observe a Dios obrar en la vida de sus amigos y familiares.

············> Inspiración para la jornada

Es más, me presenté ante ustedes con tanta debilidad que temblaba de miedo. No les hablé ni les prediqué con palabras sabias y elocuentes sino con demostración del poder del Espíritu, para que la fe de ustedes no dependiera de la sabiduría humana sino del poder de Dios.

—1 Corintios 2:3-5

ESAS EXTRAÑAS COINCIDENCIAS

LEE STROBEL

¿Qué emociones sentiría si de repente se hallara de pie ante un público integrado por más de mil escépticos, buscadores y cristianos, a todos los cuales se les ha dicho que pueden bombardearlo durante noventa minutos con absolutamente cualquier pregunta en cuanto a Dios, Jesús, la Biblia, las religiones del mundo o cualquier otro tema espiritual?

¡Así es! ¡Exactamente! En lo que a mí respecta me sentí aprensivo, nervioso… *¡asustado!* Nunca antes había hecho algo así. De acuerdo, tenía un consuelo. Estaría respondiendo las preguntas junto a mi compañero de ministerio Mark Mittelberg, uno de los individuos más inteligentes que conozco, así que eso afirmó en algo mi confianza. Sin embargo, había subestimado otra presencia que acabaría siendo determinante por completo.

Lo más probable es que usted nunca invite a toda una multitud para que lo aporree con sus objeciones espirituales. No obstante, siga leyendo. Hay una lección para usted y para mí en esta historia de una «coincidencia» asombrosa que expuso la actividad clandestina de Dios, la clase de intervención divina que me hace dar gracias porque no me perdí este episodio de la aventura inesperada de la fe.

La actividad de preguntas y respuestas estaba programada para un domingo por la noche en Atlanta. Al mediodía, Mark y yo nos encontrábamos almorzando cuando entablamos una conversación con un escéptico bastante terco, el cual nos presentó una objeción al cristianismo que yo no había considerado nunca antes.

«Existía un dios mitológico llamado Mitras, al que adoraban mucho antes que a Jesús, que nació de una virgen el 25 de diciembre, fue un gran maestro itinerante, se sacrificó por la paz mundial, y resucitó después de tres días en una tumba», afirmó. «¡Como ven, el cristianismo sencillamente copió de un mito sus creencias!»

> Sentí una fuerte impresión de que Dios estaba usando ese encuentro durante el almuerzo para prepararme.

Este alegato se ha vuelto mucho más popular en años recientes, en especial después de la publicación de *El código da Vinci*, pero en ese entonces era algo nuevo para mí. Nadie jamás me había presentado esa objeción durante una conversación antes de ese día. ¡Tropecé al tratar de darle una respuesta, y por desdicha di más tropezones que respuestas!

De regreso en el hotel, mientras Mark y yo nos arreglábamos y orábamos por el evento, sentí una fuerte impresión de que Dios estaba usando ese encuentro durante el almuerzo para prepararme. Percibí que me estaba animando a tener lista una respuesta, porque en su preconocimiento divino él sabía que un buscador iba a hacer la misma pregunta.

Así que pasé las siguientes horas concentrado en el asunto de Mitras. Llamé a un experto sobre el tema y revisé varios artículos de algunos eruditos. Como sospechaba, la acusación de plagio estaba por completo errada. Mitras no nació de una virgen, sino que supuestamente emergió ya crecido de una roca; no fue un maestro itinerante, sino un dios mitológico; no se sacrificó, sino que más bien se hizo famoso por sacrificar a un toro; y no había creencias en cuanto a su muerte y por consiguiente ninguna alusión a la resurrección. En cuanto a que nació el 25 de diciembre... pues bien, ¿y qué? ¡La Biblia no nos dice qué día nació Jesús! Además, el mitraísmo no emergió como una religión mistérica sino hasta *después* que el cristianismo ya estaba establecido.

Acudí a la actividad esa noche con ganas de dar a conocer todos los hechos que había investigado. A pesar de mi nerviosismo inicial, toda la velada resultó bastante bien. La gente hizo preguntas sinceras sobre una amplia variedad de temas, y por la gracia de Dios, Mark y yo pudimos aclarar todos esos asuntos. Sin embargo, yo seguía esperando con expectación todo el tiempo que alguien me presentara la objeción de Mitras. No obstante, la pregunta nunca surgió.

Quedé perplejo. Había sentido la fuerte impresión en mi espíritu de que Dios quería que me preparara para tratar con este asunto. *Esto es en realidad extraño,* pensé mientras salíamos del edificio. *A lo mejor malinterpreté las cosas.*

Pronto me olvidé del incidente hasta dos semanas más tarde cuando Mark y yo estábamos de pie frente a trescientos buscadores y escépticos en una iglesia de Chicago. Después de como una hora de responder preguntas, miré mi reloj y vi que era tiempo de concluir. No obstante, cuando alcé la vista, noté a un joven en la primera fila con su mano levantada.

—Está bien, una última pregunta —dije, animándole con la mano.

Se aclaró la garganta al ponerse de pie.

—¿No es verdad —empezó, con un tono de reto en su voz— que el cristianismo en realidad plagió sus creencias de los que adoraban al dios mítico Mitras?

Mark no pudo contener su sonrisa.

—Esa es una muy buena pregunta —dijo—. Lee, pienso que tú debes contestar esta.

Con eso, empecé una prolongada explicación acerca de por qué semejante afirmación carece totalmente de mérito, ofreciendo un detalle tras otro de lo que había aprendido en esos estudios recientes en Atlanta. Debido a que Dios me había impulsado a investigar el tema, pude ofrecer una refutación minuciosa y persuasiva a lo que era una objeción oscura.

Mientras hablaba, pude ver que la actitud defensiva del joven se disolvía. Él pareció volverse cada vez más receptivo a mi respuesta.

—¿Tiene alguna otra pregunta al respecto? — le pregunté cuando terminé.

—Bueno, no —indicó.

Luego, mientras se sentaba, oí que decía en parte para sí mismo, en parte para mí, en parte para la mujer que estaba sentada a su lado, y pienso que en parte para el Señor: «Esa era la última barrera entre Dios y yo».

La última barrera. Y antes de que la noche se acabara, él oró para recibir a Cristo como su Señor y Salvador.

¿Se trató de una coincidencia? Pienso que no. La objeción de Mitras no se popularizó ampliamente sino hasta muchos años más tarde. El hecho de que surgiera en Atlanta durante una conversación improvisada, de que hubiera sentido que Dios me dirigía de manera específica a prepararme con una respuesta, y de que tal objeción fuera presentada frente a cientos de personas apenas un par de semanas más tarde, ayudando a derribar la última barrera entre ese individuo y Dios, para mí fue mucho más que una coincidencia.

Más bien, fue otro recordatorio de que la evangelización nunca es una actividad solitaria. Dios siempre está obrando detrás del telón para atraer a las personas a él. Y una de las grandes emociones de proclamar nuestra fe es captar vislumbres ocasionales de su actividad encubierta. Es casi como si nos guiñara el ojo y nos dijera: *¡Todavía no has visto nada! Sigue conmigo y te mostraré unas cuantas «coincidencias divinas» que estremecerán tu mundo y ampliarán de manera exponencial tu fe.*

> Fue otro recordatorio de que la evangelización nunca es una actividad solitaria. Dios siempre está obrando detrás del telón para atraer a las personas a él.

>Principio de acción

Si usted quiere aumentar su fe, hábleles de ella a otros. Al hacerlo, estará desempeñando un papel en el gran drama redentor que Dios está desarrollando por todo el globo. Y de tiempo en tiempo, como un participante en la Gran Comisión divina, usted podrá presenciar con sus propios ojos cómo el Espíritu Santo está orquestando sucesos, encuentros y conversaciones de maneras asombrosas e inspiradoras. Como resultado, obtendrá una fe más fuerte y vibrante.

Adentrándonos en la aventura◄ · · · · · · · · · · ·

En su libro clásico *Experiencing God* [Mi experiencia con Dios] (B&H), Henry Blackaby y Claude King animan a los creyentes a averiguar dónde Dios ya está obrando y entonces unírsele. Cuando hacemos eso, dicen, experimentamos las mayores aventuras y emociones de la vida cristiana.

La Biblia nos dice con gran claridad que no hay actividad más urgente para Dios que reconciliar a las personas con él mismo. Por eso Jesús entró en la historia de la humanidad «a buscar y a salvar lo que se había perdido» (Lucas 19:10). Esta es la asignación que le dio a la iglesia en la Gran Comisión (Mateo 28:19-20) cuando dijo: «Vayan y hagan discípulos de todas las naciones». Él incluso está retardando la consumación de la historia a fin de que cada vez más personas hallen la redención y la vida eterna (2 Pedro 3:9).

Cuando nos unimos a Dios en esta empresa de suprema importancia, podemos estar seguros de que estamos cumpliendo su voluntad. Por consiguiente, podemos esperar tener una experiencia con Dios de maneras nuevas mientras trabajamos en equipo con él y le vemos desatar sus poderes sobrenaturales para ayudarnos en nuestra tarea.

He visto esto suceder una y otra vez. Por ejemplo, un universitario me dijo que había estado emborrachándose toda la noche en la costa del golfo de la Florida durante el receso de primavera. Al amanecer, sentía fuertes remordimientos por la clase de vida que estaba llevando. Quería encontrar a Dios, sin embargo, había muchos obstáculos intelectuales en el camino. *¿Cómo puede haber un Dios amoroso si existe tanto sufrimiento en el mundo? ¿Cómo puede un Dios viviente enviar a la gente al infierno? ¿Cómo puede ser que Jesús sea el único camino al cielo?*

Mientras meditaba en estas objeciones se fue a caminar por la playa desierta. Entonces, de repente, vio algo medio enterrado en la arena justo frente a sus ojos. «Si hubiera caminado un poco a la izquierda o a la derecha no lo habría visto», me comentó.

No obstante, el objeto estaba tan directamente en su camino que casi tropieza con él: un muy gastado ejemplar de mi libro *The*

Case for Faith [El caso de la fe], en el que proveo respuestas a las barreras precisas que impedían que este joven llegara a la fe. Desenterró el libro, le limpió la arena, lo leyó... y acabó entregándole su vida a Cristo.

«No tengo ni la menor idea de por qué este libro estaba allí», me dijo.

Pues bien, yo sí. Estaba allí porque Dios es el gran Evangelista que ama a este individuo más de lo que cualquier persona en la tierra podría jamás hacerlo. Varios años antes, cuando el Espíritu de Dios me impulsó a escribir ese libro, estoy seguro de que la mente de Dios ya estaba considerando la eternidad de este joven. Poner el libro justo en su camino... ¡bueno, eso es un juego de niños para aquel cuya voz hizo que el mismo universo existiera!

>Inspiración para la jornada

¡Vengan y vean las proezas de Dios, sus obras portentosas en nuestro favor!

—Salmos 66:5

UN MOMENTO DE URGENCIA

MARK MITTELBERG

No había visto a mi tío abuelo en años, y sabía que tal vez nunca lo volvería a ver. Él tenía una edad avanzada y sufría de una enfermedad seria. Toda la familia se daba cuenta de que se acercaba al final de su vida, lo que hizo de su próxima visita a la casa de mis padres algo mucho más significativo e importante.

Cuando eramos niños, a mis hermanos y a mí nos encantaba salir de la ciudad a «la casa de la tía Faye y el tío Maurice». Parte de la atracción era la fascinante casa en sí misma. Se trataba de uno de esos lugares anticuados que con el correr de los años se había convertido en una verdadera bodega de cachivaches y juguetes desusados. Para nuestro deleite, la tía Faye nos

> No había visto a mi tío abuelo en años, y sabía que tal vez nunca lo volvería a ver.

enviaba escaleras arriba animándonos a que nos divirtiéramos rebuscando por todos lados y viendo qué cosas interesantes podíamos hallar para jugar. Aprovechábamos su oferta con entusiasmo, a veces durante horas seguidas.

El tío Maurice siempre había sido cariñoso y jovial, y al mirar hacia atrás, pienso que la tía Faye era algo así como nuestra propia Tía Abeja (del «Show de Andy Griffith»), siempre preocupada por las comidas para sus visitantes y golosinas para nosotros los chiquillos. *¿Qué hay mejor que esto?*, solía pensar yo.

No fue sino hasta años después que me enteré de que algunos de los mayores se preocupaban por la condición espiritual del tío Maurice. Siendo un hombre muy poco religioso, asistía a la iglesia en ocasiones, pero parecía verla más como un lugar de interacción social e influencia, no como una fuente de vida espiritual y transformación. Lo que es peor, a veces negaba de modo explícito la necesidad de pedirle a Jesús perdón y dirección para su vida. Fue mi creciente conocimiento de estas cosas siendo un joven creyente lo que me hizo orar de una manera especial conforme su visita se acercaba.

Aunque luchaba con su salud cuando llegó, el tío Maurice mostraba su personalidad por lo general afable y bondadosa. Disfrutamos nuestro tiempo con él, comiendo juntos y hablando cerca de la chimenea mientras evocábamos «los buenos días de antaño», incluyendo nuestros recuerdos de la tía Faye, que había muerto varios años atrás.

Sin embargo, yo también tenía un sentimiento acuciante de que Dios me estaba dirigiendo a que le hablara de la importancia de conocer y seguir a Cristo mientras todavía tenía la oportunidad de hacerlo. Luché con esto, puesto que el tío Maurice era más de cincuenta años mayor que yo. *¿Quién era para decirle a este hombre mayor y con más experiencia lo que debía hacer?*, pensé. *¡Con certeza debe haber algún otro en la familia mejor preparado que yo para hablarle!* No obstante, no pude quitarme de encima el sentimiento de que Dios quería que yo le hablara.

Por último, después que el tío Maurice estuvo con nosotros durante varios días y se acercaba el fin de su visita, supe que no podía seguir demorando la conversación. Él estaba sentado en un sillón frente al cual había otro igual, separados por una otomana. Me senté en el sillón que tenía enfrente y le dije que tenía algo importante de lo que quería hablarle.

Tal vez detectando mi nerviosismo, me preguntó con amabilidad sobre qué quería hablar. Respiré hondo y le expresé mi preocupación espiritual por él. Le expliqué que unos años antes yo había confiado en Cristo. Le hablé de cómo Dios había empezado a cambiarme desde adentro hacia afuera, dándome un nuevo sentido de seguridad y esperanza. Le dije que quería que él tuviera esa misma seguridad y esperanza.

Maurice sonrió y me dijo con gentileza que no necesitaba preocuparme por él. Tenía la confianza de que Dios era bondadoso y estaba lleno de amor, así que él estaría bien cuando llegará el día de su fallecimiento.

—¿Cómo *sabes* que vas a estar bien? —le pregunté.

—Pues bien, he llevado una vida bastante buena —insistió—, y pienso que Dios verá eso y será justo conmigo.

—*Pero no es así como funciona* —respondí—. La Biblia dice con claridad que ninguno de nosotros es lo suficiente bueno ni ha hecho suficientes buenas obras para ganarse el perdón de Dios. En Romanos 3:23 se nos indica que todos hemos pecado y estamos lejos de la norma de Dios. Por eso Jesús tuvo que morir, para pagar la penalidad por estos pecados que hemos cometido.

De nuevo él trato de restarle importancia a mis preocupaciones, asegurándome que estaría bien y que no tenía nada que temer.

La mejor manera en que puedo describir lo que sucedió después es diciendo que de repente me di cuenta de que era ahora o nunca, por lo que una especie de intrepidez santa me inundó. Pasé de mi sillón a la otomana que estaba entre nosotros. Sentándome justo frente a él, le tome las manos y lo miré directo a los ojos.

—Tío Maurice —dije—, te quiero lo suficiente como para decirte la verdad. En solo semanas o meses, o a lo sumo unos pocos años, literalmente tendrás que estar frente a Jesús, y te va a preguntar si has confiado en él y aceptado su pago por tus pecados. ¡Jesús ya nos ha dicho que somos pecadores en necesidad desesperada de su salvación, y que él es el único camino a Dios, así que, por favor, no te alejes de él y de su oferta de perdón y vida eterna!

Maurice me agradeció por mi profunda preocupación. Pienso que le impresionó mi cariño y desvelo, pero no mostró ninguna señal externa de ablandarse espiritualmente. Pocos días más tarde se fue y nunca más lo volví a ver. Sin embargo, unos pocos meses más tarde le envié una carta en la que de nuevo le expresaba de modo enfático mi preocupación y le volvía a explicar el mensaje del evangelio.

Hace poco estaba revisando unos archivos viejos y hallé una fotocopia de esa carta. Esto es parte de lo que decía:

> Querido tío Maurice:
>
> En realidad me alegro de que pudieras haber venido para estar con nosotros el año pasado. Disfruté mucho el tiempo que pasé contigo. Eres un hombre muy bondadoso y querido, y me alegro de que seas mi «tío».
>
> Te quiero, y porque te quiero, tengo que decirte que me preocupas mucho y me intereso por ti, más allá del aspecto físico. Me preocupa tu relación con Dios, y lo quieras o no eres su hijo. Sé que hablamos de esto cuando estuviste aquí. Pero hablar no es suficiente, debes responder...

Nunca recibí una respuesta. Pocos años después nos informaron que Maurice había muerto. Nos sentimos muy tristes por la noticia, y me di cuenta de que nunca sabría de este lado de la eternidad cómo él había respondido a lo que le había dicho.

No obstante, también percibí la tranquila reafirmación de Dios, asegurándome que mis esfuerzos le habían rendido honor y agradado. Había hecho todo lo que podía para comunicar el evangelio con claridad, recalcar la urgencia de la situación, y entregarle a Dios todo en oración. Sabía que en última instancia eso es todo lo que podemos hacer... y luego dejar los resultados en sus poderosas y amorosas manos.

⋯⋯⋯⋯⋯>Principio de acción

La jornada evangelizadora está llena de emoción y aventura, pero también es *seria*. No estamos meramente tratando de ayudar a la gente para que mejore su vida. Estamos señalándoles a Jesús, que sin ambigüedad declaró: «Yo soy el camino, la verdad y la vida ... Nadie llega al Padre sino por mí» (Juan 14:6). Debemos tener la valentía para hablar y explicarles con amor el evangelio a las personas... a veces con gran urgencia.

Adentrándonos en la aventura

Uno de los pasajes más aleccionadores de la Biblia se halla en Ezequiel 3, donde empezando en el versículo 17, Dios dice: «Hijo de hombre, a ti te he puesto como centinela del pueblo de Israel. Por tanto, cuando oigas mi palabra, adviértele de mi parte». Luego procede a explicar que si Ezequiel es fiel para proclamar con claridad la advertencia, la responsabilidad caerá sobre los que la escuchan. No obstante, si no les advierte con claridad, la responsabilidad caerá sobre Ezequiel. Sobra decir que el profeta toma esto con toda seriedad, asegurándose de trasmitir cualquier cosa que Dios le ordena que le diga a la gente que es llamado a confrontar.

> Debemos tener la valentía para hablar y explicarles con amor el evangelio a las personas... a veces con gran urgencia.

De manera similar, cada uno de nosotros es miembro de la iglesia a la que Jesús le dio la orden de ir por el mundo y comunicar su evangelio. Este mensaje implica buenas noticias, pero está edificado sobre la sobria realidad de que somos pecadores y necesitamos al Salvador. Debemos comunicar con claridad la verdad de nuestro pecado y el castigo que merecemos, así como también las grandiosas noticias de que nuestra penalidad ha sido pagada por Cristo, que ofrece perdón y nueva vida como una dádiva de su gracia.

Esto fue lo que traté de explicarle al tío Maurice. Mirando hacia atrás, no sé si logré el equilibrio apropiado entre la paciencia y la persistencia. Sin embargo, sí puedo decirle esto: siempre he estado agradecido porque en esa situación me incliné más hacia la persistencia y no me contuve. Pensé que corría un riesgo, y además me sentí algo incómodo. Pero no tenía nada que perder, mientras que mi tío abuelo tenía todo para ganar. Lo que Maurice en última instancia hizo con el mensaje era su responsabilidad. Con todo, yo sé en mi corazón que dije la verdad con claridad, motivado por el amor.

Pídale a Dios que le proporcione el equilibrio apropiado en las interacciones con sus familiares y amigos. Sea paciente, pero también persistente, estando dispuesto a presentarles a las personas un reto con intensidad y urgencia conforme le dirija el Espíritu Santo.

· · · · · · · · · · >Inspiración para la jornada

Tengan compasión de los que dudan; a otros, sálvenlos arrebatándolos del fuego. Compadézcanse de los demás, pero tengan cuidado.

—JUDAS 1:22-23

TIEMPO EN SUSPENSIÓN

LEE STROBEL

Llegué a la casa de mi amigo en un diminuto convertible deportivo.

—¿Quieres que crucemos todo el país en *eso?* —dijo echándose a reír.

—¿Qué quieres decir? —repliqué, fingiendo indignación—. Leslie y yo viajamos en él durante todo el camino desde Illinois hasta Florida el año pasado.

Me miró incrédulo.

—¿*A propósito?* —comentó.

Pronto estuvimos bromeando como en los viejos tiempos. Tarik y yo nos habíamos conocido cuando estudiábamos en la Universidad de Missouri, y los fines de semana pedíamos aventones para atravesar de la pradera e ir a ver las tiendas especializadas de motocicletas en Joplin y Kansas City. Nuestro deseo de viajar continuó después que nos graduamos, incluyendo un viaje a Nueva Orleáns durante el Super Bowl para explorar la calle Bourbon y las ruidosas fiestas de fútbol que tenían lugar antes y después del partido. Sin embargo, ahora estábamos a punto de embarcarnos en una aventura más seria.

Debido a que Tarik estaba trabajando en Iowa y yo vivía en Chicago, no nos habíamos visto durante varios años. No obstante, había oído vagos rumores de que él se enfrentaba a algunas oportunidades y retos personales, y dudaba de que hubiera alguien en quien pudiera confiar lo suficiente como para hablar al respecto.

Además, en realidad nunca habíamos conversado acerca de mi recién hallada fe en Cristo.

Así que le llamé y le dije:

—Oye, ¿recuerdas esos viajes por carretera que solíamos hacer? Tomemos una semana libre de trabajo y vayamos al oeste.

De forma sorpresiva, Tarik no necesitó que lo convenciera.

—Está bien —dijo—. ¿Por qué no? Pasa a recogerme.

No me preguntó en qué automóvil iría, de ahí su desilusión cuando me presenté en el diminuto convertible deportivo con la capota baja. El auto a duras penas tenía cabida para dos personas, pero él se embutió en el asiento y partimos hacia el oeste sin ningún destino particular en mente.

Pienso que ni siquiera encendimos la radio durante todo el camino. Simplemente hablamos y hablamos. En realidad, mi papel los primeros dos días fue simplemente escuchar. Él estaba preocupado por algunas decisiones inminentes, así que por horas sin fin habló de una forma profunda del asunto. Yo le ofrecía mi consejo siempre que podía.

Al poco tiempo llegamos a Omaha, cenamos un buen bistec, y luego decidimos dirigirnos al sur. En Kansas, conduciendo por la Autopista US 281, llegamos al centro geográfico de los cuarenta y ocho estados, marcado por un pequeño monumento con una diminuta capilla en la que tal vez cabían seis personas. Nos aventuramos a entrar, fingiendo una vez en el interior que predicaba un sermón. Tarik, criado en un hogar musulmán, no se sintió muy cómodo en la banca de madera.

Más tarde viajamos por la Autopista 24 hacia Cawker City, Kansas, donde frené en seco, puse el auto en reversa, y retrocedí para confirmar lo que pensaba que había visto. Con certeza, se trataba de la Bola de Cuerda Más Grande del Mundo, con sus dos millones y pico de metros de cuerda enrollados en una bola que tenía como tres metros de diámetro y estaba encerrada en una gran glorieta. ¡No era algo muy asombroso que digamos, pero por cierto bien valía la pena que nos tomáramos un par de fotos!

Al acercarnos a Kansas City, nuestra conversación se dirigió al tema de la fe. Los difíciles retos que enfrentaba, le dije a Tarik, tal vez serían menos imponente si contara con el consuelo, la sabiduría y la dirección de Cristo en su vida.

Habiendo nacido en una nación islámica, Tarik era musulmán desde el punto de vista cultural, pero no era activamente devoto. Mientras estábamos en la universidad el tema de la religión afloró solo una vez cuando tuvimos un desacuerdo acerca de Dios. ¡Tarik se quedó perplejo porque yo *no* creía en Dios, en tanto que yo me asombré de que él *sí* creyera!

Mientras viajábamos, le conté que había investigado la evidencia a favor de Jesús, explicándole cómo mi nueva fe había cambiado mi visión del mundo, mis actitudes y prioridades. Nos detuvimos en Kansas City y fuimos al juego del béisbol de los Royals esa noche, charlando en cuanto al cristianismo entre una entrada y otra. Al día siguiente nos dirigimos por la Interestatal 70 a Columbia para visitar la Universidad de Missouri, en donde nos habíamos conocido veinte años atrás.

Pasamos un tiempo estupendo explorando nuestro viejo dormitorio y los sitios que solíamos frecuentar. Al final del día, me detuve en una librería cristiana a fin de comprar una Biblia para Tarik. A la siguiente mañana, antes de salir de hotel, le dije: «Permíteme aclararte de que trata el cristianismo». Hojeé el Nuevo Testamento hasta encontrar Romanos 6:23: «Porque la paga del pecado es muerte, mientras que la dádiva de Dios es vida eterna en Cristo Jesús, nuestro Señor».

«Eso», le dije a Tarik, «lo resume bastante bien. Merecemos la muerte, la separación eterna de Dios, debido a nuestro pecado o maldad. Sin embargo, Dios nos ofrece perdón y vida eterna como una dádiva, comprada cuando Cristo murió en la cruz como nuestro sustituto para pagar por todas nuestras transgresiones». Recalqué la palabra *dádiva* para establecer un contraste con las enseñanzas musulmanas, que insisten en hacer buenas obras para tratar de aplacar a Alá.

Tarik escuchó con cortesía, pero no dijo mucho al respecto. Mientras nos dirigíamos al norte de regreso a Iowa, traje a colación el tema del evangelio de vez en cuando, pero él parecía renuente a hablar al respecto. Traté de no desalentarme, diciéndome que tal vez él estaba meditando en las implicaciones del versículo. Con todo, muy dentro de mí me cuestionaba. Sus retos personales representaban una gran preocupación. ¿Veía él a Jesús como una ayuda potencial o como una distracción insulsa?

Era tarde cuando llegamos a su casa.

—Tengo que salir mañana temprano —le dije antes de dirigirme a la habitación de los invitados.

Iba a dejar el asunto así, pero decidí hacer otro intento.

—¿Recuerdas que hablamos de que la Biblia dice que el perdón y la vida eterna son una dádiva? —dije—. ¿Te gustaría orar conmigo para recibir esa dádiva? Podemos hacerlo aquí mismo, justo ahora.

Su respuesta me aturdió.

—Sí —indicó—. Quisiera hacer eso.

Y esa noche Tarik oró conmigo para recibir a Cristo como su Salvador.

Subí el volumen de la música de alabanza mientras conducía de regreso a Chicago a la mañana siguiente. Tarik y yo habíamos pasado cinco días viajando por los campos. Habíamos dedicado un precioso tiempo de vacaciones del trabajo a pasar esos días juntos. No obstante, según pensé, esta era una pequeña inversión comparada con los resultados eternos.

>Principio de acción

Años atrás los «expertos» en la crianza de los hijos decían que lo importante no era la *cantidad* de tiempo que uno pasaba con sus niños, sino que más bien era la *calidad* del tiempo lo que interesaba. Por supuesto, se equivocaron: *ambas* cosas son importantes. Muchas veces el mejor regalo que podemos darles a nuestros amigos interesados en Jesús, es escucharlos, darles nuestro tiempo, y nuestro corazón interesado.

> Muchas veces el mejor regalo que podemos darles a nuestros amigos interesados en Jesús, es escucharlos, darles nuestro tiempo, y nuestro corazón interesado.

Adentrándonos en la aventura◀ · · · · · · · · · ·

En el fútbol americano el «tiempo en suspensión» es aquel en que la pelota permanece en el aire después de haber sido pateada. En el baloncesto es el tiempo que el jugador está en el aire mientras vuela para encestar. En la aventura inesperada de la evangelización, el «tiempo en suspensión» se refiere a otra cosa: significa pasar con los amigos buscadores suficiente tiempo como para entender sus preguntas y preocupaciones, profundizar la confianza mutua, y permitir que puedan enfrascarse de un modo profundo en las conversaciones espirituales.

Si usted es padre o madre, sabe que las mejores conversaciones con sus hijos, en especial cuando son pequeños, no surgen en los primeros minutos de interacción con ellos. Vienen mucho más tarde, después que ha invertido suficiente tiempo como para convencerlos de que en realidad se interesa en lo que está pasando en sus vidas.

El tiempo, después de todo, es nuestro bien más preciado. Cuando lo compartimos generosamente con otras personas, estamos diciéndoles que en realidad nos importan. Estamos fomentando un medio ambiente calmado que cuenta con el potencial para llevar a cabo conversaciones significativas sobre cuestiones importantes… en especial las eternas.

Terry Muck, en su libro *Those Other Religions In Your Neighborhood* [Esas otras religiones en su barrio] (Zondervan), describe uno de los ejemplos más conmovedores de un cristiano pasando un «tiempo en suspensión». Allí cuenta de una carta que le escribió un hombre que carecía de todo interés espiritual, pero que vivía al lado de un cristiano consagrado.

Ellos tenían una relación personal casual, que incluía algunas charlas sobre la cerca del patio posterior, el pedirse prestadas las podadoras del césped, y otras cosas así. Entonces la esposa del no cristiano se enfermó de cáncer y pronto murió. He aquí una parte de la carta que este hombre escribió después:

> Yo quedé en total desesperanza. Durante los preparativos del funeral y el funeral mismo me sentía como si

estuviera en trance. Después del entierro me fui al sendero junto al río y caminé toda la noche. *Sin embargo, no caminé solo.* Mi vecino, pienso que temiendo por mí, se quedó toda la noche conmigo.

No habló; ni siquiera se mantuvo caminando a mi lado. Simplemente me seguía. Cuando al fin el sol salió sobre el río, se me acercó y me dijo: «Vamos a desayunar».

Ahora voy a la iglesia. A la iglesia de mi vecino. *Una religión que produce el tipo de interés y amor que mi vecino me mostró es algo de lo que quiero saber más.* Quiero ser así. Deseo amar y ser amado de esta forma por el resto de mi vida.

¡Qué poderoso impacto ejercieron sobre aquel hombre unas pocas horas de caminata junto a un río! ¿No es sugestivo cómo equipara el tiempo que su amigo pasó con él —sin decir nada, ni hacer nada en particular— con el interés y el amor?

Así que, ¿con quién necesita pasar algún «tiempo en suspensión»? Tal vez se trate de un conocido que está atravesando por una crisis en su vida. O tal vez sea alguien de su trabajo o su barrio con el que apenas tiene una conexión superficial. Pasar un tiempo con ellos puede fomentar una nueva amistad y abrir la puerta para las conversaciones espirituales.

O tal vez, como mi amigo Tarik, es una persona de la que se ha alejado en los años recientes. Es asombroso cómo una llamada por teléfono o una visita pueden al instante encender de nuevo una relación personal de antaño y establecer la base para un encuentro que cambiará una vida.

> Es asombroso cómo una llamada por teléfono o una visita pueden al instante encender de nuevo una relación personal de antaño y establecer la base para un encuentro que cambiará una vida.

▶ Inspiración para la jornada

Así que somos embajadores de Cristo, como si Dios los exhortara a ustedes por medio de nosotros.

—2 Corintios 5:20

EFECTOS EXPANSIVOS

MARK MITTELBERG

Wende era una alta ejecutiva a la que Dios alcanzó mediante una variedad de influencias, incluyendo a varios amigos cristianos, una iglesia evangelizadora, un líder que dedicó tiempo para presentarle el desafío, y un ejemplar de la *Biblia El Camino* Editorial Vida-Zondervan. La curiosidad de Wende y la gracia de Dios pronto la condujeron a comprometerse a caminar con Cristo.

De repente, un mundo nuevo por completo se abrió para Wende cuando se dio cuenta de que muchos de sus colegas, amigos e incluso familiares necesitaban el amor, el perdón y la dirección de Dios... y de que él quería alcanzarlos a través de ella. Como resultado, incluso en las etapas más tempranas de su desarrollo espiritual, Wende empezó a arriesgarse todos los días a fin de compartir con los que la rodeaban su fe recién hallada. Conocí a Wende durante ese tiempo, y tuve el privilegio de ser su entrenador informal y su compañero ocasional en algunos de esos esfuerzos de alcance.

Una de las primeras personas a las que ella ayudó a venir a Cristo fue su hijo. A una edad muy temprana, T. J. empezó a entender, principalmente por medio de los cambios que vio en su mamá, que Dios es real, le ama y quiere ser su salvador y su amigo más íntimo.

Fue al poco tiempo de esto que el pastor de nuestra iglesia le presentó a Wende a una mujer de negocios asiática que él había invitado a nuestros servicios semanales, alguien a quien él pensaba que Wende podría ayudar durante su caminar espiritual. Debido a su trasfondo similar como empresarias, tenían una afinidad natural y empezaron a conversar con frecuencia sobre una variedad de temas, incluyendo la fe. Pronto Wende tuvo la oportunidad de guiarla en una oración de entrega a Cristo, lo que sirvió para atizar más la pasión que sentía por alcanzar a otros.

A medida que Wende crecía en su discernimiento espiritual, se dio cuenta de que su propio padre, aunque asistía con constancia a la iglesia, probablemente no tenía una relación personal auténtica con Cristo. Así que empezó a conversar con él al respecto por teléfono y siempre que se encontraban.

> A medida que Wende crecía en su discernimiento espiritual, se dio cuenta de que su propio padre, aunque asistía con constancia a la iglesia, probablemente no tenía una relación personal auténtica con Cristo.

Wende y yo hablamos a menudo acerca de la situación de Bob. Teniendo una personalidad fuerte e inflexible, su papá era todo un personaje también. Poco tiempo atrás había comprado y estaba remodelando un rancho en una parte remota de Colorado. Le encantaba conducir por las carreteras de la montaña en su camioneta todoterreno, llevando siempre armas de fuego «por si acaso algo sucedía».

Me resultó divertida la descripción que ella ofrecía de su papá, y me imaginé que sería el tipo de persona pintoresca con la que podría llevarme bastante bien. Así que le dije que la próxima vez que él viniera a la región deberíamos reunirnos para comer juntos a fin de poder hablar de los asuntos espirituales.

Al poco tiempo Bob programó un viaje a Chicago y Wende hizo arreglos para que tuviéramos un desayuno. Wende, T. J., Bob y yo nos reunimos en mi restaurante favorito de panqueques. ¡Me imaginé que incluso si la conversación no marchaba bien, por lo menos disfrutaría de una buena comida antes de que Bob decidiera darme un tiro!

Nos deleitamos con un buen desayuno y tuvimos una conversación vigorizante con respecto a varias preguntas que Bob había anotado mientras leía algunos libros que Wende le había enviado.

Después de hablar por un rato sobre varios temas espirituales, percibí que tal vez podría aclarar el asunto si podía presentar un cuadro más completo del mensaje del evangelio.

Saqué mi pluma, le di la vuelta al mantel individual de papel (el único que no tenía miel encima), y dibujé la ilustración del puente, tal como enseñamos en el curso de capacitación *Becoming a Contagious Christian* [Conviértase en un cristiano contagioso]. Es una ayuda sencilla, pero abre nuestros ojos para comprender que Dios está en un lado del abismo y nosotros en el otro, separados por nuestra desobediencia y pecado, e incapaces de hacer algo para ganarnos, regatear o comprar nuestro camino de regreso a Dios. Tal ilustración muestra de una manera gráfica que todos nuestros esfuerzos se quedan cortos y que el castigo que merecemos es la muerte, lo cual implica la separación espiritual de Dios.

Tracé el diagrama para Bob explicando con detenimiento cada parte, en especial el último punto cuando dibujé la cruz de Cristo, que es lo único que forma el puente para pasar sobre el abismo y llegar a Dios. Al presentarle el bosquejo esperaba que Bob estuviera dispuesto a oír este aleccionador mensaje bíblico. Sin embargo, él no solo estaba dispuesto. Dios había preparado su corazón de tal manera que reconoció con rapidez su verdad e indicó que quería pasar sobre el abismo al lado de Dios.

Quise dirigir a Bob en una oración de entrega allí mismo, pero luego pensé que el ruidoso restaurante no era un buen lugar para hacerlo. Más bien sugerí que continuáramos hablando en el auto que Bob había rentado, el cual nos proveería la privacidad que necesitábamos. Y eso fue lo que hicimos, con Bob sentado en el asiento del conductor, yo en el de acompañante, y Wende y T. J. en el asiento de atrás.

Después de un poco más de conversación, Bob estuvo listo para orar y recibir la salvación. Fue todo un acontecimiento cuando él, Wende y yo unimos nuestras manos en la mitad del auto, y justo cuando estábamos a punto de orar juntos, el pequeño T. J. puso su mano regordeta encima de las nuestras observando cómo su abuelo le pedía a Jesús que fuera su Señor y Salvador.

Es difícil poner en palabras el significado y el impacto de experiencias como estas, pero basta con decir que no hay nada en el planeta tan emocionante o satisfactorio como la aventura de guiar a alguien en una oración de entrega Cristo.

La aventura no terminó allí. Pronto Bob y Wende se unieron como un dúo evangelizador de padre e hija para alcanzar a un pariente moribundo en la costa oriental del país. Yo debía haberle advertido al «tío Lynn» que simplemente cediera cuando viera a esos dos llegar, porque en efecto, él también se convirtió pronto en seguidor de Jesús solo un par de semanas antes de morir.

> Cuando consideramos si debemos correr el riesgo de hablarles a los demás de Jesús, resulta motivador recordar que en última instancia uno podrá impactar a muchos más por medio de ellos mismos.

Desde entonces, Wende y yo nos hemos mudado a diferentes partes del país. No obstante, tuve el privilegio de asociarme con ella de nuevo cuando Wende y su esposo dirigieron una campaña evangelística en la ciudad donde vivían, por medio de la cual miles oyeron el evangelio y un gran número de personas se entregaron a Cristo.

Hoy Bob ayuda en varios ministerios en Colorado. También es un experimentado anciano de su iglesia, predicando incluso en ocasiones el sermón del domingo. Así que el impacto continúa expandiéndose y lo hará mucho más, de persona a persona a persona, propagándose por los corredores del tiempo y hasta la misma eternidad.

>Principio de acción

Cuando consideramos si debemos correr el riesgo de hablarles a los demás de Jesús, resulta motivador recordar que en última instancia uno podrá impactar a muchos más por medio de ellos mismos. Como en el caso de Wende, una persona puede alcanzar para Cristo a un niño, un amigo, un familiar, un tío, y tal vez hasta a una parte significativa de la comunidad. Sus esfuerzos limitados pueden tener un efecto expansivo a través de la historia, tocando incluso a un número ilimitado de vidas en las generaciones futuras.

Adentrándonos en la aventura

Según las normas actuales, Jesús no le habló a un número gigantesco de personas. En ocasiones les enseñó a multitudes algo numerosas, pero nunca del tamaño de los públicos a los que Billy Graham, por ejemplo, les habló durante décadas. El número fue en efecto mucho menor del que se puede alcanzar de forma simultánea a través de los medios actuales de comunicación. La mayor parte del tiempo Jesús le habló a un círculo íntimo de amigos o un grupo pequeño de personas que se arremolinaban para oír lo que él tenía que decir. Y relativamente pocos de ellos se convirtieron en seguidores suyos.

¡Sin embargo, Jesús cambió el mundo!

¿Cómo ejerció él tan increíble impacto? Él comprendió el efecto expansivo que tendría al alcanzar incluso a un número limitado de hombres y mujeres, ayudándoles a convertirse en discípulos consagrados y presentándoles luego el reto de que se aventuraran a llevar su amor y verdad a tantas personas como les fuera posible. Él sabía que algunos alcanzarían solo a un puñado, en tanto que otros estremecerían naciones enteras. La influencia colectiva y a largo plazo sería enorme.

¿Qué puede hacer usted? ¿Cómo puede formar parte del plan de Dios para impactar al mundo? *Simplemente alcance a otra persona.* No tiene que hablarle a una muchedumbre, empezar un ministerio a través de los medios de comunicación, o escribir el próximo éxito de librería cristiano. Si Dios le llama a hacer esas cosas, fabuloso. No obstante, la mayoría somos llamados a comunicarles el mensaje de Dios justo a unos pocos que nos rodean: nuestros propios hijos, los vecinos de la misma calle, el empleado de la gasolinera, un mesero o mesera, la persona detrás del mostrador en la tintorería, los colegas del trabajo, su tío Frank o la tía Helen, mamá o papá, un sobrino o sobrina, el hombre que entrega los paquetes, el estudiante que se sienta en el pupitre junto al suyo, o los niños de una clase de la Escuela Dominical.

Imagine quiénes son esas personas, cuánto le importan a Dios, y la magnitud de lo que Dios pudiera hacer en sus vidas y por medio de ellas. La joven que usted alcance tal vez pudiera acabar siendo la próxima Wende. El desaliñado joven que guíe a la fe pudiera llegar a ser el próximo Billy Graham. Extiéndase a las personas que forman parte de su mundo y están ahora a su alcance, y confíe en Dios para ver resultados asombrosos a largo plazo.

·········· >Inspiración para la jornada

Recuerden esto: El que siembra escasamente, escasamente cosechará, y el que siembra en abundancia, en abundancia cosechará.

—2 Corintios 9:6

ADICTO AL CAMBIO EN LA VIDA

LEE STROBEL

Está bien, lo admito: soy un adicto. Me encantan las historias de cómo Dios ha revolucionado las vidas de aquellas personas que estuvieron descarriadas en un tiempo.

Como la historia de Billy Moore, que confesó haber asesinado a un anciano durante un robo. Antes de ser sentenciado a muerte, dos cristianos visitaron a Billy y le explicaron que el perdón y la esperanza están disponibles por medio de Cristo.

«Nunca jamás alguien me había dicho que Jesús me ama y murió por mí», dijo Billy. «Este fue un amor que pude sentir. Era el amor que quería. Era el amor que *necesitaba*».

Billy fue bautizado en una tina fuera de su celda, y Dios empezó a cambiarlo desde adentro hacia afuera. Siguió docenas de cursos bíblicos por correspondencia y empezó a asesorar a otros presos e incluso a adolescentes con problemas que le enviaban las iglesias locales. Durante dieciséis años fue un humilde misionero dentro de la cárcel, «un personaje santo» según las palabras del *Atlanta Journal and Constitution*.

> Me encantan las historias de cómo Dios ha revolucionado las vidas de aquellas personas que estuvieron descarriadas en un tiempo.

Es más, él fue transformado de un modo tan completo que la Junta de Libertad Condicional e Indultos de Georgia acabó haciendo algo sin precedentes: ¡En realidad abrieron las puertas del corredor de la muerte y lo pusieron en libertad! Hoy Billy es un ministro ordenado, un hombre compasivo y de oración, que dedica su tiempo a ayudar a las personas que sufren y se encuentran olvidadas.

Cuando lo visité en su casa, le pregunté sobre la causa de su asombrosa metamorfosis.

—Fue el sistema de rehabilitación de prisiones, ¿verdad? —pregunté.

Moore se rió.

—No, no fue eso.

—Entonces se trató de algún programa de autoayuda o de tener una actitud mental positiva —sugerí.

Él negó enfáticamente con su cabeza.

—No, no fue eso tampoco.

—¿Prozac? ¿Meditación trascendental? ¿Asesoramiento psicológico?

—Vamos, Lee —dijo él—. Usted sabe que no fue nada de eso.

Tenía razón. Yo conocía la causa real. Solo quería escuchar que él mismo la dijera.

—Simple y llanamente fue Jesucristo —declaró de modo contundente—. Él me cambió de maneras en que jamás podría haberlo hecho por cuenta propia. Me dio una razón para vivir. Me ayudó a hacer lo correcto. Me hizo sentir compasión por los demás. Él salvo mi alma.

¡Las experiencias como estas me entusiasman! Adelante, admítalo: usted tiene tanta pasión como yo por testificar acerca de cómo Dios redime y luego comisiona a los personajes más improbables… incluso a personas como usted y como yo.

Pude comprobar esto de nuevo en la vida de Robert. Él buscaba obtener sus emociones tentando de modo dramático a la muerte. Su vida estaba saturada de alcohol y una mujer disponible tras otra. Ganó montones de dinero, y perdió una buena parte en apuestas. Una vez usó un bate de béisbol para resolver una disputa con un asociado, lo que lo mandó a la cárcel.

Era el clásico narcisista. Cuando estaba en la cumbre del éxito tenía dos aviones privados, cuyo funcionamiento costaba miles de dólares por hora. Un día ordenó que ambos volaran a la vez. ¿La razón? Quería sentarse en uno de ellos, bebiendo un costoso champán, mientras miraba por la ventanilla para observar al otro avión volando a su lado... ¡solo para ver su nombre reluciendo en la cola mientras surcaban los aires!

Robert no detestaba a Dios, de cierta manera se trataba de algo incluso peor que eso. Por lo menos detestar a Dios hubiera requerido de cierta emoción. Más bien, para él Dios simplemente era irrelevante. Innecesario. Inexistente.

Hasta que un día ocurrió la cosa más extraordinaria: Dios le habló. No en voz alta, sino internamente. En realidad pudo percibir que Dios le decía: «*Robert, te he rescatado más veces de las que jamás sabrás. Ahora quiero que vengas a mí por medio de mi Hijo Jesús*».

Robert se quedó estupefacto. ¿Por qué Dios iba a hablarle sin venir al caso? ¿Y quién era Jesús en realidad? No estaba seguro. Llamó a un amigo que era cristiano y empezó a hacerle preguntas. El amigo le sugirió que comprara mi libro *The Case for Christ* [El caso de Cristo], el cual Robert acabó leyendo de principio a fin. Dios alcanzó a Robert a través de ese libro, mediante las oraciones de su hija y su iglesia, y de una manera más poderosa por el toque directo del Espíritu Santo.

«De repente simplemente creí en Jesucristo. ¡En realidad, creí en él!», declaró Robert con los ojos bien abiertos por el entusiasmo. «Solo me arrodillé y le oré a Dios para que me rodeara con sus brazos y nunca, jamás, me soltara».

A partir de ese momento, Robert comenzó a cambiar de un modo que solo el Espíritu Santo puede lograr. Su duro caparazón se ablandó. Su egoísmo empezó a disolverse. Sus prioridades quedaron trastornadas. De repente no podía hacer lo suficiente para Dios. Yo nunca había conocido una pasión igual a la que él llegó a sentir por su relación personal con Cristo.

Cuando Robert fue bautizado, contó su experiencia con tal sencillez, emoción y convicción similar a la de un niño, que no quedó un ojo seco en el santuario. Uno por uno, Dios empezó a conmover los corazones de las demás personas esa mañana. Por medio de la iglesia, Dios estaba susurrando: *Ahora es el momento para ti también.*

Cuando el pastor preguntó si alguien quería recibir a Cristo y ser bautizado, hombres y mujeres, jóvenes y viejos, empezaron a avanzar en oleadas hacia la plataforma. Primero diez, luego veinte, luego cien, luego doscientos, trescientos... un total de *setecientas* personas pasaron al frente en los dos servicios mientras los instrumentos tocaban el himno «Sublime gracia»

Una gracia sublime, en verdad.

Entablé amistad con Robert después que me llamara para agradecerme por haber escrito el libro. Puesto que vivíamos en costas opuestas, conversábamos por teléfono, por lo general cada dos semanas. Él me hacía preguntas de continuo, siempre con ganas de aprender más de Dios y la Biblia. Lo que más lamentaba, según decía, era no haberle entregado su vida a Cristo cuando era mucho más joven.

«Hay muchas cosas que quiero hacer por él», me decía una y otra vez.

Sin embargo, el tiempo se le estaba acabando. Pocos meses más tarde murió de una enfermedad pulmonar que había padecido durante años. Cuando lo enterraron cerca del hogar de su infancia en Montana, miles acudieron a su funeral para rendirle tributo.

No obstante, el último tributo de Robert fue para alguien más. Este cristiano insólito llamado Robert «Evel» Knievel —el mundialmente famoso motociclista temerario que llegó a sentirse humilde y asombrado por el amor inmerecido de Dios— pidió que grabaran estas palabras en su epitafio para que todo mundo las viera: *«Cree en Jesucristo».*

¡Por favor, Dios, nunca permitas que pierda mi adicción a experiencias como estas!

Principio de acción ◄ · · · · · · · · · · ·

¿Qué le motiva a hablarles de Cristo a los demás? ¿Es un sentimiento de culpa u obligación? ¿O es el deseo genuino de ver las vidas transformadas y las eternidades tomando una nueva dirección? La razón más poderosa para adentrarse en la aventura inesperada de la evangelización es que *las personas le importan a Dios,* y por consiguiente deben importarnos a nosotros. ¡Cuando este es el combustible que nos impulsa, nuestro fuego evangelizador arde de un modo brillante!

Adentrándonos en la aventura

A veces nuestra motivación para hablarles de Cristo a los demás empieza a desvanecerse. Esto puede sucederle incluso a los líderes de la iglesia. De acuerdo a una encuesta realizada en el año 2005 por el investigador cristiano Thom Rainer, «más de la mitad de los pastores no han hecho ningún esfuerzo evangelizador en los pasados seis meses. No han proclamado el evangelio. No han intentado conversar a ningún nivel con una persona perdida o que no asiste a la iglesia». Cuando esa clase de dolencia nos arrastra hacia abajo —como me sucede a mí, a Mark Mittelberg y a todo otro cristiano de tiempo en tiempo— hay pasos prácticos que podemos dar para reavivar nuestra pasión a fin de ayudar a las personas a hallar a Cristo.

> La razón más poderosa para adentrarse en la aventura inesperada de la evangelización es que las personas le importan a Dios, y por consiguiente deben importarnos a nosotros.

Primero, podemos orar, admitiendo que nuestro corazón se ha enfriado y pidiéndole a Dios que renueve nuestro fuego por las personas que están lejos de él. Como Santiago 4:2 dice: «No tienen, porque no piden».

Segundo, podemos frecuentar personas cuya pasión por alcanzar a otros sea contagiosa. Nada enciende mi entusiasmo como almorzar con Mark y oír las historias de sus pintorescas experiencias evangelizadoras. A menudo me comenta que yo ejerzo en él mismo efecto. ¿Con quién puede usted reunirse a fin de reavivar su entusiasmo para hablarles a otros de su fe?

Tercero, podemos leer —y releer— pasajes bíblicos que enseñan sobre el interés genuino de Dios por las personas espiritualmente confundidas. Cuando acudo a la historia del hijo pródigo en Lucas 15, o al relato del encuentro de Jesús con la samaritana en Juan 4, siempre resulto con mi corazón más sincronizado con el de Dios.

Y cuarto, podemos reflexionar sobre las vidas transformadas que hemos visto con el correr de los años. Por ejemplo, recuerdo a uno de los individuos más extraños que he encontrado, el cual se me acercó un día pidiendo oración después que terminé de hablar en cierta iglesia.

El hombre estaba desempleado y en quiebra, su esposa lo había abandonado, estaba a punto de que lo echaran de su vivienda y era un alcohólico que había intentado suicidarse. Llevaba una barba de muchos días, y el pelo largo y desgreñado. Habiendo llegado al mismo fondo, todo lo que podía hacer ese día era mirar hacia arriba a Cristo.

Cuando el mismo hombre se me acercó dos meses después, en verdad no lo reconocí. Estaba bien afeitado, peinado y vestido. Se encontraba sobrio, había conseguido un empleo, y se veía lleno de esperanza y optimismo. Cristo le había infundido un nuevo propósito; los cristianos habían acudido a su rescate con ayuda práctica. Estaba allí en la iglesia ese día para poder adorar y alabar con gratitud al Dios de la segunda oportunidad.

«Tengo una nueva vida», fue todo lo que pudo decir mientras me estrechaba la mano, con lágrimas en los ojos. «¡Tengo una nueva vida!»

Experiencias como estas constituyen el elemento vital de la aventura inesperada. Edifican nuestra fe recordándonos de nuevo que Dios *todavía* está dedicado al negocio de la transformación de personas. ¿Y quién no va a querer ser parte de eso?

⋯⋯⋯⋯⋯❯Inspiración para la jornada

Por lo tanto, si alguno está en Cristo, es una nueva creación. ¡Lo viejo ha pasado, ha llegado ya lo nuevo! Todo esto proviene de Dios, quien por medio de Cristo nos reconcilió consigo mismo y nos dio el ministerio de la reconciliación.

—2 Corintios 5:17-18

RIESGOS Y RECOMPENSAS

MARK MITTELBERG

¿Tenemos en realidad que llamar a esa puerta, o simplemente podemos quedarnos aquí por el resto de nuestras vidas y evadir esta situación?

Ni Lee ni yo en realidad pronunciamos en voz alta la pregunta, pero ambos sentimos lo mismo al permanecer fuera de la casa organizando nuestros pensamientos —y reuniendo valor— antes de anunciar nuestra llegada. Sabíamos que sería una rara oportunidad de producir un impacto espiritual. Sin embargo, a veces mientras mayor es la magnitud de la oportunidad, más fuerte es la fuerza que nos impide actuar.

Nuestra llegada a ese umbral empezó cuando la novia de uno de los atletas más famosos del mundo nos dijo que se había convertido a Cristo después de leer el libro de Lee, *The Case for Christ* [El caso de Cristo]. ¿Podríamos nosotros dos, preguntó, ir a su casa y hablarle de Jesús a su novio, que resultaba ser un renombrado astro de los deportes?

¡Ah! ¿Mencioné que por mucho tiempo había sido uno de nuestros héroes? ¿Y que es en realidad inteligente? ¿Y un musulmán que lee el *Corán* en el árabe original? ¿Y que no siente una simpatía particular por los que tratan de hacer proselitismo?

¡Vaya!

Esta era una oportunidad que no queríamos perder. Así que después de una breve pausa en la puerta mientras Lee y yo hacíamos acopio de toda la intrepidez y el valor de dos veteranos apologistas... pues bien, *hicimos otra pausa*.

¡Había mucho en juego en la reunión! ¿Teníamos suficiente conocimiento de los vericuetos del islam como para tener con él una conversación creíble? ¿Podríamos superar su largamente establecida resistencia al mensaje cristiano? Podíamos sentir la oleada de aprensión que nos invadía. Muy pronto fue un oleaje. *Olas enormes.*

Así que elevamos otra oración, respiramos hondo... ¡y tocamos a la puerta con rapidez antes de que tuviéramos la oportunidad de convencernos de abandonar por completo la aventura!

Casi todo cristiano siente algo de temor cuando está a punto de hablarle de las cosas espirituales a alguien que está fuera de la fe. Una vez le pregunté al mundialmente renombrado evangelista Luis Palau, que ha hablado por décadas ante millones de personas en docenas de países, si alguna vez se ponía nervioso antes de hablarle de Cristo a alguien. Su respuesta fue rápida y precisa: «Sí, por supuesto. ¡Siempre!», confesó.

Casi todo cristiano siente algo de temor cuando está a punto de hablarle de las cosas espirituales a alguien que está fuera de la fe.

Ah, qué bien, pensé. *¡Luis continúa siendo humano! Sin embargo, miren cómo Dios lo usa. ¡Si un hombre como él todavía siente temor, pienso que hay esperanza para el resto de nosotros!*

A todos nos encanta la *idea* de la aventura, pero esta es la verdad: la aventura inevitablemente incluye riesgo, lo que a su vez supone alguna medida de ansiedad o nerviosismo. Así que si usted siente aprensión en cuanto a una oportunidad de alcance, tal vez sea una buena señal. ¡Quiere decir que está en camino de tener una aventura real!

Piense al respecto: cualquier cosa que se considere una aventurada también contiene un elemento de riesgo. Por ejemplo, me encanta montar mi bicicleta de montaña. ¿Por qué? Porque no pedaleo con pereza en el lote de estacionamiento de la iglesia los sábados por la tarde. Más bien, corro por un área boscosa cerca de mi casa, a través de sinuosos senderos de tierra, esquivando árboles, matorrales y arbustos, alrededor de piedras y por pendientes empinadas, donde surgen elementos inesperados. A veces tengo que detenerme para dejar que una culebra cruce deslizándose por el sendero. En ocasiones asusto a los coyotes, encuentro insectos venenosos y oigo los rugidos de pumas carnívoros agazapados en las cercanías.

No me entienda mal: no estoy tratando de despeñarme por un precipicio, intentando que me muerda una serpiente cascabel, o deseando servirle de merienda a algún tigrillo hambriento. Sin embargo, el riesgo de estos peligros aumenta la sensación de lo desconocido, llenando de emoción lo que de otra manera sería un recorrido en bicicleta aburrido y rutinario.

Incluso en los parques de diversiones medimos la aventura por los niveles de peligro. Mis hijos solían sentir temor en los juegos mecánicos infantiles. Ese trencito en verdad *se mueve,* así que, ¿quién sabe lo que puede suceder? Esos inocuos juegos mecánicos producían el susto suficiente como para hacer las cosas emocionantes para ellos. No obstante, los apetitos por la aventura crecen con la edad, así que hoy mis adolescentes me desafían *a mí* a que los acompañe en la Torre del Terror de Disneylandia. (Hasta ahora sus esfuerzos nos han tenido éxito. ¡Es evidente que el deseo de ellos por *esa* clase de emoción ahora excede al de su papá!)

Resulta interesante que el apóstol Pablo resumiera la comprensión bíblica de la vida del pueblo de Dios citando un versículo del Antiguo Testamento y haciéndolo parte del Nuevo Testamento también: «El justo vivirá por su fe» (Habacuc 2:4 y Romanos 1:17).

Note que estos versículos no dicen: «El justo en un inicio recibirá la salvación por fe, y luego se acurrucará en lugares seguros, predecibles y cómodos». Más bien vivimos —tiempo presente— por fe.

¿Qué es la fe bíblica? Es «un riesgo dirigido por Dios». Significa abrazar la salvación invisible de Dios, confiar en su protección invisible, obedecer a su Espíritu invisible, seguir sus direcciones invisibles, edificar su reino invisible y prepararnos a nosotros mismos y a los demás para llegar a su hogar celestial todavía invisible. Es arriesgarnos a creer en su palabra en nuestras acciones diarias.

La misma se evidencia en la frase que Lee citó en la introducción, acerca de que la vida cristiana debe ser «una aventura arriesgada, llena de sorpresas, viviendo de puntillas al borde de la expectación ... una vida que danza, brinca y se atreve».

Así que una buena paráfrasis de estos versículos distintivos del Antiguo y Nuevo Testamentos pudiera ser: «El justo procurará una vida de riesgos marcados por la obediencia y la honra a Dios». Cuando entendemos nuestra fe así, podemos pronto darnos cuenta de cómo la vida cristiana puede ser forjada para que sea una aventura continua y emocionante.

Vemos esto en la vida de Jesús, que en Juan 4 corrió el riesgo de conversar con unos cuantos samaritanos, empezando junto al pozo con la mujer descarriada. Tal acción resultaba peligrosa en sus días de separatismo religioso y étnico. Él desechó toda prudencia y se adentró en otro episodio de su aventura redentora, el cual condujo a la salvación de esa mujer y a la formación de una iglesia entre los samaritanos.

Y note también cómo Jesús frecuentó a muchos personajes sospechosos: cobradores de impuestos despreciados y de reputación dudosa... incluso a las prostitutas, para colmo. En un mundo manchado por el pecado, parece que Jesús nunca encontró a un pecador que no le gustara y en quien no estuviera dispuesto a invertir algo de tiempo. ¿Arriesgado? ¡Por supuesto, eso era algo que estaba incluido! Después de todo, siempre hay un riesgo al amar.

El ministerio de Jesús fue atractivo y emocionante, en parte porque estuvo lleno de peligros que le daban honra a Dios, culminando en el acto supremo de arriesgarlo todo por la redención del mundo.

Podrían añadirse los ejemplos de las excitantes excursiones de Pablo y los otros apóstoles, los líderes de la iglesia inicial que corrieron grandes riesgos, y los valientes misioneros que han llevado el evangelio hasta los confines de la tierra, a menudo en ambientes plagados de peligros y traiciones.

Estos héroes de nuestra fe han establecido el patrón. El curso está trazado y la jornada emocionante de hoy está esperando comenzar: *Si usted quiere más aventura en su vida espiritual, tiene que empezar a correr algunos riesgos espirituales.*

Casi de inmediato que llamamos, la amiga que nos había invitado a Lee y a mí a su casa acudió a abrir. Detrás de ella estaba su famoso novio, bebiendo té helado y con un lenguaje corporal que gritaba: *«¡No quiero a esos tipos aquí!»* Entramos con inquietud mientras ella nos presentaba. Él nos dio la mano, pero ni siquiera nos miró a los ojos.

Sin embargo, a pesar de su frío recibimiento, pronto empezamos a relajarnos. Sí, él era inteligente y un musulmán entendido. Pero conforme conversábamos y luego nos sentábamos a almorzar, las tensiones disminuyeron. Acabamos teniendo una conversación estimulante y amistosa, hablando los unos y los otros sobre lo que creen los cristianos y los musulmanes y por qué.

Después de varias horas nos pareció como si fuéramos viejos amigos. Lo invitamos a él y a su novia a la casa de Lee para cenar, y vinieron un par de semanas más tarde. Otro amigo se nos unió, un antiguo escéptico que había investigado la evidencia a favor de Cristo, se había convertido en cristiano, y había pasado treinta y tres años alcanzando a los musulmanes en Bangladesh. Mientras asábamos filetes en la parrilla del patio posterior de la casa de Lee, tuvimos otra conversación espiritual animada y entusiasta.

Más tarde continué la conversación con nuestro amigo en un café de la ciudad. Como de costumbre, él me planteó preguntas sinceras y bien informadas, así como algunos retos formidables, pero también parecía genuinamente interesado en el mensaje de Jesús.

> Como de costumbre, nuestro temor llegó a ser un portal hacia la aventura inesperada de la fe cristiana.

Aunque no sabemos lo que pudiera suceder como resultado de nuestras conversaciones, una cosa es segura: correr el incómodo riesgo de hablar con una persona como él era algo muy emocionante, y nos alegramos de que no soslayáramos ni evadiéramos la oportunidad. Como de costumbre, nuestro temor llegó a ser un portal hacia la aventura inesperada de la fe cristiana.

No obstante, basta ya de hablar de nosotros. Le hemos contado nuestras experiencias y ha sido divertido revivirlas (¡bueno, muchas de ellas!). Sin embargo, en última instancia la aventura inesperada no tiene que ver con nosotros. Tiene que ver con lo que Dios quiere hacer por medio de *su vida* para alcanzar a otros.

¿A qué puerta está diciéndole Dios que llame? ¿Qué llamada telefónica tiene que hacer o qué correo electrónico sabe que debe enviar? ¿A qué vecino debe invitar a una parrillada en su patio? ¿A cuál pariente pudiera alcanzar? ¿Quién es ese viejo amigo con quien necesita volver a establecer contacto? Pídale al Espíritu Santo que le muestre los pasos que necesita dar, ya sean grandes o pequeños, para intervenir en la aventura inesperada. Luego salga y siga su dirección *hoy*.

No hay dudas: será una incursión hacia una existencia llena de recompensas espirituales tanto en esta vida como en la venidera.

CONOZCA A LOS AUTORES

Lee Strobel

Lee Strobel, un ateo convertido en cristiano y antiguo editor legal galardonado de *The Chicago Tribune*, es según el *New York Times* un exitoso autor de más de dos docenas de libros que ha sido entrevistado en numeras cadenas nacionales de televisión, incluyendo ABC, PBS, CNN y Fox.

Descrito por el *Washington Post* como «uno de los más populares apologistas de la comunidad evangélica», Lee obtuvo el galardón al libro cristiano del año en el 2005 por un programa de estudios que escribió junto con Garry Poole sobre *La pasión de Cristo*. Además ganó varios premios Medallón de Oro por *El caso de Cristo, El caso de la fe, El caso del Creador* y *Cómo piensan los incrédulos que tanto quiero*. Entre sus libros más recientes están *El caso del Jesús verdadero* y *Finding the Real Jesús*.

Lee se educó en la Universidad de Missouri (Licenciatura en periodismo) y en la Facultad de Leyes de Yale (Maestría en leyes). Fue periodista durante catorce años en *The Chicago Tribune* y otros periódicos, ganando los máximos honores en Illinois por sus reportajes investigativos (con el equipo que dirigía) y su periodismo al servicio del público, otorgados por la United Press International.

Siendo con anterioridad pastor de enseñanza en dos de las iglesias más grandes de los Estados Unidos, Lee también enseñó las leyes de la Primera Enmienda en la Universidad Roosevelt. Lee y Leslie han estado casados por treinta y seis años y son padres de dos hijos ya crecidos. Su boletín electrónico gratuito en inglés, «Investigating Faith», está disponible en LeeStrobel.com.

Mark Mittelberg

Mark Mittelberg es un exitoso autor, un conferencista aclamado y un destacado estratega de la evangelización que ha sido compañero de Lee Strobel en el ministerio durante veinte años. Es el autor primario (junto con Strobel y Bill Hybels) de la actualización del programa de estudio *Becoming a Contagious Christian Training Course*, por medio del cual más de un millón de personas de todo el mundo han aprendido a comunicarles su fe a otros de una manera efectiva y natural.

Mark es autor de *Eligiendo tu fe en un mundo de opciones espirituales*. También escribió los artículos para el acompañante del Nuevo Testamento: *Choosing Your Faith New Testament*. Sus otros libros incluyen *Becoming a Contagious Church*, que presenta un proyecto innovador a fin de que las iglesias puedan movilizarse para las tareas de alcance y *Conviértase en un cristiano contagioso*, escrito en conjunto con Hybels. Además, Mark fue editor contribuyente en la Biblia *El Camino*.

Mark fue director de evangelización de la iglesia Willow Creek Community en Chicago durante siete años y de la Asociación Willow Creek por una década. Es un conferencista regular en las transmisiones vía satélite de Church Communications Network para las iglesias de toda Norteamérica.

Después de graduarse en negocios, Mark obtuvo una maestría en filosofía de la religión en la Trinity Evangelical Divinity School. Vive en el sur de California con su esposa, Heidi, con la que ha estado casado durante veinticinco años y tiene dos hijos adolescentes.

RECURSOS RECOMENDADOS

Libros sobre evangelización

Hybels, Bill y Mark Mittelberg, *Becoming a Contagious Christian*, Zondervan, Grand Rapids, Michigan, 1994. Hay edición en español con el título *Conviértase en un cristiano contagioso*.

Mittelberg, Mark, *Becoming a Contagious Church*, Zondervan, Grand Rapids, Michigan, edición actualizada, 2007.

Hybels, Bill, *Just Walk Across the Room*, Zondervan, Grand Rapids, Michigan, 2006. Hay edición en español con el título *Simplemente acércate a ellos*.

Garry Poole, *Seeker Small Groups*, Zondervan, Grand Rapids, Michigan, 2003.

Koukl, Gregory, *Tactics: A Game Plan for Discussing Your Christian Convictions*, Zondervan, Grand Rapids, Michigan, 2008.

Richardson, Rick, *Evangelism Outside the Box*, InterVarsity, Downers Grove, Illinois, 2000.

Pippert, Rebecca Manley, *Out of the Saltshaker and Into the World*, InterVarsity, Downers Grove, Illinois, edición actualizada, 1999.

Little, Paul, *How To Give Away Your Faith*, InterVarsity, Downers Grove, Illinois, edición actualizada, 2007.

Cursos de capacitación para la evangelización

Mittelberg, Mark, Lee Strobel y Bill Hybels, *Becoming a Contagious Christian Training Course*, Zondervan, Grand Rapids, Michigan, edición actualizada en DVD, 2007. Para seminarios y grupos pequeños.

Hybels, Bill, *Just Walk Across the Room Curriculum Kit*, Zondervan, Grand Rapids, Michigan, 2006. Para grupos pequeños.

Libros introductorios para darles a los buscadores

Mittelberg, Mark, *Choosing Your Faith... In a World of Spiritual Options*, Tyndale, Carol Stream, Illinois, 2008. Hay edición en español con el título *Eligiendo tu fe... en un mundo de opciones espirituales*.

Mittelberg, Mark, contribuyente, *Choosing Your Faith New Testament*, Tyndale, Carol Stream, Illinois, 2008.

Mittelberg, Mark, *The New Reason Why*, Tyndale, Carol Stream, Illinois, 2009.

Strobel, Lee, *The Case for Christ*, Zondervan, Grand Rapids, Michigan, 1998. (También disponible en ediciones para estudiantes y niños, así como en DVD.) Hay edición en español con el título *El caso de Cristo*.

Strobel, Lee, *The Case for Faith*, Zondervan, Grand Rapids, Michigan, 2000. (También disponible en ediciones para estudiantes y niños, así como en DVD.) Hay edición en español con el título *El caso de la fe*.

Strobel, Lee, *Finding the Real Jesus*, Zondervan, Grand Rapids, Michigan, 2008.

Lewis, C. S., *Mere Christianity*, HarperOne, New York, 2001. Hay edición en español con el título *Mero cristianismo*.

McDowell, Josh y Sean McDowell, *More Than a Carpenter*, Tyndale, Carol Stream, Illinois, edición actualizada, 2009. Hay edición en español con el título *Más que un carpintero*.

McDowell, Josh y Sean McDowell, *Evidence for the Resurrection*, Regal, Ventura, California, 2008.

Poling, Judson y Mark Mittelberg, et al., eds., *The Journey: A Bible for the Spiritually Curious*, Zondervan, Grand Rapids, Michigan, 1998.

Warren, Rick, *The Purpose-Driven Life*, Zondervan, Grand Rapids, Michigan, 2002. Hay edición en español con el título *Una vida con propósito*.

Libros avanzados para darles a los buscadores

Strobel, Lee, *The Case for the Real Jesus*, Zondervan, Grand Rapids, Michigan, 2007. (También disponible en edición estudiantil.) Hay edición en español con el título *El caso del Jesús verdadero*.

Strobel, Lee, *The Case for a Creator*, Zondervan, Grand Rapids, Michigan, 2005. (También disponible en ediciones para estudiantes y niños, así como en DVD.) Hay edición en español con el título *El caso del Creador*.

Keller, Timothy, *The Reason for God: Belief in an Age of Skepticism*, Dutton, Nueva York, 2008.

Craig, William Lane, *Reasonable Faith*, Crossway, Wheaton, Illinois, edición actualizada, 2008.

Wilkins, Michael J. y J. P. Moreland, eds., *Jesus Under Fire*, Zondervan, Grand Rapids, Michigan, 1996.

Bowman, Robert M. hijo y J. Ed Komoszewski, *Putting Jesus in His Place: The Case for the Deity of Christ*, Kregel, Grand Rapids, Michigan, 2007.

Roberts, Mark D., *Can We Trust the Gospels?*, Crossway, Wheaton, Illinois, 2007.

Programas de estudio basados en DVD para grupos pequeños de buscadores

Strobel, Lee y Garry Poole, *The Case for Christ*, Zondervan, Grand Rapids, Michigan, 2008.

Strobel, Lee y Garry Poole, *The Case for Faith*, Zondervan, Grand Rapids, Michigan, 2009.

Strobel, Lee y Garry Poole, *The Case for a Creator*, Zondervan, Grand Rapids, Michigan, 2008.

Strobel, Lee y Garry Poole, *Faith Under Fire* (4 volumes), Zondervan, Grand Rapids, Michigan, 2006.

Strobel, Lee y Garry Poole, *Discussing the DaVinci Code*, Zondervan, Grand Rapids, Michigan, 2006.

Guías de estudio para grupos pequeños de buscadores

Mittelberg, Mark, *Choosing Your Faith Study Guide*, Tyndale, Carol Stream, Illinois, 2009.

Poole, Garry, *Tough Questions* (volúmenes múltiples), Zondervan, Grand Rapids, Michigan, 2003.

Richardson, Rick y Daniel Hill, *Groups Investigating God* (volúmenes múltiples), Downers Grove, Illinois, InterVarsity, 2002.

Ashton, Mark, *Reality Check* (volúmenes múltiples), Zondervan, Grand Rapids, Michigan, 2002.

DISFRUTE DE OTRAS PUBLICACIONES DE EDITORIAL VIDA

Desde 1946, Editorial Vida es fiel amiga del pueblo hispano a través de la mejor literatura evangélica. Editorial Vida publica libros prácticos y de sólidas doctrinas que enriquecen el caudal de conocimiento de sus lectores.

Nuestras Biblias de Estudio poseen características que ayudan al lector a crecer en el conocimiento de las Sagradas Escrituras y a comprenderlas mejor. Vida Nueva es el más completo y actualizado plan de estudio de Escuela Dominical y el mejor recurso educativo en español. Además, nuestra serie de grabaciones de alabanzas y adoración, Vida Music renueva su espíritu y llena su alma de gratitud a Dios.

En las siguientes páginas se describen otras excelentes publicaciones producidas especialmente para usted. Adquiera productos de Editorial Vida en su librería cristiana más cercana.

Biblia NVI
Libertad en Cristo

0-8297-4067-8

Biblia RVR60 Libertad en Cristo
0-8297-4096-1

Lo que parecería una falsa retórica es real: se puede ser libre en Cristo. Libre de las depresiones, las adicciones, la rabia, la ansiedad, el miedo o cualquier otro problema que haya permanecido por mucho tiempo. Si la libertad es algo que ha perseguido para usted o para alguien a quien ama, este sencillo estudio de cincuenta y dos semanas de la Biblia representará una profunda y duradera experiencia.

Una vida
con propósito

Rick Warren, reconocido autor de *Una Iglesia con Propósito*, plantea ahora un nuevo reto al creyente que quiere alcanzar una vida victoriosa. La obra enfoca la edificación del individuo como parte integral del proceso formador del cuerpo de Cristo. Cada ser humano tiene algo que le inspira, motiva o impulsa a actuar a través de su existencia. Y eso es lo que usted podrá descubrir cuando lea las páginas de *Una vida con propósito*.

0-8297-3786-3

Nos agradaría recibir noticias suyas.
Por favor, envíe sus comentarios sobre este libro
a la dirección que aparece a continuación.
Muchas gracias.

Vida@zondervan.com
www.editorialvida.com